ビジネス力がみにつく

Excel & Word 講座

2010 / 2007 / 2003 対応

田中裕明（ビジネス-Tアカデミー）＋ 四禮静子（フォーティ）

SHOEISHA

本書内容に関するお問い合わせについて

このたびは翔泳社の書籍をお買い上げいただき、誠にありがとうございます。弊社では、読者の皆様からのお問い合わせに適切に対応させていただくため、以下のガイドラインへのご協力をお願い致しております。下記項目をお読みいただき、手順に従ってお問い合わせください。

●ご質問される前に

弊社 Web サイトの「正誤表」をご参照ください。これまでに判明した正誤や追加情報を掲載しています。

　　　正誤表　　http://www.seshop.com/book/errata/

●ご質問方法

弊社 Web サイトの「出版物 Q&A」をご利用ください。

　　　出版物 Q&A　　http://www.seshop.com/book/qa/

インターネットをご利用でない場合は、FAX または郵便にて、下記"翔泳社編集部読者サポート係"までお問い合わせください。電話でのご質問は、お受けしておりません。

●回答について

回答は、ご質問いただいた手段によってご返事申し上げます。ご質問の内容によっては、回答に数日ないしはそれ以上の期間を要する場合があります。

●ご質問に際してのご注意

本書の対象を越えるもの、記述個所を特定されないもの、また読者固有の環境に起因するご質問等にはお答えできませんので、あらかじめご了承ください。

●郵便物送付先および FAX 番号

　　　送付先住所　　〒160-0006　東京都新宿区舟町5
　　　FAX 番号　　　03-5362-3818
　　　宛先　　　　　（株）翔泳社 編集部読者サポート係

※本書に記載された URL 等は予告なく変更される場合があります。
※本書の出版にあたっては正確な記述につとめましたが、著者や出版社などのいずれも、本書の内容に対してなんらかの保証をするものではなく、内容やサンプルに基づくいかなる運用結果に関してもいっさいの責任を負いません。
※本書に掲載されているサンプルプログラムやスクリプト、および実行結果を記した画面イメージなどは、特定の設定に基づいた環境にて再現される一例です。

※ Microsoft、Windows、Excel、Word などは、米国 Microsoft Corporation の米国およびその他の国における登録商標です。その他、本書に記載する製品名はすべて各社の商標です。Ⓒ、Ⓡ、™ などは割愛させていただいております。

はじめに

　ビジネスシーンでは、日常的に Excel や Word を使って文書を作成します。文書作成の際に重要なのは、例えば、お詫び状であればお客様との関係を良好に保つこと、集計であれば集計結果から問題点を見つけることです。ということは、読みやすいお詫び状、見やすい集計を作成することが大切になります。そのためには、Excel や Word のスキルが必要になります。

　しかしながら、Excel や Word の機能は豊富にあるため、そのすべてを理解し、活用することは難しいといえます。仕事に使う機能は一部だけ……という方が多いのではないでしょうか。そこで、本書では、仕事に役立つ Excel や Word の使い方のみを解説していきます。難しいことは解説していませんし、多くの機能を解説しているわけでもありません。厳選したテクニックのみを伝授していくのが本書の特徴です。

　なお、ビジネス IT アカデミーでは、業務の効率化を実現するための Excel や Word の活用方法を、新入社員、管理職を問わずあらゆるビジネスマンに提供しています。本書では、そのノウハウを伝授していきましょう。

田中 裕明（ビジネス IT アカデミー）

サンプルファイルについて

本書の解説で使用しているデータの一部を、サンプルとしてダウンロードすることができます。以下の URL にアクセスしてみてください。

http://www.seshop.com/book/download

Contents

本書の読み方――8

イントロダクション

- 報告書を書くポイント――16
- 見やすい表とは――17
- 伝わるグラフとは――18
- 分かりやすい文章とは――19
- 文書作成の秘訣――21

日常業務 編

10:00〜 美しい文書を素早く作成する――24
    Point 1 箇条書きの設定――26
    Point 2 行間の調整――28

- Point3 インデントで字下げをする —— 30
- Point4 タブで内容をそろえる —— 31
- Point5 ぶら下げインデントで行頭をそろえる —— 32
- Point6 文字幅をそろえる —— 34

簡単な表はWordで作る —— 36
11:00〜

- Point1 表の作成と編集 —— 38
- Point2 表中の文字の配置 —— 41
- Point3 表のデザイン —— 42
- Point4 合計を自動で求める —— 45
- Point5 定型書類をテンプレートにする —— 46

表を自動入力できるようにする —— 50
14:00〜

- Point1 オートナンバーの作成 —— 52
- Point2 表示形式のユーザー設定 —— 56
- Point3 リスト入力の設定 —— 57
- Point4 一覧表のデータを表示させる —— 61
- Point5 条件付き書式で罫線を設定する —— 64

集計データをパパッと作成する —— 68
15:00〜

- Point1 文字列を日付データに変換する —— 70
- Point2 ピボットテーブルで集計する —— 75
- Point3 ドリルスルーで詳細データをまとめる —— 80

ピボットグラフで簡単！ グラフ作成とデータ分析 —— 82
16:00〜

- Point1 ピボットテーブルからグラフを作成 —— 84

5

- Point 2　データを絞り込む——86
- Point 3　グラフをまとめる——89

🕐 シンプルなグラフ＆カレンダー作成法——92
17:00〜

- Point 1　表示形式のユーザー設定——94
- Point 2　カレンダーの自動作成——96
- Point 3　土・日・祝日に色を付ける——99
- Point 4　罫線の自動表示——102
- Point 5　10日ごとの集計を求める——104
- Point 6　棒グラフの作成——108
- Point 7　印刷範囲の設定——110

プロジェクト編

1日目　顧客検索システムを構築する——114

- Point 1　都道府県を抜き出す——116
- Point 2　都道府県の並べ替え——120
- Point 3　都道府県別集計を求める——123
- Point 4　顧客検索システムの作成——124

2日目　招待状やラベルを作成する——134

- Point 1　切取り線の作成——136
- Point 2　差し込み文書で宛名を自動入力——138
- Point 3　差し込み文書でラベル作成——143

3日目 契約書作成〜長文作成の秘訣 — 148

- Point 1 見出しの書式を一発で設定 — 150
- Point 2 脚注の挿入 — 157
- Point 3 目次の自動挿入 — 159
- Point 4 ページ番号の挿入 — 163
- Point 5 表紙の作成 — 166

4日目 変更履歴の記録と編集 — 172

- Point 1 コメントの挿入 — 174
- Point 2 校閲者名の変更と変更履歴の記録 — 176
- Point 3 変更履歴の承諾と削除 — 178

5日目 配布資料の印刷 — 184

- Point 1 文書のプロパティの管理 — 186
- Point 2 袋とじ印刷 — 189
- Point 3 セクションとページを指定して印刷する — 191

索引 — 196

本書の読み方

まずは、本書の読み方を紹介しましょう。本書では、「問題」→「解答例」→「ポイント解説」の3つのステップを通して、ビジネスの現場で有効なExcel & Wordのテクニックを学習できるようになっています。ピックアップしている問題はビジネスのさまざまなシーンを想定した設定のため、すぐに仕事で使えます。

登場人物

酒井君

入社して3年目の新人。自分と会社の将来に不安を抱えている。コンピューターはあまり得意ではなく、Officeについて学んだことはなので、Excel関数などはほとんど使えない。書類がきちんと作れないため、いつも上司に呆れられ、会社では居心地の悪い毎日。

中村課長

酒井君の上司で社歴は15年。ダメな書類を提出する酒井君を叱りつつも、文書の作成方法を教えるほどのスキルはなく、会社で代々伝わるテンプレートを使って仕事をしている。

シレイ先生

ビジネススクールの講師で、酒井君の相談役。新入社員からベテラン、さらには学生まであらゆる層に合わせた的確な指導に定評があるカリスマ講師。ビジネスシーンで必要とされるOfficeの厳選テクニックをきっちり教えてくれる。

ページ構成

[問題と解答例]

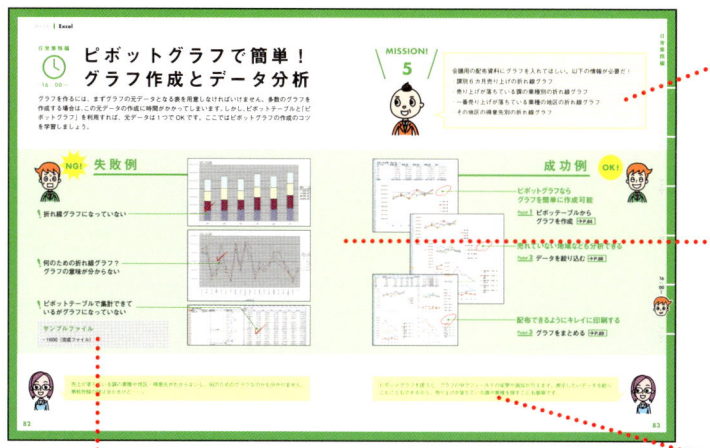

中村課長から問題が出題されます

失敗例と成功例です。成功例には書類を仕上げるためのポイントを記しており、次ページ以降の解説に連動しています

シレイ先生のコメント。失敗の理由を指摘してくれたり、ポイントについて教えてくれます

使用するサンプルファイル名です。サンプルファイルは http://www.seshop.com/book/download からダウンロードしましょう。

[ポイント解説]

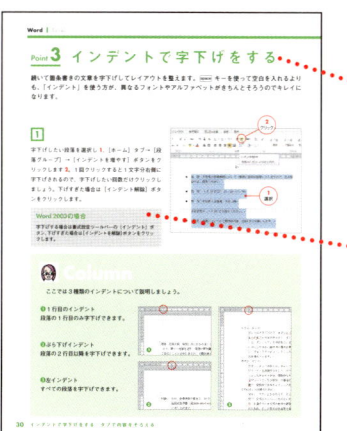

各タイトルは問題ページのポイントと連動しています

Office 2007 ／ 2003 で操作が異なる場合は解説しています

[まとめと応用]

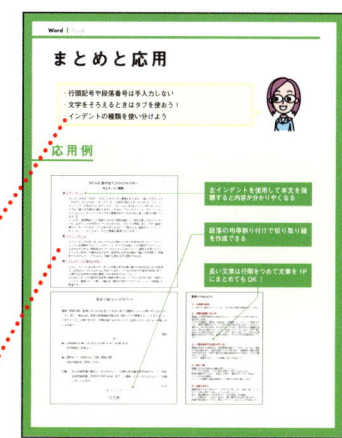

学習したことの中で特に重要なテクニックです

学んだテクニックを使った応用例です

本書の流れ

本書は「日常業務編」と「プロジェクト編」の2部で構成されています。「日常業務編」では文書やグラフの作成などの基本、「プロジェクト編」では複数人での文書を扱い方やExcelを使った検索システムの作成などの一歩進んだ使用法について解説しており、最初から読み進めれば、スキルアップができる構成

[日常業務編]

10:00〜

美しい文書を素早く作成する → P.24
企画書や報告書、お知らせなどあらゆる文書をキレイに仕上げる方法を伝授します

11:00〜

簡単な表はWordで作る → P.36
Wordを使って文書に簡単な表を入れる方法を解説します

14:00〜

表を自動入力できるようにする → P.50
表を作成する際、ミスがないように自動入力できるようにします

15:00〜

集計データをパパっと作成する → P.68
「ピボットテーブル」を使って簡単に集計する方法を解説します

16:00〜

ピボットグラフで簡単！データ分析とグラフ作成 → P.82
「ピボットグラフ」を使えばあっという間にさまざまなグラフを作成できます

シンプルなカレンダー&グラフ作成法 → P.92
「ピボットグラフ」を使わないシンプルなグラフの作成法とカレンダーの作り方を解説します

17:00〜

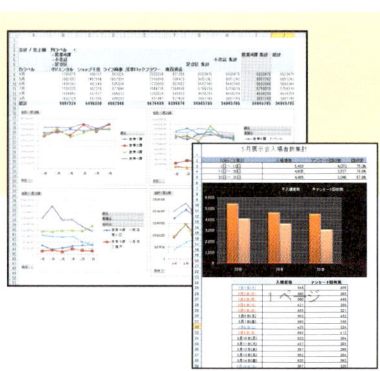

になっています。また、イントロダクションでは、ビジネス文書作成の基本となるルールやマナーをまとめているので、確認してください。なお、各部の詳細は以下のようになります。

[プロジェクト編]

 **1日目** 顧客検索システムを構築する → P.114
CSVデータを使って顧客を検索できるシステムを作ります
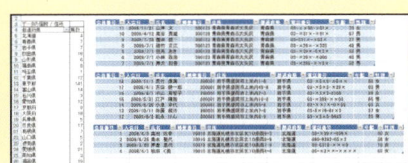

 **2日目** 招待状やラベルを作成する → P.134
招待状やDM用のラベルなど特殊な文書の作成方法を解説します

 **3日目** 契約書作成〜長文作成の秘訣 → P.148
文書にページ数や目次、表紙を入れる方法を解説します

 **4日目** 変更履歴の記録と編集 → P.172
複数人で1つの文書を取り扱う際の校正方法を解説します
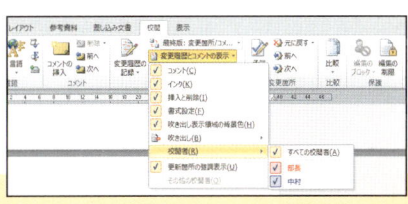

 **5日目** 配布資料の印刷 → P.184
印刷ミスを回避する方法を伝授します
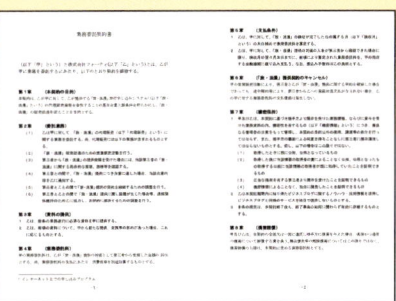

Excel、Word 2010 ／ 2007 ／ 2003 の
インターフェースの違い

本書では、Excel、Word 2010 ／ 2007 ／ 2003 の操作方法を解説しています。なお、本書の掲載画面は Excel、Word 2010 のものになりますが、基本的な操作方法は変わらないため、バージョンの違いを意識する必要はほとんどありません。ただし、P.9 でも解説したように 2007 ／ 2003 では操作方法が異なる場合は明記しています。ここでは、各バージョンの違いについて簡単に解説しておきましょう。

Excel のインターフェース

Excel 2010 ／ 2007 の画面上部にさまざまな機能に対応したボタンが並んでいます。Excel 2003 ではよく使うボタンのみが［ツールバー］に表示され、他の操作は［メニューバー］のメニューを使って行いますが、2010 ／ 2007 ではメニューではなくタブを選択し、ボタンをクリックすることによって操作できます。2010 ／ 2007 のこのインターフェースは「リボン」と呼ばれています。

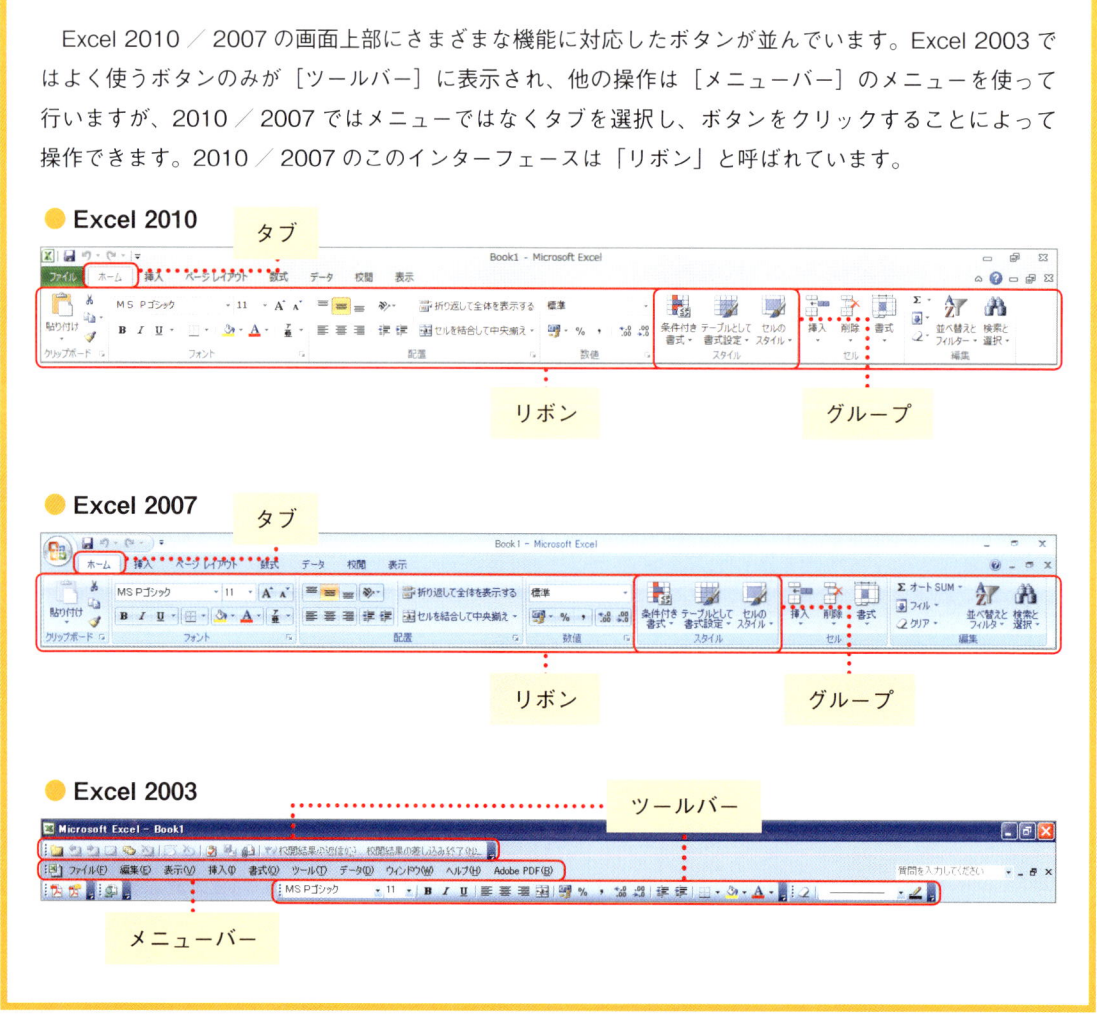

Wordのインターフェース

Wordの各バージョンの違いはExcelと同様にリボンの有無になります。2010／2007にはリボンがありますが、2003では［ツールバー］や［メニューバー］を使って操作を行います。

画面サイズによってボタンの表示が変わる

　Excel、Word 2010／2007ではディスプレイの解像度や画面の表示サイズによってリボン上のボタンのサイズや配置が変わります。大きな画面ではボタンは大きくなり、ボタンの名前が表示されますが、小さな画面ではボタンのサイズが小さくなります。そのため、操作中の画面と本書の掲載画面の表示が異なることがあります。

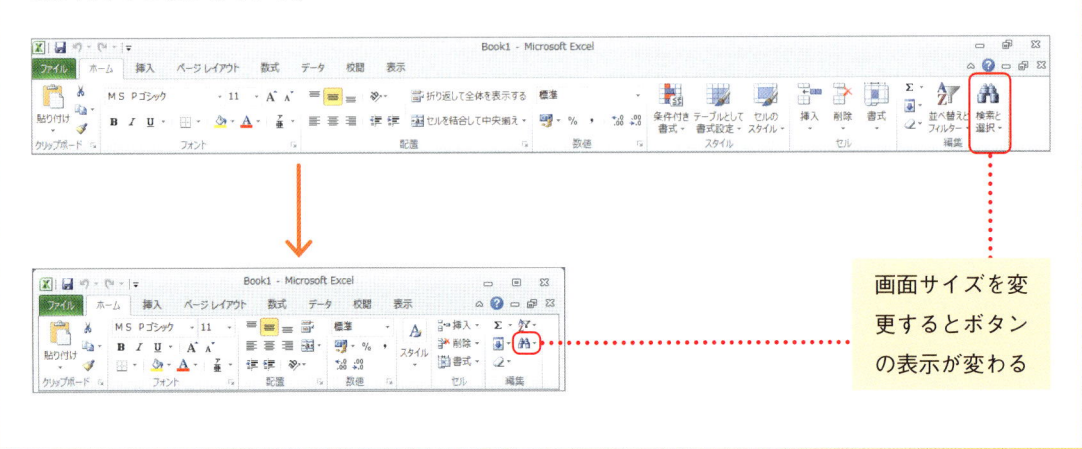

画面サイズを変更するとボタンの表示が変わる

イントロダクション

まずはビジネス文書を作るための基本について学びます。グラフの作り方、企画書や報告書を作る際の考え方など、ビジネスの現場で必要となるノウハウを確認しておきましょう。

田中 裕明（ビジネス IT アカデミー）

報告書を書くポイント

報告書は、相手が内容を理解し、正しく判断・行動してもらうために書くものです。ここでは、報告書を書く際のポイントを解説します。

事実を正確に（5W1H）

　すべてにおいて「5W1H」がなければいけないということではありません。伝えるべきことの抜け・漏れがないようにするためには、「5W1H」の情報が含まれているかを必ず確認しましょう。
- Who ……………… 誰が
- When ……………… いつ
- Where ……………… どこで
- Why ……………… なぜ
- What ……………… 何を
- How ……………… どのように

文章は簡素に

　自分の文章を読み直したときに、自分でも読み取れなかった……、なんてことはないでしょうか？また、整然とした文章であっても、読み手の読解力によっては、間違って理解されることもあります。仮に、間違って理解した相手がお客様の場合に、そのお客様を責めることもできません。
　誤解を避けるためには、できるだけ文章を短文（簡潔）にしてください。そして、誰が読んでも、同じように理解できる文章を書きましょう。

伝えたいことを明確に

　報告書には、報告する目的があります。その目的が伝わらないのでは意味がありません。大事なことが、長文の中に埋もれている報告書をみることがあります。報告書以外にも、メールの場合は特に多いように感じます。
　伝えたいこと、大事なことは、報告書の冒頭に目立つように記載することが望ましいといえます。一般的に言われる、「結論を先に書け」ということです。

見やすい表とは

報告書や企画書に、膨大なデータを載せることはあまりありません。必要な部分の抜粋や、サマリーしたものになります。その抜粋やサマリーは、表に添えられたメッセージを裏付けるものでなければいけません。そのためには、縦項目と横項目それぞれの一貫性・整合性や、並び順にも十分に配慮し、シンプルな表であることが望ましいといえます。そのように作られた表は見やすいものとなります。

伝えたいことを要約する

表やグラフは、伝えたいことを要約したものとなります。つまり、データをまとめたものということです。そのため、作り手の意図によって、作りが変わります。作成するときはもとより、他の人が作成した表やグラフを見るときにも、その点を注意する必要があります。

また、目的によっても表の作り方が変わってきます。以下の例を参考にしてください。

●担当者ごとの売上を、高い順で伝えたい場合

(単位:千円、4月～9月合計)

担当者名	売上
木村 友義	214,751
山本 慎一	159,760
田中 幸次	157,108
安西 浩	156,484
大島 典明	156,202
佐藤 丈	136,792
坂田 翼	129,719
太田 雅史	125,134
新井 卓真	124,848
松島 健太郎	116,269
村田 歩	98,799
石井 竜二	91,960
総計	1,667,825

●担当者を課ごとにグループ化し、売り上げが全員の平均値よりも高い担当者を、強調したい場合

(単位:千円、4月～9月合計)

課名	担当者名	売上
営業1課	大島 典明	156,202
	佐藤 丈	136,792
	坂田 翼	129,719
営業2課	木村 友義	214,751
	村田 歩	98,799
	石井 竜二	91,960
営業3課	安西 浩	156,484
	新井 卓真	124,848
	松島 健太郎	116,269
営業4課	山本 慎一	159,760
	田中 幸次	157,108
	太田 雅史	125,134
総計		1,667,825

●課ごとの売上を時系列で伝えたい場合

課名	4月	5月	6月	7月	8月	9月	総計
営業1課	63,670	65,808	72,510	67,405	71,871	81,448	422,713
営業2課	59,770	67,499	63,358	78,729	67,791	68,363	405,510
営業3課	62,098	64,779	63,604	65,079	69,203	72,838	397,601
営業4課	75,048	74,109	74,897	82,036	72,292	63,619	442,001
総計	260,586	272,195	274,369	293,250	281,158	286,268	1,667,825

●業種ごとの売上と構成比を伝えたい場合

(単位:千円、4月～9月合計)

業種名	売上	構成比
スーパー	436,423	26.3%
ミニスーパー	370,384	22.3%
コンビニ	273,221	16.5%
量販スーパー	191,804	11.6%
ホームセンター	188,418	11.4%
ディスカウントショップ	114,202	6.9%
二次卸売店	50,403	3.0%
百貨店	22,560	1.4%
通信販売店	20,410	1.2%
総計	1,658,881	100.0%

伝わるグラフとは

グラフとは、要約したメッセージを視覚化し、メッセージの訴求効果を向上させるために描くものです。訴求効果を上げるには、訴えたいことが一目で読み取れるグラフ作りが必要です。

メッセージを一目で読み取れるグラフ

訴えたいことが一目で読み取れるグラフを作るには、適切なグラフの選択はもとより、縦軸の目盛の設定や、強調する部分の色使い、凡例やデータラベルの処理など、細かい配慮が必要です。変化を表すグラフなのに、縦軸の目盛の設定を間違ってしまうと、変化を読み取れない……ということがあるので注意してください。以下の例を参考にしましょう。

● 担当者を課ごとにグループ化し、売り上げが全員の平均値よりも高い担当者を、強調したい場合

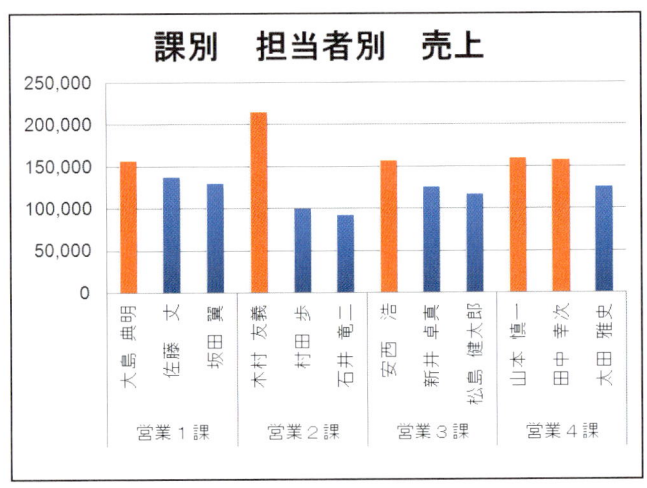

● 課ごとの売上を時系列で伝えたい場合

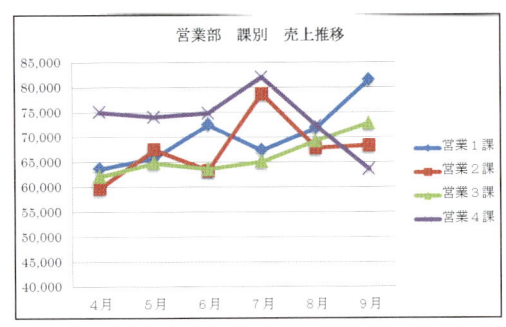

● TOP3を強調して、業種ごとの構成比を伝えたい場合

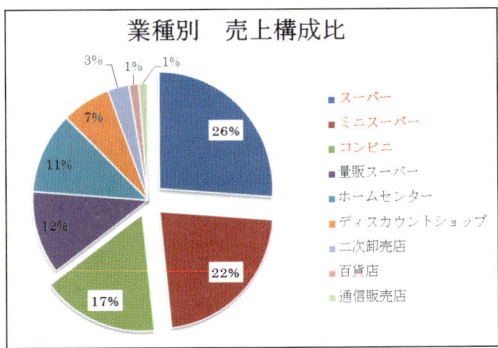

分かりやすい文章とは

分かりやすい文章とはどのような構造なのかを考えてみましょう。情報は、ピラミッド構造でできているといわれます。その構造は、最上位に「見出し」、中位に「概要」、最下位に「詳述」となります。

文書を整理して見せる

Wordには段落番号を表示する機能があります。この段落番号をインデントで1段下げると「見出し」から「概要」になり、そして、もう1段インデントで下げると「詳述」となります。このことを理解し、段落番号とインデントを使うと、整理された文書になります。

●文書の構造

1章 企画書作成の5つの原則

1. 正確な現状把握とそれに適合した施策

企画書を作成するためには、その基となる情報が必要です。その情報収集力・整理力が報告書の信憑性を左右します。以下のようなことに心がけると良いでしょう。得られたデータ・情報を分析する能力も必要となります。論理矛盾が無いように努めて下さい。

- 要望　　　何が目的で、何をどうしたいのか？
- 問題点　　どんなことが問題になっているのか？
- 現状　　　目指す状態に対し、現状は？
- 優先順位　優先的に解決すべき問題は？
- スケジュール　企画実施の希望スケジュールは？企画の提出納期は？

「見出し」「概要」「詳述」の関係はピラミッド構造で考えてみましょう。

見出し
概要
詳述

分かりやすい文章の5つの原則

　ピラミッド構造で構成された文章を簡潔な文章にすると、さらに分かりやすくなります。長文は読み手の能力に依存してしまいます。誰が読んでも誤解なく伝わるようにするためには、以下のことに注意して書くと良いでしょう。
1. 箇条書きで伝える
2. 数値化を心がける
3. 短文にする
4. 副詞や形容詞は、修飾する言葉の直前で使う
5. 文章を見直し、2重になっているところや不要なところを削除する

● 5つの原則

1章 企画書作成の5つの原則

1. 正確な現状把握とそれに適合した施策

　企画書を作成するためには、その基となる情報が必要です。その情報収集力・整理力が報告書の信憑性を左右します。以下のようなことに心がけると良いでしょう。

　得られたデータ・情報を分析する能力も必要となります。論理矛盾が無いように努めて下さい。

- 要望　　　　何が目的で、何をどうしたいのか？
- 問題点　　　どんなことが問題になっているのか？
- 現状　　　　目指す状態に対し、現状は？
- 優先順位　　優先的に解決すべき問題は？
- スケジュール　企画実施の希望スケジュールは？企画の提出納期は？
- 予算　　　　目標はいくらか？コストはいくらか？

　→ 1. 箇条書きで伝える

2. その内容を正確に簡潔にまとめた資料

　次に、整理・分析した情報を、相手に分かり易く簡潔に資料にまとめます。ここで必要とされるのは、要約力と図解力です。簡潔で誰が読んでも誤解しないメッセージを作るときの注意点は以下のことがあげられます。

　→ 3. 短文にする
　→ 4. 副詞や形容詞は、修飾する言葉の直前で使う

- 一言で言いきる
- 文章は簡潔に　（長くても2行以内が好ましい）　→ 2. 数値化を心がける
- あいまいな文章・表現を避ける
- 専門用語を使用しない
- 相手に合わせた用語を使用　→ 5. 文章を見直し、2重になっているところや不要なところを削除する
- 内容の過不足を避け、同一要素はまとめる

文書作成の秘訣

最後に、文書作成時に覚えておきたいちょっとしたテクニックについて解説します。ここで解説する内容を頭に入れておけば、文書作成時に必ず役に立ちます。

敬称の使い方

　役職の後に「様」や「殿」をつけている文章を見ることがありますが、これは２重敬称となります。しかし、一概に間違いともいいづらいところがあります。というのも、そのことが普通だと思っている相手がいるためです。ただ、好ましい使い方ではありません。無難なのは「役職　個人名＋様（殿）」という敬称の使い方です。不快に思う人は少ないでしょう。

文章の推敲の重要性

　誤字・脱字、数字の間違いなどがある文書は、文書そのものの信憑性を下げるだけでなく、記載者の仕事に取り組む姿勢をも疑われます。特に数字の間違いには気を付けましょう。金額が１ケタ違ったり、FAX番号を間違って記載したりすると、大変です。十分な推敲が必要です。

定型文にも一味工夫を

　ビジネス文書には、「拝啓」ではじまる定型文があります。お決まりのように使われる定型文ですが、ここにも一工夫すると、気持ちが伝わるものです。「拝啓」「季節のあいさつ」「お礼」、そして「主文」、最後に「敬具」の順になるようにしましょう。「主文」を丁寧に書く習慣をつけてください。「主文」があっさりしている文書は、ビジネス文書とはいえ、味気ない印象を与えてしまいます。

口語と文語

　社会人になりたてのころには、口語と文語の違いを理解することは難しいかもしれません。しかし、口語で書かれた文章を見ると、相手は稚拙な印象を持つものです。間違った使い方で多いものに、「御社」と「貴社」があります。「御社」は口語、「貴社」は文語です。昨今、使い分ける人が少なくなっています。文章の中では「貴社」を使うようにするとビジネス文書としてしっかりしている印象を受けます。もちろん、意図的に「御社」を使うこともあるので、その場合は例外として使用しても良いでしょう。

議事録のポイント

　議事録で最も大事なのは、会議終了後、直ちに配布することです。よくあるケースに、次回の会議の場で配布することがあります。そうすると、前回の決定事項の周知ができないまま、その会議がスタートすることになります。議事録は終了後、配布しましょう。議事録には、決定事項、そして実行を伴うものはその時期と担当を明記することが大事です。さらに、記載者の主感が入らないようにしてください。

ホウレンソウは何のため？

　文書作成とは直接関係はありませんが、ビジネスマンにとっては、とても重要なスキルとなります。「報告・連絡・相談」のことを、ホウレンソウと呼びます。ホウレンソウが必要な理由は、皆さんの経験や知識は、上司や先輩より未熟であるため助言を必要とするからです。適切な時期に適切な内容で、報告・連絡・相談をすることができれば、成功確率の向上や、障害を防止することができます。つまり、ホウレンソウは自分を守るために必須のスキルということになります。

日常業務編

ビジネスの現場で「これだけは基本として知っておきたい」スキルについて解説します。本章では1日の仕事の流れを想定し、仕事の流れに沿って学習できるようにしています。

四禮 静子(フォーティ)

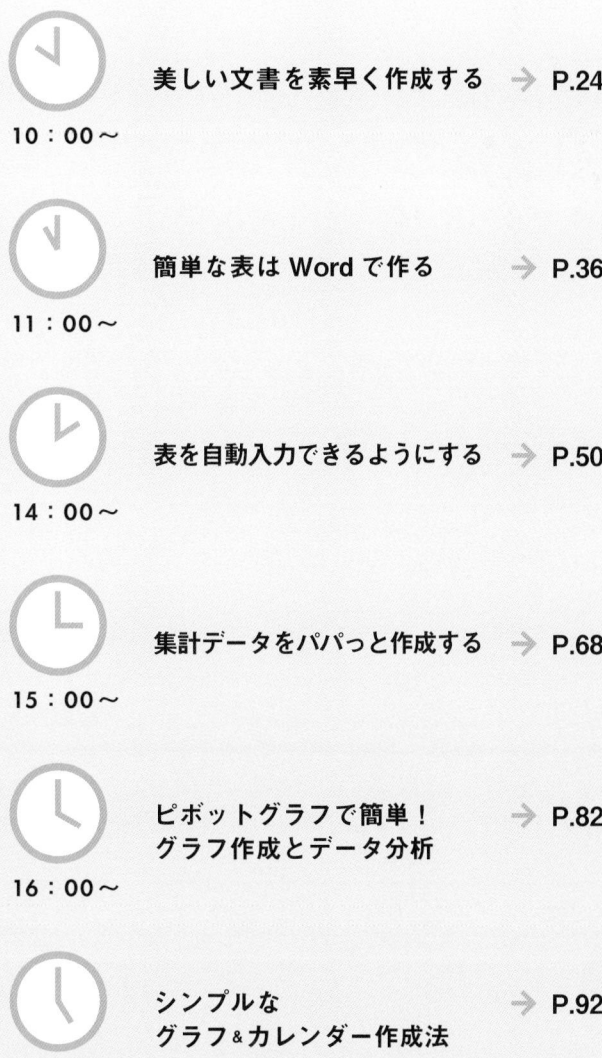

10:00〜　美しい文書を素早く作成する　→ P.24

11:00〜　簡単な表はWordで作る　→ P.36

14:00〜　表を自動入力できるようにする　→ P.50

15:00〜　集計データをパパっと作成する　→ P.68

16:00〜　ピボットグラフで簡単！
　　　　　グラフ作成とデータ分析　→ P.82

17:00〜　シンプルな
　　　　　グラフ&カレンダー作成法　→ P.92

Word | Excel

日常業務編
10:00〜

美しい文書を素早く作成する

企画書や報告書などビジネスの現場ではさまざまな文章を作成します。文書を作ろうとして、文字の間隔がばらばら、行がずれる、文字がそろわないなど、キレイに仕上がらなかった経験はないでしょうか？ 美しい文書を最初にしっかり作っておき、誰でも修正して使いまわせるようにしておけば、次回以降に文章を作るときも楽になります。ここでは社内文書「会議のお知らせ」を例に、短時間でキレイな文書を作成できる方法を解説します。

NG! 失敗例

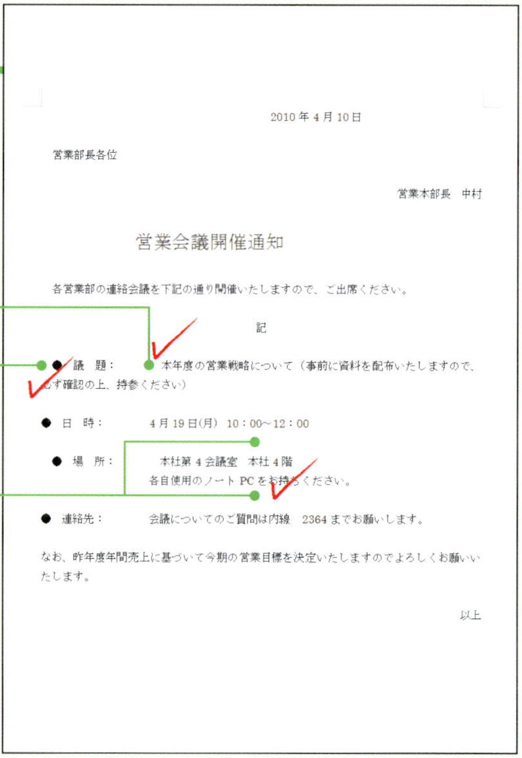

! インデントの位置がばらばら

! 行頭記号の位置がばらばら

! 行間がすべて同じなので内容が分かりにくい

サンプルファイル

・1000_1（スタートファイル）
・1000_2（完成ファイル）

なんだかゴチャゴチャして、読みにくいわねぇ。文字をきちんとそろえると、すっきりさせることができます。最も大きな問題は文字をそろえるのに space キーを使用していること。これを直すだけでも仕上りが変わります。

MISSION! 1

来週の営業会議のお知らせを作ってくれ。簡潔で見やすい書類にするんだぞ。箇条書きですっきりしたものを作らないと、誰も読んでくれないから注意しろよ。必要な情報は以下のようになるからな！
- 時間は来週月曜日の10～12時までで、場所は第4会議室
- 各自ノートPC持参すること
- 何かあったら私の内線に連絡すること

成功例 OK!

行頭記号を設定する
Point 1 箇条書きの設定 →P.26

文字の折り返しをそろえる
Point 3 インデントで字下げする →P.30
Point 4 タブで内容をそろえる →P.31
Point 5 ぶら下げインデントで行頭をそろえる →P.32

行間は改行を使わない!
Point 2 行間の調整 →P.28

箇条書きの文章を作る際のポイントは、「行頭記号」「行間」「タブ」「文字の均等割り付け」「ぶら下げインデント」をしっかりと使用すること。
同じ設定はまとめて行っておけば、キレイな書式を作ることができるだけでなく、似たような書類を作る際に作成時間を短縮できます。編集するときは［ホーム］タブ→［段落］グループ→［編集記号の表示］ボタンをONにしておくといいでしょう。スペースやタブの記号が表示されて、編集しやすくなります。

Word | Excel

Point 1 箇条書きの設定

「行頭記号」（箇条書きのマーク）は、まとめて設定することで作成時間を短縮できますし、設定ミスが防げます。行頭記号・段落番号などは1段落（段落とは Enter キーで改行を行うまでの文章のかたまりのこと）に1つの設定になるので、改行した行にマークを付けたくない場合は、段落を分けずに改行（文字区切り）を使用します。

行頭記号を付けたい範囲の行を選択し**1**、［ホーム］タブ→［段落］グループ→［箇条書き］ボタンをクリックすると**2**、各段落に行頭記号が付きます。なお、段落を分けたくない行は Shift + Enter キーで文字区切りをして、改行しましょう。

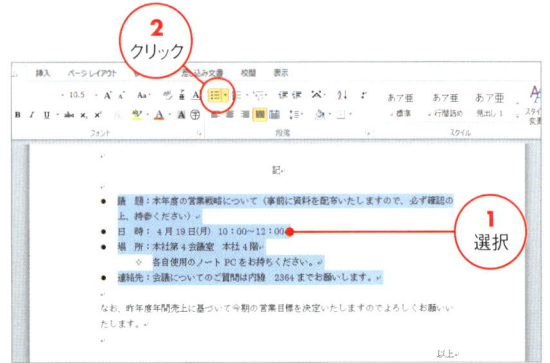

「選択」は簡単な操作ですが、実はさまざまな技があります。例えば文章の中の単語を選択する際に、ドラッグするとうまく単語を選択できません。マウスをダブルクリックすれば、単語を素早く選択できます。一番多いミスは、選択範囲が広げようとして、そのままドラッグをしてしまうケースです。必ず一度選択を解除してから再度選択しましょう。その他、文章を選択する際に便利な操作方法を3つ紹介しましょう。

❶1行選択する場合
行の左の余白部分にマウスカーソルを置くと、右向きの白い矢印が表示されるので、クリックします。
❷1段落選択する場合
選択したい段落の左の余白をダブルクリックします。
❸すべての文章を選択する場合
左の余白分をトリプルクリックします。

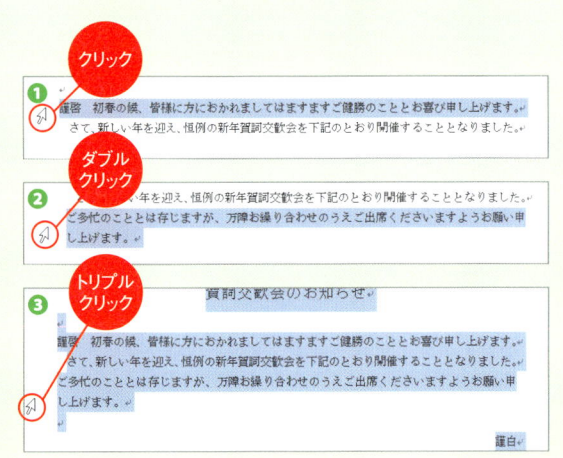

2

行頭記号を変更したい場合は、[箇条書き]ボタンの右の[▼]ボタンをクリックし**1**、[行頭文字ライブラリ]を表示します。表示された一覧から変更したい記号を選択しましょう**2**。

> **Word 2003の場合**
>
> [書式]メニュー→[箇条書きと段落番号]をクリックします。表示される[箇条書きと段落番号]ダイアログから段落番号を選択しましょう。

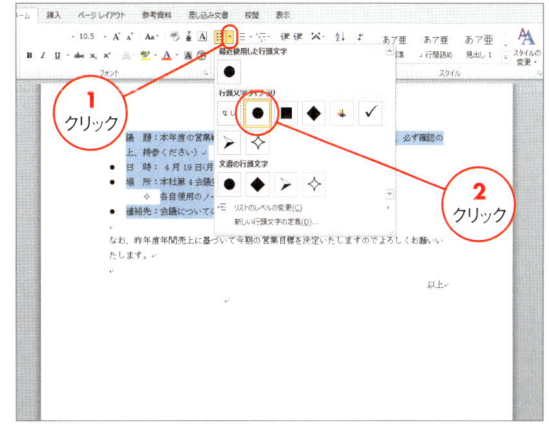

3

ライブラリの中にない記号を使用したい場合は、[箇条書き]ボタンの右の[▼]ボタンをクリックし、[新しい行頭文字の定義]を選択して、[新しい行頭文字の定義]ダイアログを表示します**1**。「行頭の文字」の[記号]ボタンをクリックして**2**、一覧から記号を選択し**3**、[OK]ボタンをクリックしましょう**4**。

> **Word 2003の場合**
>
> [箇条書きと段落番号]ダイアログの[変更]ボタンをクリックし、[箇条書きの書式設定]ダイアログの[文字]ボタンをクリックします。表示される[記号と特殊文字]ダイアログから記号を選択します。

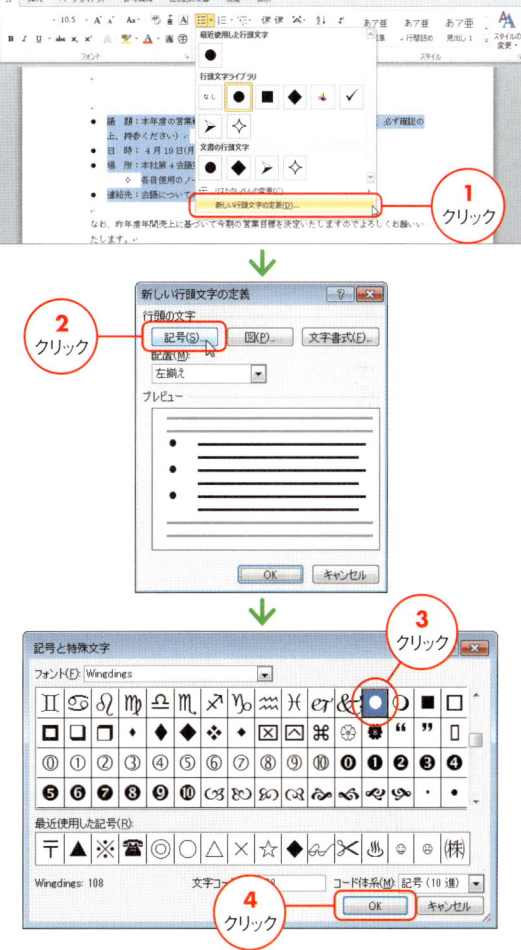

Word | Excel

Point 2 行間の調整

通常、改行を行うと行間は1行になります。ただし、フォントのサイズによって行間の広がり具合は変わってきます（フォントサイズが大きくなると自動的に行間が開きます）。箇条書きの文章の場合、改行を行うだけでは、段落ごとの固まりが分かりにくくなり、読みやすい文章にはなりません。ここでは「行間の設定」機能を使って、段落ごとの固まりの行間を広げ、読みやすくする方法について解説しましょう。

1

箇条書きの箇所を選択し **1**、[ホーム]タブ→[段落グループ]→[行間]ボタンをクリックして **2**、[行間のオプション]を選択します **3**。

> **Word 2003の場合**
> [書式]メニュー→[段落]をクリックします。

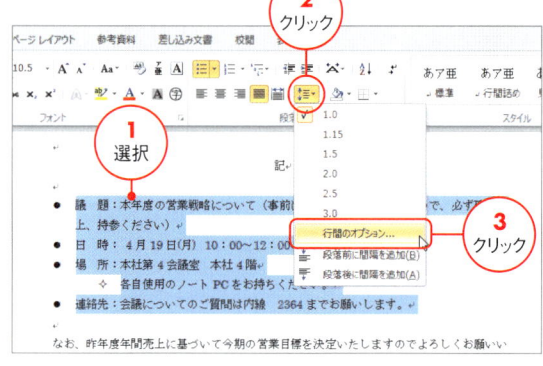

2

[段落]ダイアログが開きます。「間隔」の「段落後」を「1行」に設定して **1**、[OK]ボタンをクリックしましょう **2**。段落内の行間はそのままで、段落同士の間隔は1行になり、段落ごとの固まりが分かりやすくなります。

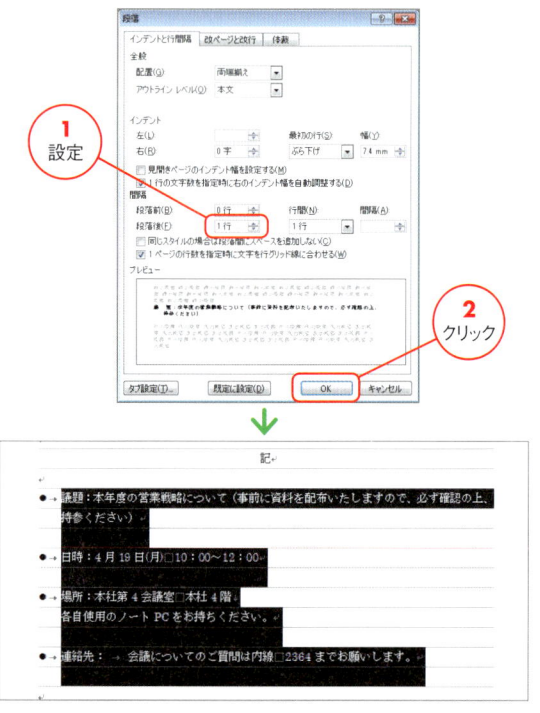

Column

P.28 で解説した方法以外でも行間は調整できます。ここでは、3種類の行間の調整方法を紹介しましょう。なお、Enter キーで改行した場合、行間は1行になります。

❶ 等間隔に広げる
[行間] ボタンをクリックし、「1.5」を選択すると、行は等間隔に広がります。文字数が多い書類などは読みやすくなるでしょう。

❷ 段落ごとの固まりを分かりやすくする
P.28 と同様に [段落] ダイアログの「間隔」の「段落後」を設定する方法です。段落ごとの固まりが分かりやすくなり、すっきりします。

❸ 行間を狭くする
[段落] ダイアログの「行間」を「固定値」、「間隔」を「12pt」（フォントサイズ +2pt 程度が最適です）に設定すると、行間が極端に狭くなります。2ページ分の文章を1ページにまとめたいときなどに便利です。

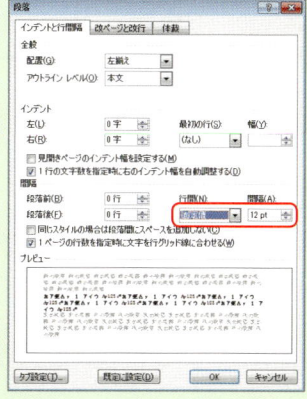

Point 3 インデントで字下げをする

続いて箇条書きの文章を字下げしてレイアウトを整えます。space キーを使って空白を入れるよりも、「インデント」を使う方が、異なるフォントやアルファベットがきちんとそろうのでキレイになります。

字下げしたい段落を選択し **1**、［ホーム］タブ→［段落グループ］→［インデントを増やす］ボタンをクリックします **2**。1回クリックすると1文字分右側に字下げされるので、字下げしたい回数だけクリックしましょう。下げすぎた場合は［インデント解除］ボタンをクリックします。

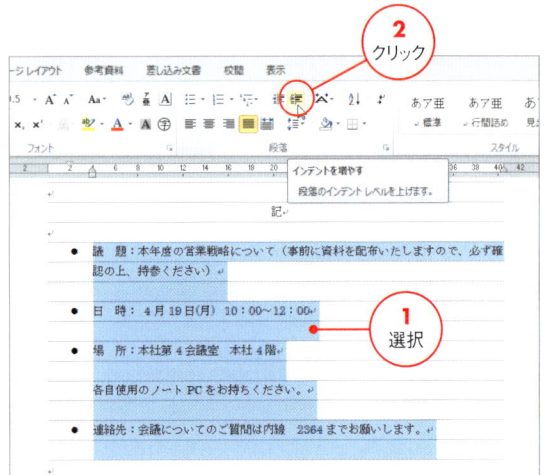

Word 2003の場合

字下げする場合は書式設定ツールバーの［インデント］ボタン、下げすぎた場合は［インデントを解除］ボタンをクリックします。

ここでは3種類のインデントについて説明しましょう。

❶ 1行目のインデント
段落の1行目のみ字下げできます。

❷ ぶら下げインデント
段落の2行目以降を字下げできます。

❸ 左インデント
すべての段落を字下げできます。

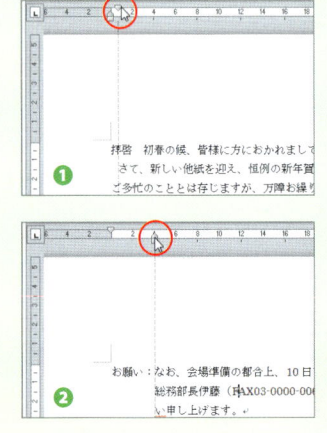
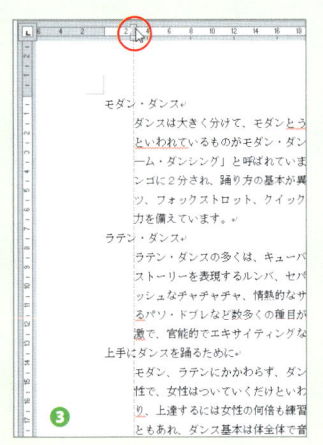

Point 4 タブで内容をそろえる

箇条書きの文章をさらに見やすくするのには「左揃えタブ」を使用してみるのも1つの手です。「タブ」は複数の段落の文字をそろえるときに使用する機能です。

1

箇条書きの文章の本文部分（「本年度の営業戦略について～」「4月19日（月）～」など）の位置をそろえます。まず、箇条書きの文章を選択し **1**、そろえたい位置を決め、ルーラーの数字の下をクリックします **2**。すると、ルーラーに左揃えタブマークが付きます。ここでは10文字目の下をクリックしました。

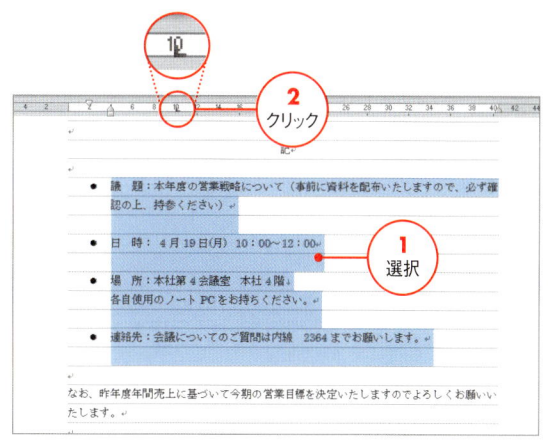

2

文章の右の余白をクリックして選択解除したら、本文部分（「本年度の営業戦略について～」）にカーソルを置き、キーボードの Tab キーを押します **1**。すると、本文部分が左揃えタブマークの位置に移動します。他の段落（「日時」など）にも同様の操作をしましょう。

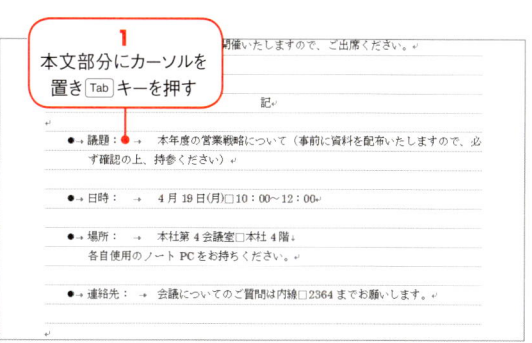

Column

タブマークを使用しないで Tab キーを押した場合、文字は既定値である4文字分移動します。もう一度 Tab キーを押すとさらに4文字分移動……というように文字は移動します。なお、Tab キーを押した場合の文字の移動量やタブマークの位置は数値でも指定できます。ルーラーのインデントをダブルクリックすると［段落］ダイアログが表示されるので「タブ設定」をクリックします。表示された［タブとリーダー］ダイアログでタブ位置を指定しましょう。

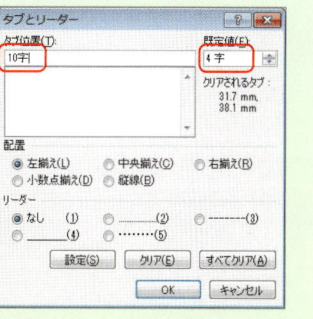

Point 5 ぶら下げインデントで行頭をそろえる

箇条書きやタブを使って文字の間隔を整えると、同じ段落内の1行目と2行目の行頭をそろえることができません。キレイに折り返して表示したい場合は「ぶら下げインデント」を使用しましょう。

1

箇条書きの文章を選択して **1**、ルーラーの［ぶら下げインデント］ボタン（P.30参照）をドラッグし、10文字目のタブマークの位置にそろえます **2**。

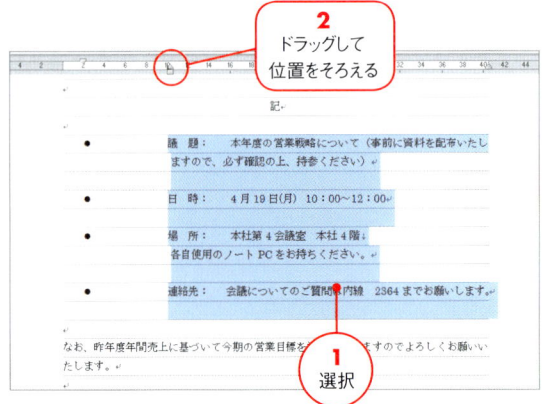

2

箇条書きの文章のタイトル部分（「課題」「日時」など）も移動してしまったため少し読みにくくなってしまいました。そこで、タイトル部分を移動させましょう。ルーラーの4文字目をクリックし、タブマークを付けると、タイトル部分がタブマークを付けた位置に移動します **1**。これで、本文部分の1行目と2行目の行頭をそろえることができます。

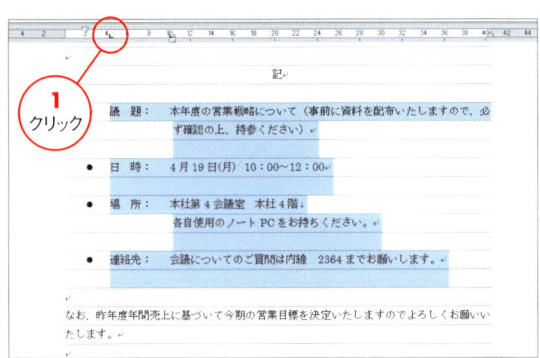

Tips

選択したすべての段落に設定されるので、後から文章を追加しても、2行目以降のすべての文字をそろえることができます。なお、同じ段落内で行を変えたいときは Shift ＋ Enter キーを押しましょう。

Word 2003の場合

Word 2003では、箇条書きの文章を選択して、ルーラーの［ぶら下げインデント］ボタンをドラッグし、タブマークの位置にそろえても、箇条書きの文章のタイトル部分（「課題」「日時」など）が移動することはありません。

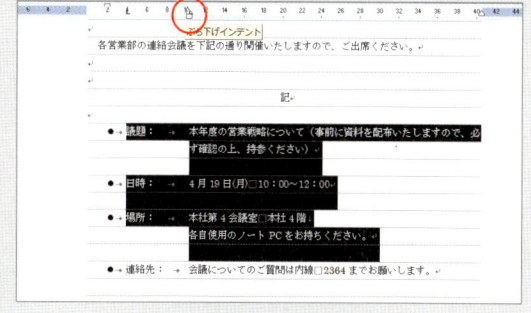

Tips

［ぶら下げインデント］ボタンをドラッグする際、うまくいかない場合は数字で位置を設定することもできます。［ぶら下げインデント］ボタンをダブルクリックすると表示される［段落］ダイアログの［インデントと行間幅］タブ→「インデント」→「幅」に数値（文字数）を入力しましょう。なお、Word 2003では文字数ではなく、mm単位で数値を入力します。例えば1ptの文字の幅は約0.35mmなので、10.5ptの文字2文字分が7.4mmになります。

Point 6 文字幅をそろえる

「場所」や「連絡先」などの項目部分の文字の幅を  のようにそろえると、文書が美しく見えます。この場合、space キーで空白を入れるとキレイにはなりません。特に異なるフォントやアルファベット、数字などが混在している場合は注意してください。必ず文書の「均等割り付け」機能を使いましょう。

1

文字幅を整えたい文字を選択して **1**、[ホーム] タブ→ [段落] グループ→ [均等割り付け] ボタンをクリックします **2**。

> **Word 2003の場合**
> [書式設定ツールバー] → [均等割り付け] ボタンをクリックします。

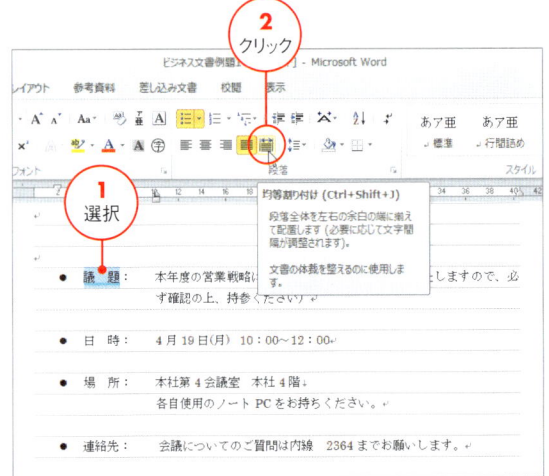

2

[文字の均等割り付け] ダイアログが開き、選択した文字列の現在の幅が表示されます。「新しい文字列の幅」にそろえたい文字列の幅を入力し **1**、[OK] ボタンをクリックします **2**。ここでは、「課題」という2文字を「連絡先」＝3文字の幅に合わせました。同様の作業で、他の文字幅も調整します。

> **Tips**
> 改行マークを含めた段落を選択して [均等割り付け] ボタンをクリックすると、行内の文字が1行分に広がり、均等に配置されます。

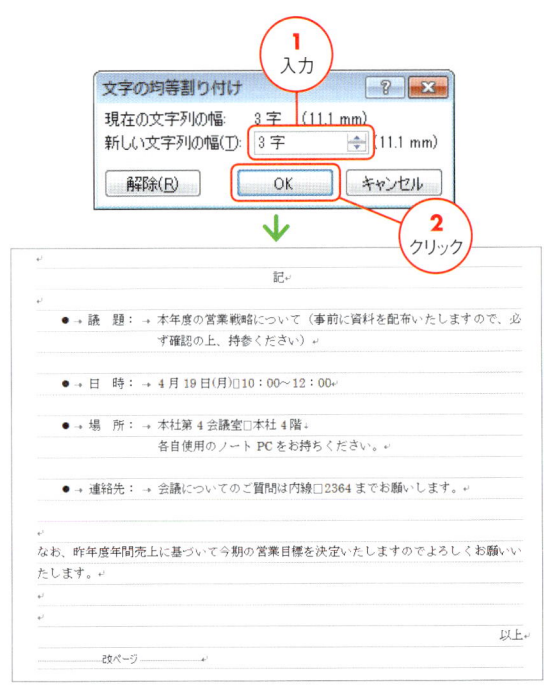

まとめと応用

- 行頭記号や段落番号は手入力しない
- 文字をそろえるときはタブを使おう！
- インデントの種類を使い分けよう

応用例

左インデントを使用して本文を強調すると内容が分かりやすくなる

段落の均等割り付けで切り取り線を作成できる

長い文章は行間をつめて文章を1Pにまとめてもちか！

Word | Excel

日常業務編
11:00〜

簡単な表は Word で作る

出張報告書に経費の明細も記載するなど、ビジネスシーンでは、Word文書に表を挿入しなければいけない場面がよくあります。「表と計算であればExcel！」と思っていませんか？　実は文章と表が混在する書類ではWordの方が簡単に作成できますし、Excelのように表の合計も求めることも可能です。ぜひ、Word文書の表作成機能をマスターしましょう。

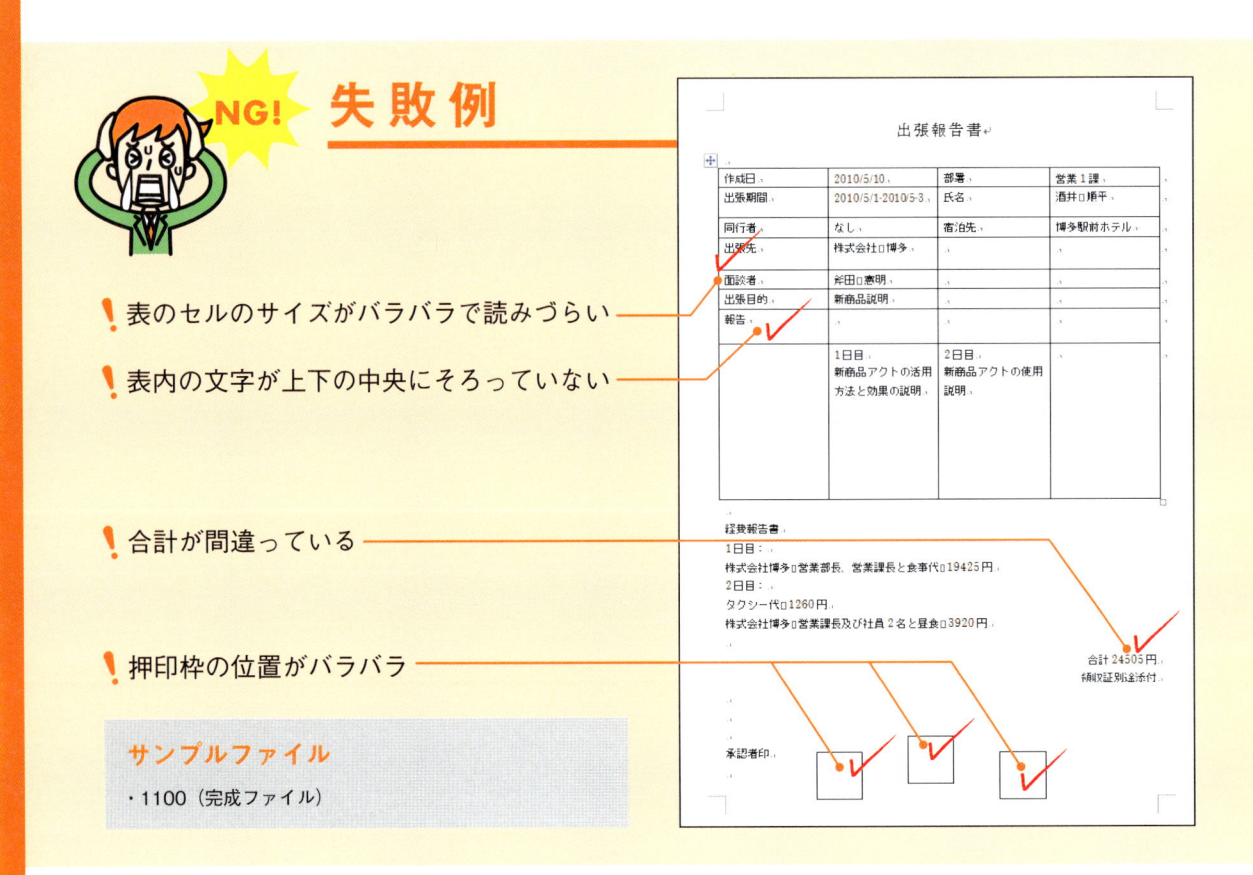

NG! 失敗例

- 表のセルのサイズがバラバラで読みづらい
- 表内の文字が上下の中央にそろっていない
- 合計が間違っている
- 押印枠の位置がバラバラ

サンプルファイル
・1100（完成ファイル）

> せっかく表を作成したのに、整理されてないわね……。それに、合計も間違っています。
> 表は「セルの結合」機能を使って、無駄な線は省きましょう。合計は、計算式を利用するといいわよ。

MISSION! 2

先週の出張報告書がまだ提出されてない！
さっさと出してくれよ。
- 経費の明細と合計も記載すること！
- 承認者印の蘭も忘れないように！
- 文字ばっかりの書類ではなく、表を利用して読みやすくしてくれ！

成功例 OK!

セルを結合し、列幅の調整
Point 1 表の作成と編集 →P.38

表内の文字をキレイに配置
Point 2 表中の文字の配置 →P.41

表の罫線を変更したり、色を設定する
Point 3 表のデザイン →P.42

計算機能で合計を求める
Point 4 合計を自動で求める →P.45

自分用のテンプレートフォルダ作成
Point 5 定型書類をテンプレートにする →P.46

表の列の幅や行の高さはそろえるようにして、無駄な罫線が入らないようにします。文字はキレイに配置しましょう。
表を使用するときは、グリッド線（編集用の行間を表す腺）が邪魔になるので非表示にしておくと罫線が見やすくなります。[表示] タブ→ [表示] グループ→ [グリッド線] のチェックを外しておきましょう（Word 2003 は [表示] メニュー→ [グリッド線]）。また、よく使用する書類は使い回せるようにテンプレートとして保存すると便利よ。

Word | Excel

Point 1 表の作成と編集

書類のさまざまな項目を表形式にしておくと、すっきりします。Wordの「表の自動挿入」機能を使用すれば、行や列が複雑な表でも簡単に作成できます。

1

まず、新規文書の1行目にタイトル（出張報告書）を入力し、改行します。2行目にカーソルがある状態で［挿入］タブ→［表］グループ→［表］ボタンをクリックし **1**、［表の挿入］で挿入する表の列と行の数を選択すると、表が作成されます **2**。ここでは8行×4列の表を作成しました。

> **Word 2003の場合**
> ［標準ツールバー］→［表の挿入］ボタンをクリックします。

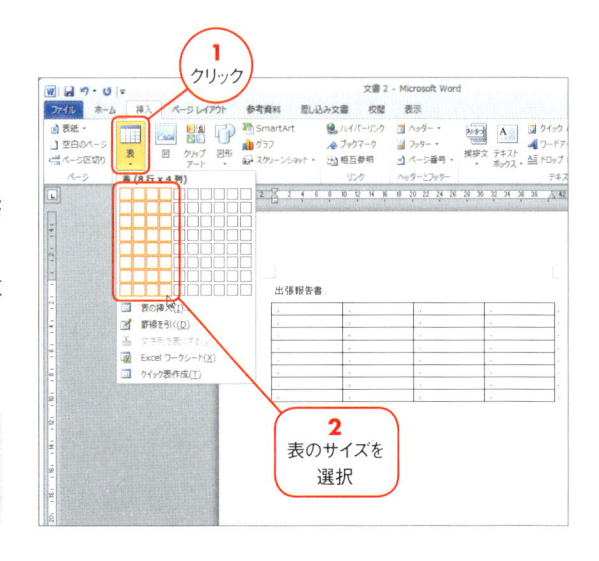

2

各セルに文字を入力します **1**。

3

「出張先」の右隣のセルが3列になっていますが、1つのセルに結合して、文字を挿入します。結合したいセルをドラッグして選択し、［表ツール］→［レイアウト］タブ→［結合］グループ→［セルの結合］ボタンをクリックすると、3つのセルが1つに結合されます。

> **Word 2003の場合**
> ［罫線ツールバー］→［セルの結合］ボタンをクリックします。

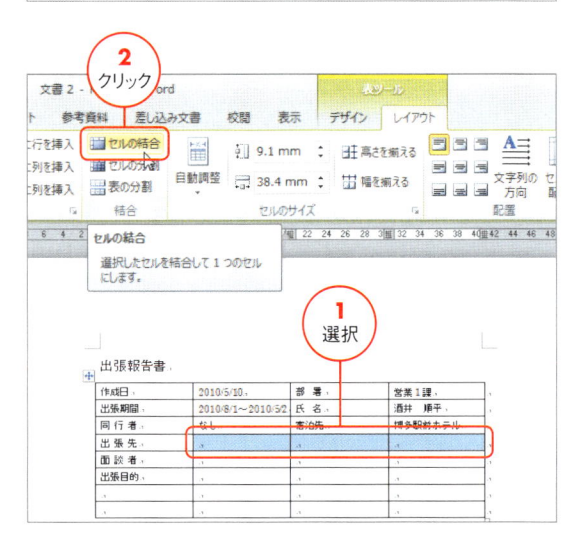

4

同じように、「面接者」、「出張目的」の右隣の3つのセルと、下の2行のセルもそれぞれ1つのセルになるように結合します。

5

結合したセルに文字を入力しましょう。入力が終わったら列の幅・行の高さを調整します。まずは1列目の幅を調整しましょう。1列目の右側の縦線にマウスポインタを合わせると、左右の矢印マークが表示されます。マークを左側へドラッグすると列の幅が狭くなります❶。同じように、2列目の右側の縦線を今度は右側へドラッグして2列目の幅を広げます❷。

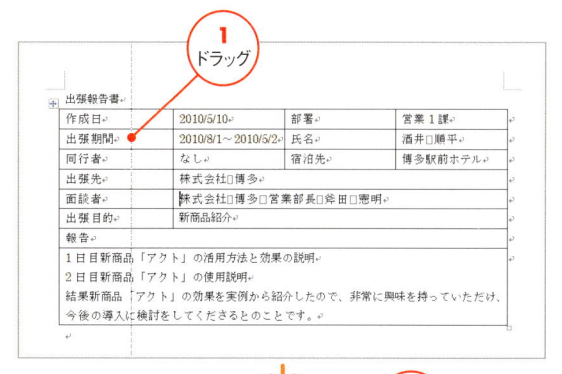

6

セルの高さを調整する際は、横線にマウスポインタを合わせてドラッグします。1行ずつ広げていては高さがまちまちになりますが、［高さを揃える］ボタンを使用すれば、選択した複数の行の高さの平均値がそれぞれの行の高さとして適用されます。ここでは「出張目的」よりも上の行の高さを調整します。そこで、「出張目的」の行の底辺を下にドラッグして、広げておきます❶。

Word

7

高さをそろえたい行を選択し **1**、[表ツール] → [レイアウト] タブ → [セルのサイズ] グループ → [高さを揃える] ボタンをクリックします **2**。すると、選択していた行がすべて同じ高さになります **3**。

Word 2003の場合

[罫線ツールバー] → [行の高さを揃える] ボタンをクリックします。

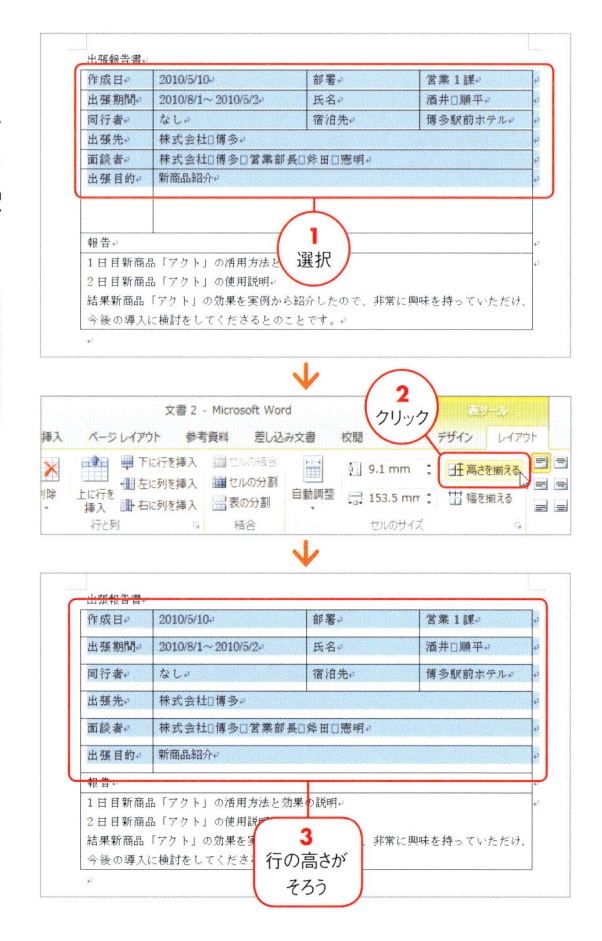

8

他の行も、行の底辺を下にドラッグして調整します。

Tips

[表ツール] (Word 2003 では [罫線ツールバー]) は、表内にカーソルがある、もしくは表のどこかを選択しているときのみ表示されます。カーソルを表以外の場所に移動すると [表ツール] は消えてしまいますので注意しましょう。

Point 2 表中の文字の配置

続いて、表中の文字の配置を整えます。表中の文字は左右だけでなく上下の位置も考えなくてはなりません。セルの中のどの位置に文字を配置するのかを指定します。

1

セル「作成日」〜「出張目的」をドラッグして選択します **1**。［表ツール］→［レイアウト］タブ→［配置］グループ→［中央揃え］ボタンをクリックすると、選択していたセルの文字がセル中央に配置されます **2**。同様にセル「部署」〜「宿泊先」、「報告」も中央に配置します。その他のセルは、左揃えの上下中央に配置します。

2

セル「報告」の下のセルには報告内容を記入しています。このセル内の文章を読みやすくします。まず、セル内の文章を選択して、ルーラーの6文字目をクリックし、左揃えタブマークを付けます **1**。

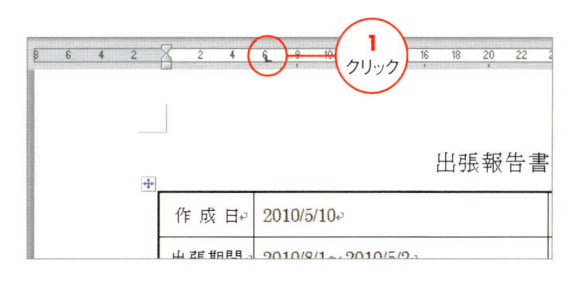

3

文章の「1日目」の右側をクリックしてカーソルを置き、Ctrl + Tab キーを押すと **1**、「新商品〜」以降の文章が6文字目に移動します **2**。「2日目」「結果」の段落も同様に操作し、「結果」は2行になっているので、ぶら下げインデントで調整します。

> **Tips**
> タブマークについてはP.31を参照。なお、表中の文字を移動させるときは Ctrl + Tab キーを押します。

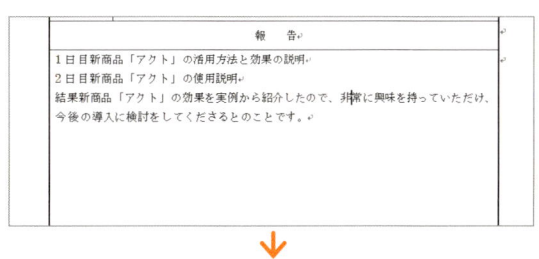

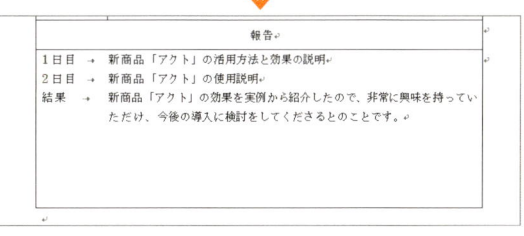

Word | Excel

Point 3 表のデザイン

Word 2010 ／ 2007 の表ツールには［デザイン］タブが用意されており、文字の配置や罫線の種類などのスタイルを選択できます。一覧から選択するだけで表をデザインできますが、自由にデザインするには、「罫線の変更」や「セルの塗りつぶし」を覚えておきましょう。

1

表の罫線を変更して、表を見やすくします。「出張目的」の行を選択して **1**、［表ツール］→［デザイン］タブ→［罫線の作成］グループ→［ペンのスタイル］をクリックします **2**。

2

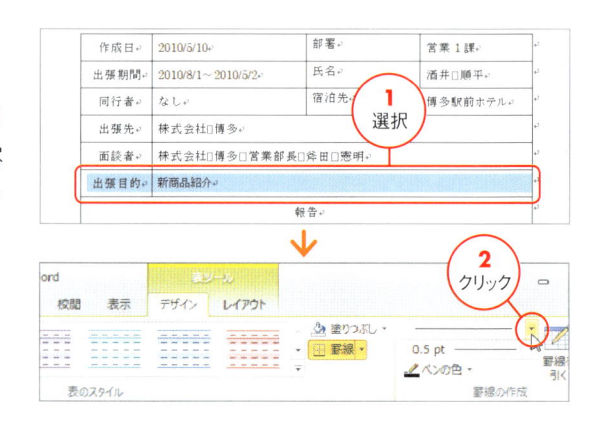

表示された線の種類から［二重線］を選択します **1**。続いて［表のスタイル］グループの［罫線］ボタンをクリックし **2**、［下罫線］を選択します **3**。これで、選択したセルの底辺が二重線に変更されます。

Word 2003の場合

［罫線ツールバー］→［線の種類］の［▼］ボタンをクリックし、一覧から［二重線］を選択します。続いて［罫線］ボタンから［下罫線］を選択します。

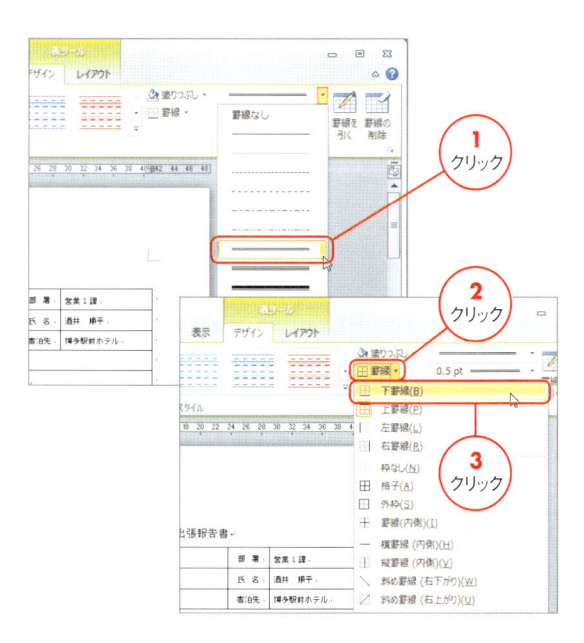

3

表全体の外枠を太い線に変更します。表全体を選択する際は、表の左上に表示される［表の選択］ボタンをクリックすると大きな表もワンクリックで選択できます **1**。続いて、［表ツール］→［デザイン］タブ→［罫線の作成］グループ→［ペンのスタイル］の「実線」、［ペンの太さ］の「1.5pt」を選択し **2**、［表のスタイル］→［罫線］ボタンをクリックし **3**、［外枠］を選択すると **4**、選択している表の外側の線が太い実線になります **5**。

> **Tips**
> ［表の選択］ボタンは表内でマウスを移動させたときは表示されますが、マウスを表の外から表の左上に移動させると表示されないので注意しましょう。

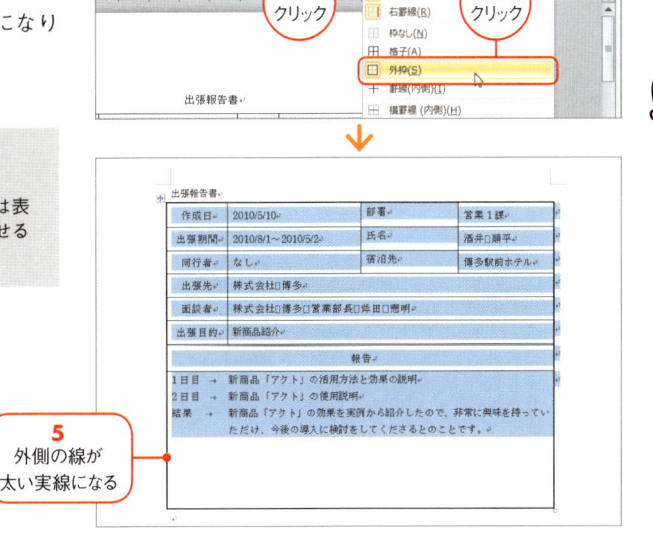

4

続いて、新たな表を作成します。ここまでの解説で作成した表の下に新たな表を作成する際、注意しなければいけないことがあります。表を作成すると、表の下の1段落が自動挿入されます **1**。この段落に新たな表を作成しようとすると、これまで作成した表とつながってしまいます（表が拡張されます）。新たな表を作るには、1行改行をしなければいけません。表の下にある段落にカーソルを置き、1行改行し、文章（「経費報告書（領収証は別途添付）」）を入力して改行しましょう **2**。

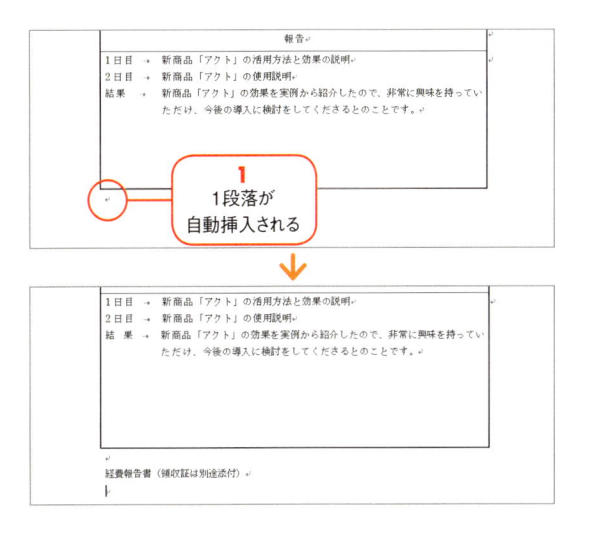

5

［挿入］タブ→［表］グループ→［表］ボタンをクリックし、［表の挿入］で4列6行の表と4列2行の表を挿入します。これまで解説した操作と同様の操作によって下のような表を作ることができます。

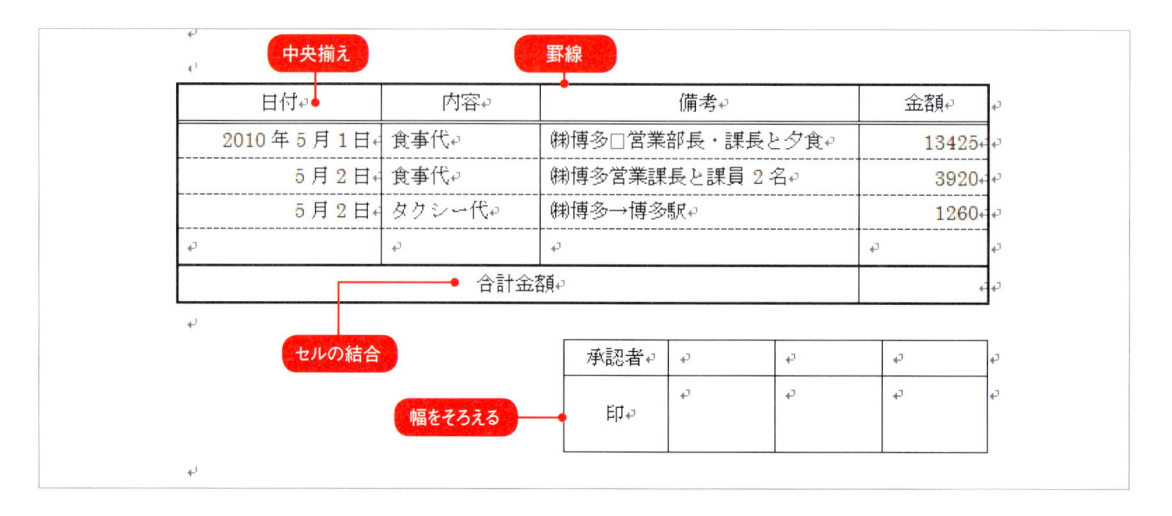

（中央揃え／罫線／セルの結合／幅をそろえる）

日付	内容	備考	金額
2010年5月1日	食事代	㈱博多　営業部長・課長と夕食	13425
5月2日	食事代	㈱博多営業課長と課員2名	3920
5月2日	タクシー代	㈱博多→博多駅	1260
合計金額			

承認者			
印			

6

セル「日付」〜「金額」に色を設定しましょう。日付の行を行選択し、［表ツール］→［デザイン］タブ→［表のスタイル］グループ→［塗りつぶし］ボタンの［▼］ボタンをクリックするとカラーパレットが表示されます**1**。カラーパレットから色を選択すると、セルの背景に色が設定されます**2**。

> **Word 2003の場合**
> ［罫線ツールバー］→［網かけの色］ボタンの［▼］ボタンをクリックすると表示されるカラーパレットから色を選択します。

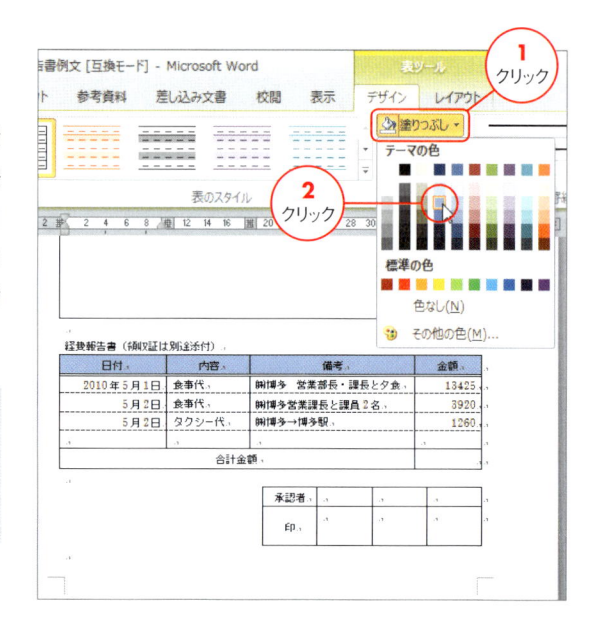

Point 4 合計を自動で求める

Wordで表を作成すると、Excelのように計算式が利用できます。関数を利用することによって合計の他に、平均値や最大値、最小値などを求めることができるのです。また、自分で数式を入力すれば四則演算も行えます。ここでは経費の合計を求めましょう。

1

合計を表示したいセルにカーソルを置き（ここでは「合計金額」の右横のセル）**1**、［表ツール］→［レイアウト］タブ→［データ］グループ→［計算式］ボタンをクリックします**2**。

Word 2003の場合
［罫線］メニュー→［計算式］をクリックします。

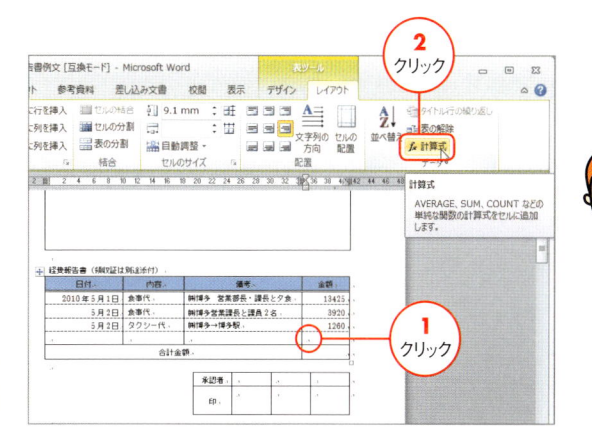

2

［計算式］ダイアログが表示されます。ダイアログには計算式が自動的に表示されています。「=SUM(ABOVE)」は「カーソルのあるセルより上のデータを合計する」という意味です。このまま［OK］ボタンをクリックしましょう**1**。選択したセルに金額の合計が表示されますので、右側に「円」を入力します**2**。

Tips
選択したセル左のセルのデータの合計を求める際は「=SUM(LEFT)」、右のセルのデータの合計は「=SUM(RIGHT)」、下のセルのデータの合計は「=SUM(BELOW)」になります。
なお、データを修正した場合は、計算結果を更新しておくために答えのセルにカーソルを置き[F9]キーを押します（または右クリック→［フィールドの更新］を選択）。

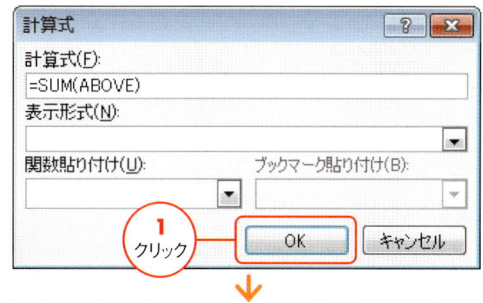

Word | Excel

Point 5 定型書類をテンプレートにする

出張報告書のように頻繁に使用する書類は、自分専用のテンプレートを保存しておけば、使いまわすことができます。テンプレートがあれば、古いファイルをコピーし、データを削除して書き直す……という手間は必要ありません。

1

[ファイル] タブ→ [新規作成] の「マイテンプレート」という項目があるので、ここにフォルダを作成しておきましょう。[スタート] ボタンをクリックし、[コンピューター（マイコンピュータ）] を開き、下記のアドレスを開きます **1**。

・Windows 7 ／ Vista
　C¥ユーザー¥ユーザー名¥Appdate¥Roaming¥Microsoft¥Templates
・Windows XP
　C¥Documents&Setting ¥ユーザー名¥Application Data¥Microsoft¥Templates

[Templates] フォルダ内で、右クリックをして **2**、[新規作成]→[フォルダー] を選択します **3**。新しいフォルダが作成されるので、名前を入力しましょう **4**。

Word 2003の場合
ファイル保存時に「ファイルの種類」を「文書テンプレート」にすれば自動的に [Templates] フォルダが開きます。

Word 2007の場合
[Office] ボタン→ [新規作成] をクリックします。

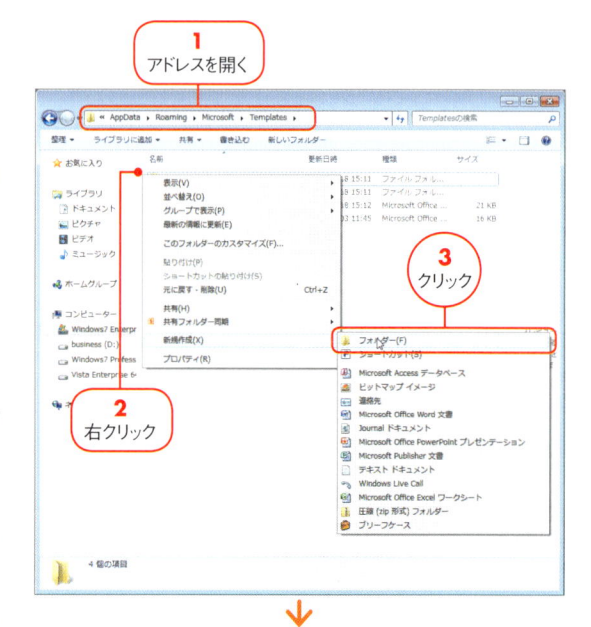

Tips

Windows 7 では「隠しフォルダ」が「非表示」になっていると [Roaming] フォルダが表示されません。[ツール]→[フォルダオプション]→[表示]→[詳細設定の一覧] の「隠しフォルダを表示しない」のチェックを外しておきましょう。

2

ここまでの解説で作成しておいた「出張報告書」の文章を削除して、原本を用意します。このとき、計算式は削除しないようにします。「合計金額」の数字を選択し、F9 キーを押して「0円」にしておきます **1**。

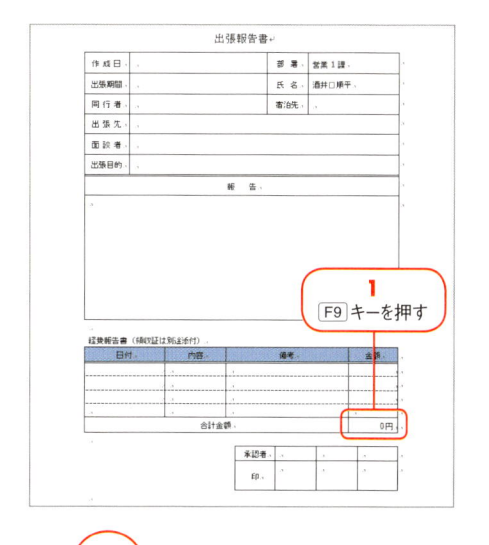

3

［ファイル］タブをクリックし **1**、［名前を付けて保存］→［Word テンプレート］をクリックします **2**。

Word 2007の場合

［Office］ボタン →［名前を付けて保存］をクリックします。

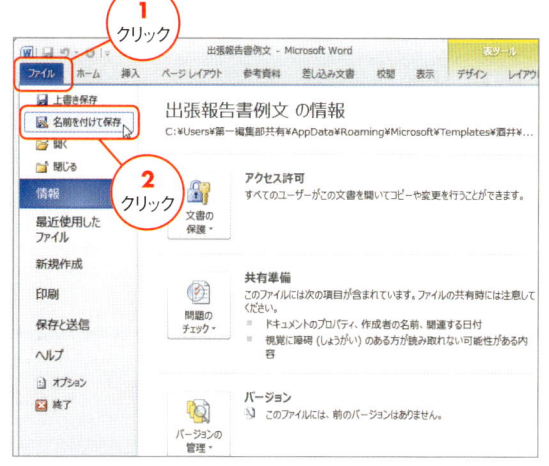

4

［名前を付けて保存］ダイアログが開きます。［Templates］フォルダ内の先ほど作成したフォルダを保存先に指定し **1**、「ファイルの種類」は「Word テンプレート」を選択して **2**、［保存］ボタンをクリックします **3**。

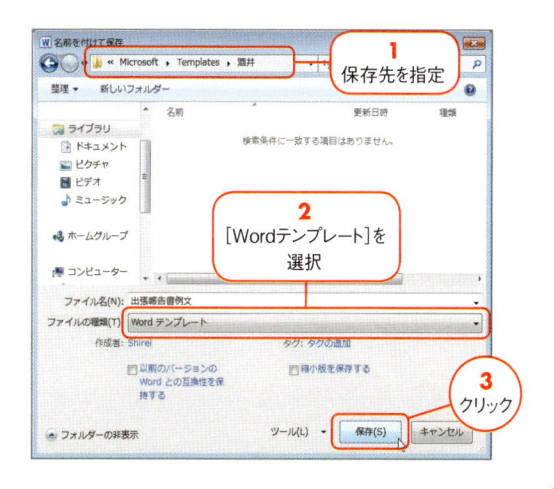

Word | Excel

5

［ファイル］タブ→［新規作成］をクリックし、［マイテンプレート］を選択します **1**。

Word 2003の場合
［ファイル］メニュー→［新規作成］をクリックし、［作業］ダイアログから［標準のテンプレート］を選択します。

Word 2007の場合
［Office］ボタン→［新規作成］をクリックし、［テンプレート］ダイアログの［マイテンプレート］を選択します。

6

［新規］ダイアログが開きます。**1**でフォルダを作成しておけば、フォルダ名がタブとして表示されるので、クリックします **1**。すると、テンプレートとして保存した「出張報告書」が表示されます **2**。このフォルダにいろいろなテンプレートを保存していくと、素早く文書を作成できるようになるので、ぜひ試してください。

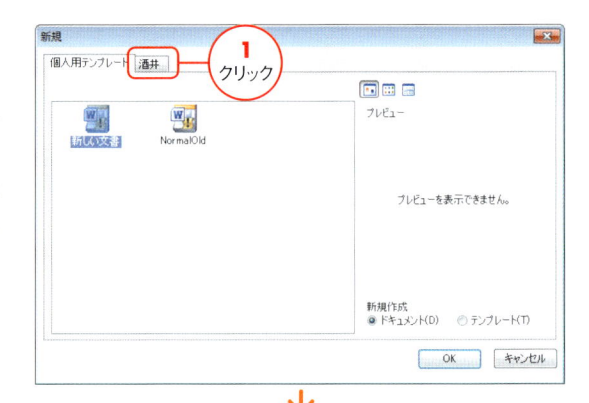

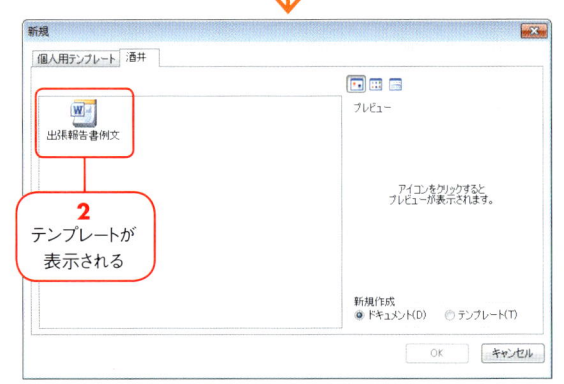

48　定型書類をテンプレートにする

まとめと応用

- セルの結合などを使って表をキレイに見せる
- Wordでも計算式を利用しよう
- よく使う文書はテンプレートを作成しておく

応用例

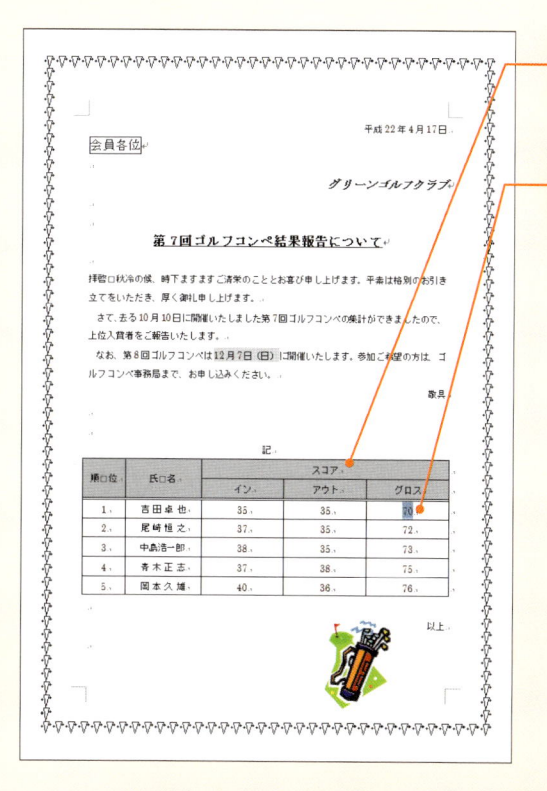

セルを結合すればさまざまな表を作成できる

「=SUM(LEFT)」の計算式で合計を求めることも可能

「=C2*D2」の計算式で金額を求めたり「=SUM(ABOV)」の計算式で合計を求めることもできる

Word | **Excel**

日常業務編
🕑
14:00〜

表を自動入力できるようにする

月別売上などの表を作成する際、取引先の会社名や商品名などの入力に手間取ることはありませんか？ カタカナやアルファベットが混在する会社名などを手入力すると、間違えてしまいがちです。会社名はリストから選択入力できるようにして、商品コードを入力すると商品名や価格が自動表示されるようにしておけば、入力ミスを回避できたり、表記を統一できます。また、データを追加すると、罫線を引き直し！ということがないように、罫線も自動で設定されるようにしておきましょう。

NG! 失敗例

❗ 一通り入力した後、データを消したから、番号が連番になっていない

❗ 同じ得意先名なのに半角・全角が入り混じっていては集計できない

❗ 商品コードや商品名に半角・全角や大文字・小文字が混在しているので、商品別集計ができない

❗ あらかじめ罫線を引いておくと印刷の際に無駄なページも印刷されてしまう

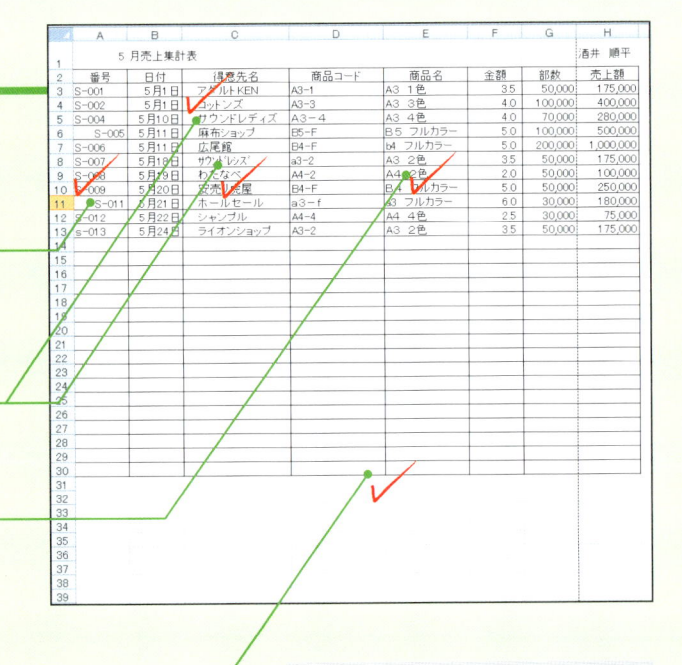

サンプルファイル
・1400（完成ファイル）

入力に関するミスが多すぎます。できるだけ手入力は避けましょう。正確なデータの入力は一番大切なことです。

MISSION! 3

会議があるから今月の売上表を用意してくれ！ 早く提出してくれよ
・数字などを間違えないように！
・件数が分かるように番号を付けるように！
・顧客名のカタカナやアルファベットの全角半角を間違えないように！

成功例 OK!

商品コードを選ぶと商品名と価格
が自動表示されるようにする

Point 4 一覧表のデータを表示させる →P.61

自動的に罫線を表示させる

Point 5 条件付き書式で罫線を設定 →P.64

リストから項目を選択できるようにする

Point 3 リスト入力の設定 →P.52

項目を入力すると番号が
自動的に挿入されるようにする

Point 1 オートナンバーの作成 →P.56

Point 2 表示形式ユーザー設定 →P.57

「入力規則」機能や「関数」を利用すれば、自動入力ができます。「マスターシート」を作成しておくことも大切です。

Word | **Excel**

Point 1 オートナンバーの作成

ワークシートには行番号が表示されているので行数がすぐに分かりますが、印刷すると表示されません。そこで、取引件数などがすぐに分かるように連番を振ります。ただし、通常の入力では、行を削除するとその行の番号も消えるので、連番にはなりません。そこで、データを入力すると自動的に連番が表示され、行を削除すると自動的に番号を振り直して常に連番になるように設定します。これが「オートナンバー」です。

1

まず、1行目に「表題」、2行目に「フィールド名（項目）」を入力しておきます **1**。番号を表示したいセル（この場合は A3）を選択します **2**。

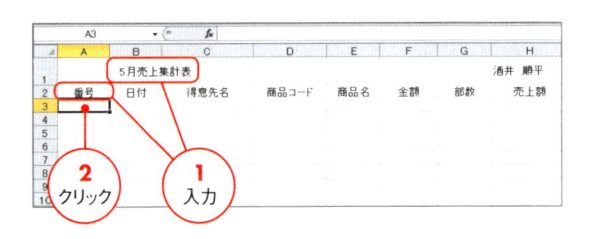

2

関数を使って、「得意先名」を入力するとセル（A3）に「1」という番号が表示されるようにしましょう。ここでは「IF 関数」と「COUNTA 関数」を組み合わせます。関数を組み立てるときのコツは、文章を考えてみることです。もしも「顧客名」が「空白（未入力）」ならば番号は空白にする。「顧客名」が入力されていたら1件目から順番に数えて何個あるかを数えるというように関数を組み合わせてみましょう。［数式］タブ→［関数ライブラリ］グループ→［関数の挿入］ボタンをクリックして、［関数の挿入］ダイアログを表示します **1**。

Excel 2003の場合

［数式バー］→［関数の挿入］ボタンをクリックします。

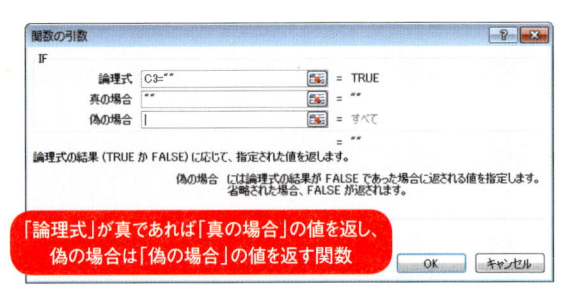

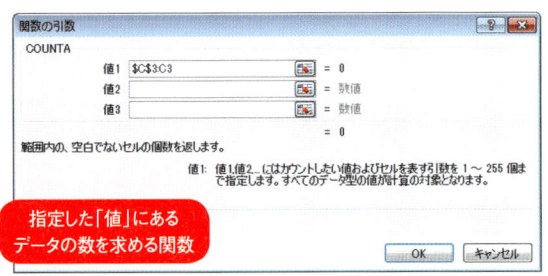

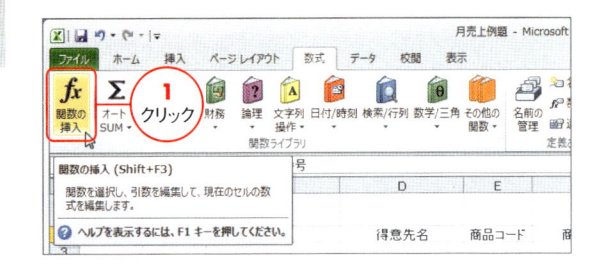

52　オートナンバーの作成

3

［関数の挿入］ダイアログで「論理」の「IF」を選択しましょう **1**。［関数の引数］ダイアログで、以下のように設定します **2**。

「論理式」：C3=""（「＝」は「同じ」、「""」は「空白」なので、「得意先名（セル C3）」が「空白」のときという意味）

「真の場合」：""

「得意先名（セル C3）」が「空白」のときは「空白」にするという意味になります。

> **Tips**
> Excelでは、数式に文字を使用する際は文字を「"」（ダブルクォーテーション）で囲みます。例えば「"人"」のように囲みます。「"」の間に文字がない場合は空白を意味します。

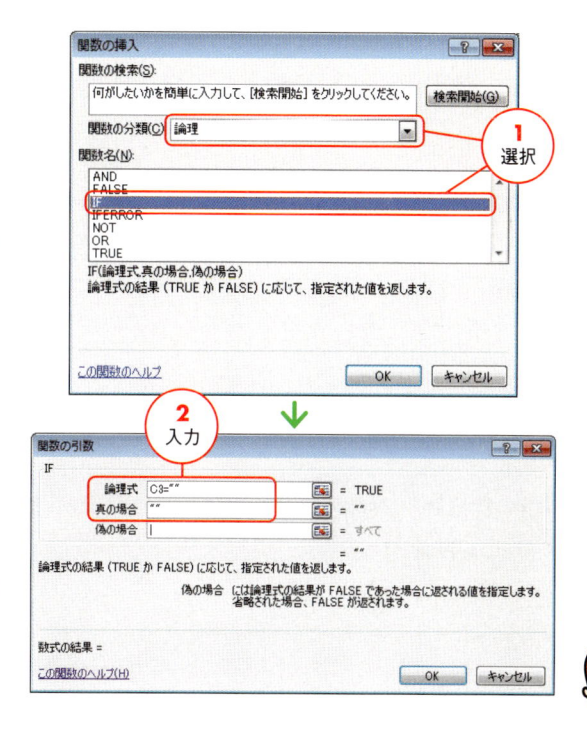

4

「偽の場合」には「得意先名」が入力されたとき（「空白」ではないとき）に返す値を入力します。この場合は「得意先名」のセルから数えて、1番目には「1」、1番目から2番目までは「2」……のように数を返したいので、COUNTA関数を利用します。ただ、IF関数を設定しているので、［関数の挿入］ボタンではなく、［名前ボックス］から起動しましょう。［▼］ボタンをクリックすると関数名が表示されるので **1**、一覧から「COUNTA」を選択します **2**。一覧にない場合は、「その他の関数」をクリックし、［関数の挿入］ダイアログから「COUNTA」を選択しましょう。

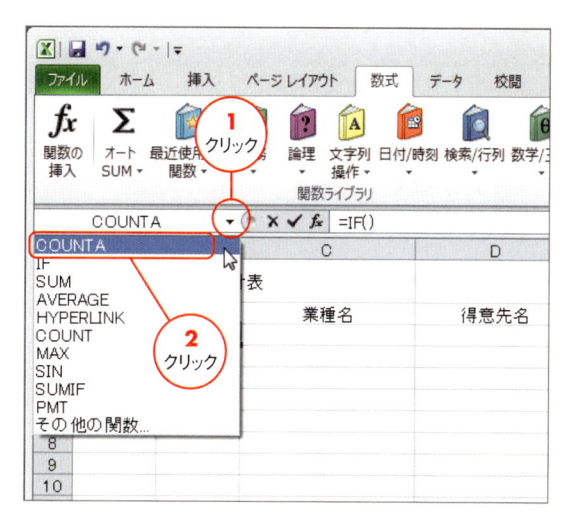

5

[関数の引数] ダイアログの「値1」にカーソルがあることを確認して得意先名のセル（C3）をクリックします。COUNTA関数は始点から終点までの空白ではないセルの個数を数える関数で、この場合、C3は始点に当たります。2行目、3行目などに関数を適用する場合も始点が変更されないように、固定します。F4キーを押しましょう **1**。

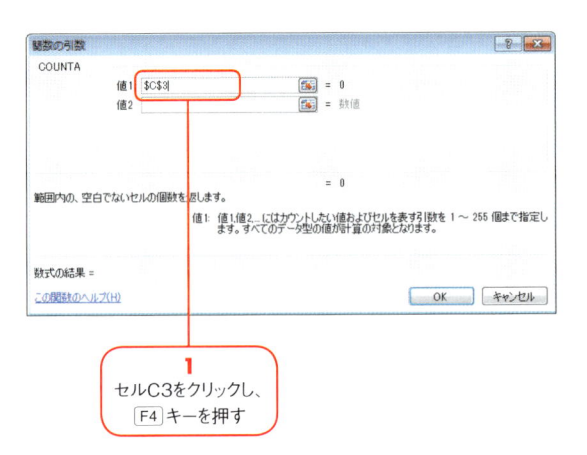

> **Tips**
> F4キーを押すと、列ナンバー「C」の前に「$」が付きますが、これは「C」列を固定して、数式をコピーした場合も「C」列はズレないという意味です。行ナンバー「3」の前の「$」も同じです。Excelではこれを「絶対参照」といいます。

1 セルC3をクリックし、F4キーを押す

6

続いて、終点を設定します。:キーを押し、得意先名のセル（C3）をクリックしましょう **1**。終点は固定しません。この数式を以降の「番号」のセル（A4、A5……）にコピーした場合、終点がC4、C5とズレていくようにするためです。

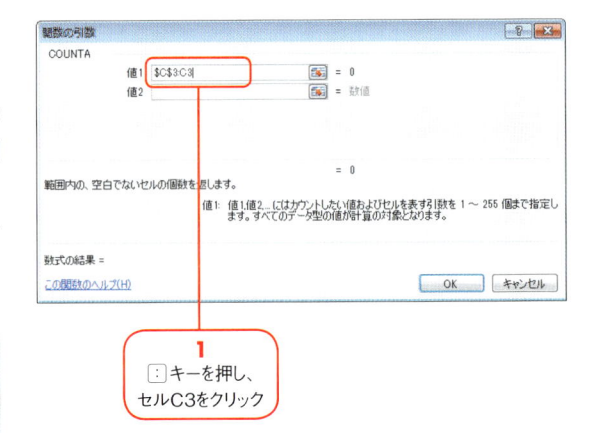

> **Tips**
> 数式をコピーした際、セルの番地がズレていくことを「相対参照」といいます。

1 :キーを押し、セルC3をクリック

7

［数式バー］には今作成している式が表示されています。COUNTA関数の引数の設定はこれだけで終わりなので、［数式バー］の「IF」のスペル内をクリックすると、IF関数の［関数の引数］ダイアログに戻ります **1**。数式を確認してみましょう。確認後、［OK］ボタンをクリックします **2**。

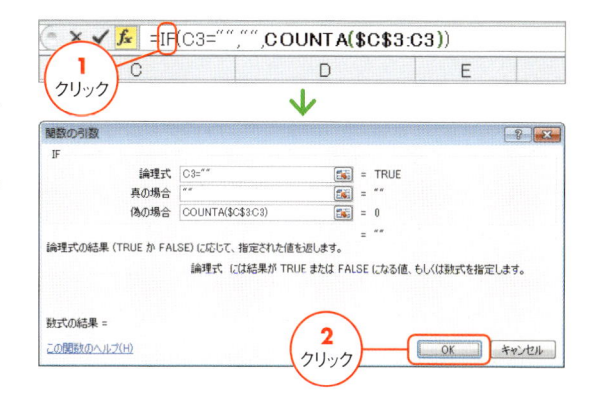

8

2行目以降にも数式をコピーします。セルA3のフィルハンドルをドラッグして数式を任意の行までコピーしましょう **1**。試しに「得意先名」を入力してみると、「得意先名」を入れた時点で「番号」が表示され **2**、「得意先名」を削除すると「番号」は連番に振り直されます **3**。

> **Tips**
>
> COUNTA関数は、数値、文字列、記号などの何か入力されているセルの数を数えます。COUNT関数では、今回のように文字が入力されたセルを数えることができません。

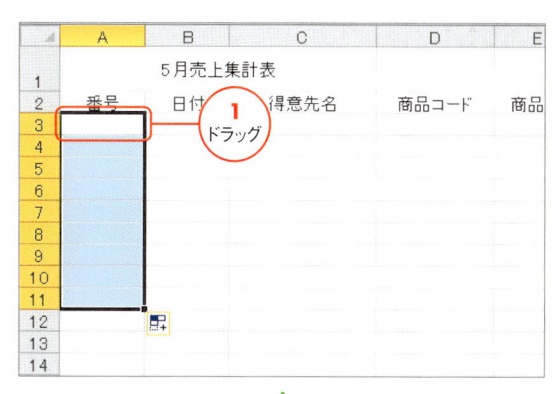

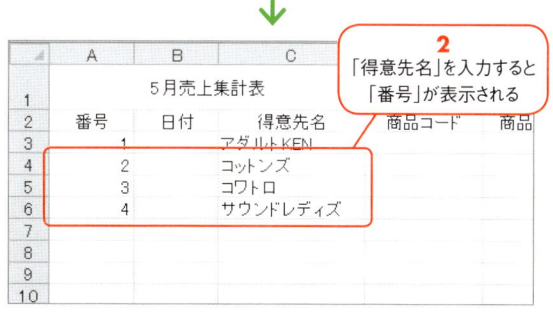

Word | **Excel**

Point 2 表示形式のユーザー設定

オートナンバーの番号に「S-001」と表示したい場合、「-」という数式が組まれているのでうまくいきません。このような場合はオリジナルの表示形式を作成します。単位付きの数値（100件、100Setなど）を表示したい場合などにも便利な機能です。

1

オートナンバーを設定した範囲を選択し、Ctrl + 1 キーを押します **1**。[セルの書式設定] ダイアログが表示されるので、[表示形式] タブ→「分類」→「ユーザー定義」をクリックします **2**。「種類」の「G/標準」をクリックします **3**。

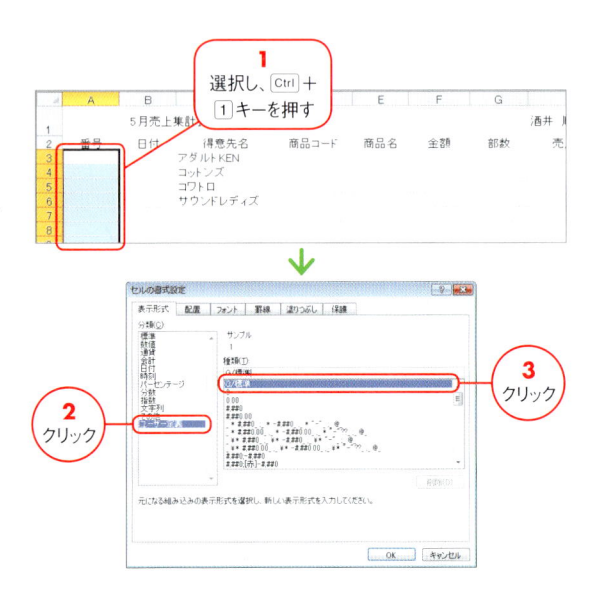

2

「種類」の文字入力フィールド内の「G/標準」を消し、「"S-"000」と入力し **1**、[OK] ボタンをクリックしましょう **2**。「000」は、文字の「S-」の後ろに3ケタの数字を表示するという意味です。「1」と表示されていた番号が「S-001」と表示されます。

> **Tips**
>
> [セルの書式設定] ダイアログの「表示形式」→「分類」では数値や日付などのさまざまな表示形式があらかじめ登録されています。登録されている以外を使いたい場合は「ユーザー定義」で設定しましょう。例えばセルに入力された文字の後ろに「御中」と表示したり、時間や日付に単位を付けることも可能です。

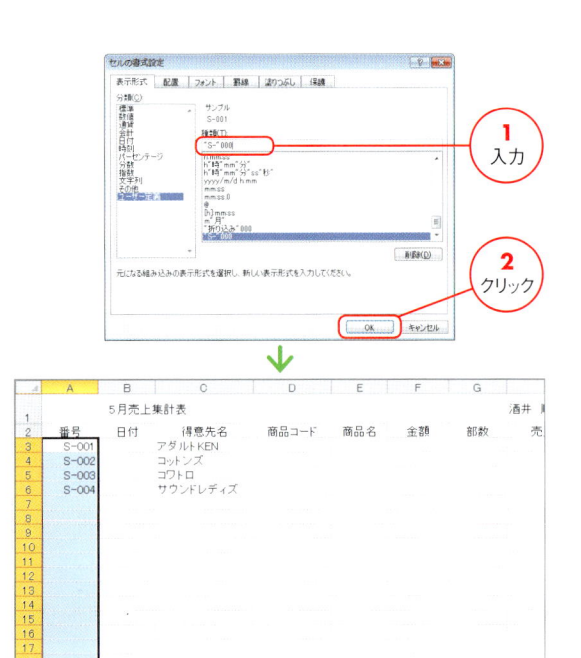

56　表示形式のユーザー設定／リスト入力の設定

Point 3 リスト入力の設定

会社名などを入力するときに、カタカナやアルファベットが混在していると入力が面倒なことはありませんか？ リストから選択して入力できれば、入力ミスがなくなり時間も短縮できます。Excelにはさまざまな入力支援機能がありますが、ここでは「リストから選択して入力する」＝入力規則を作成しましょう。

1

まず、マスターシートを作成して、業種名と業種ごとの得意先一覧を作成します。何も入力されていないシートを選択し、「シート見出し」に「マスター」と入力します**1**。続いて、［マスター］シートに得意先名を入力しましょう。このとき、1行目に「業種名」と「フィールド名（業種分類）」を入力し、さらに1列目に「業種名」を入力します**2**。これが、リスト表示するための元表になります。

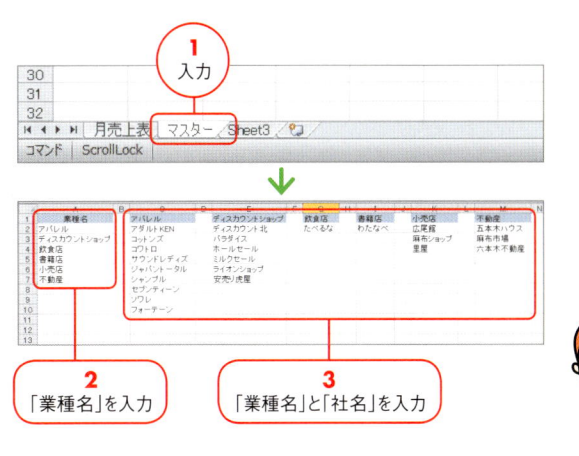

2

「業種名」の範囲（セルA1～A7）を選択し、この範囲に名前を定義します。「名前の定義」とは、一定の範囲のセルに名前を付けて、絶対参照の範囲を指定することです。名前の定義の方法はいろいろありますが、範囲指定をした状態で、［名前ボックス］に名前を入力する方法が簡単です。セルA1～A7を選択した状態で、［名前ボックス］をクリックし、「業種名」と入力しましょう。その後、Enterキーを2回押します。これで、「得意先名」を指定すると、この範囲が参照されます。

> **Tips**
> 指定した名前を使用して数式を組み立てると、数式をコピーした際に相対参照が適用されません（セル番地がズレない）。

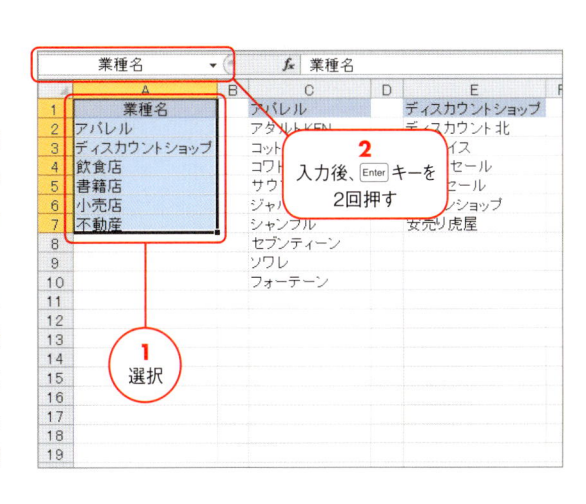

3

「アパレル」「ディスカウントショップ」「飲食店」などの範囲にも「業種名」と同様に名前を定義しましょう。

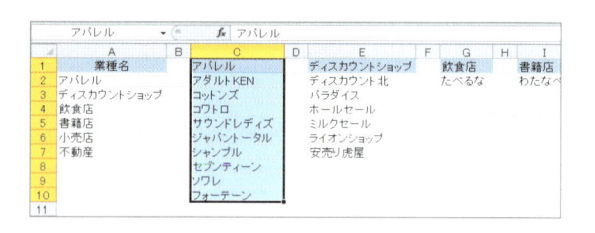

4

P.52で作成したシートに移動し、「日付」と「得意先名」の間に列を挿入します。「得意先名」の列を列選択し、Ctrl + Shift + + キーを押すと、選択した列の前に列が挿入されます。フィールド名には「業種名」と入力しましょう。

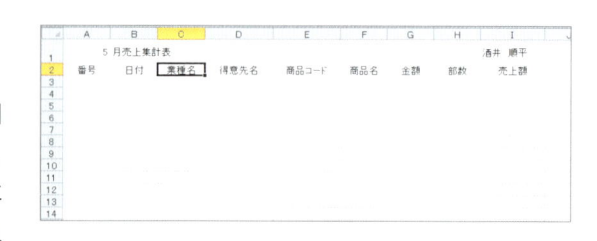

5

業種を入力する範囲を選択します **1**。続いて、[データ]タブ→[データツール]グループ→[データの入力規則]ボタンをクリックし **2**、[データの入力規則]を選択します **3**。[データの入力規則]ダイアログが表示されるので、[設定]タブ→「入力値の種類」の「リスト」を選択し **4**、「ドロップダウンリストから選択する」にチェックを付けます **5**。続いて、「元の値」の入力スペースにカーソルを置き、F3キーを押します **6**。

Excel 2003の場合

[データ]メニュー→[入力規則]をクリックします。

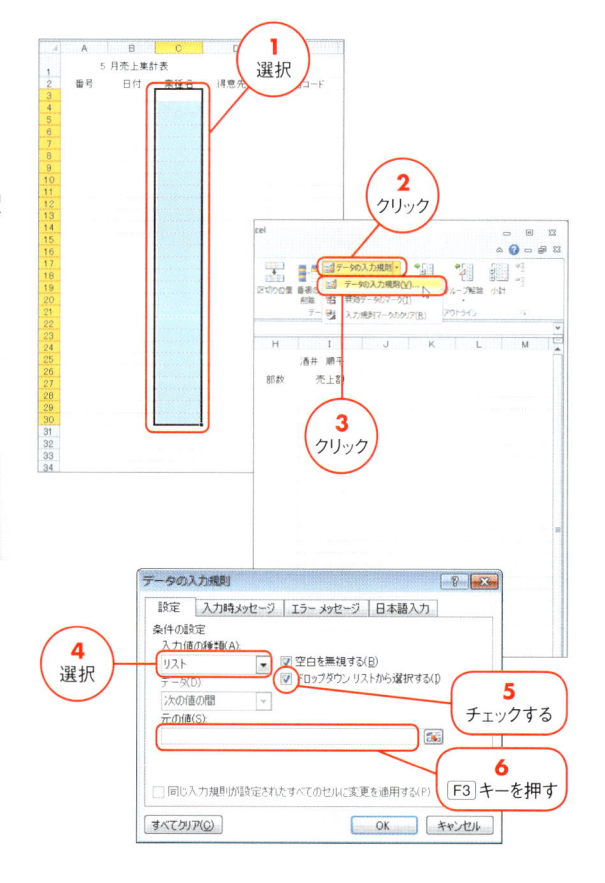

6

［名前の貼り付け］ダイアログが表示されるので、「業種名」を選択し **1**、［OK］ボタンをクリックします **2**。［データの入力規則］ダイアログの「元の値」が「＝業種名」になっていることを確認し、［OK］ボタンをクリックしましょう **3**。

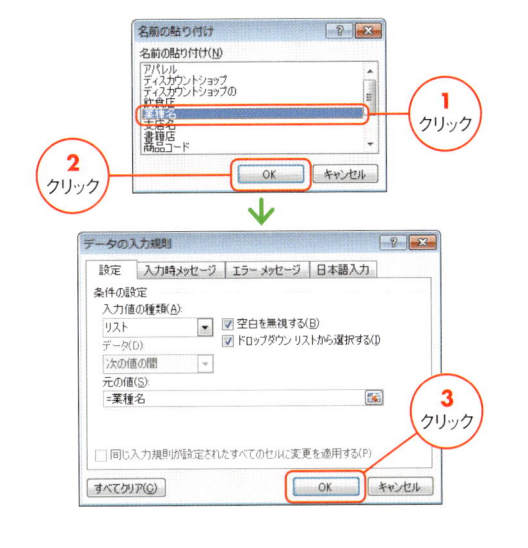

7

「業種名」を入力するセル（列C）をクリックすると、セルの右側に［▼］ボタンが表示されます **1**。［▼］ボタンをクリックすると、「業種名」の一覧が表示されるので、その中から入力したい業種を選択すると、データが入力されます **2**。

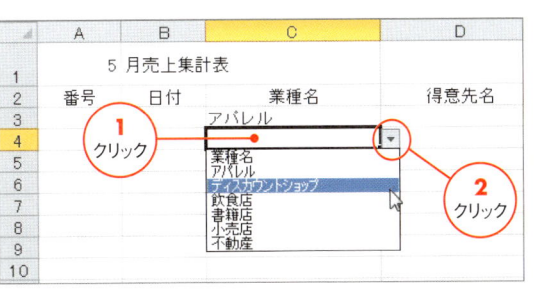

8

次は得意先名を「リスト入力」できるようにしましょう。「業種名」の「アパレル」を選択すると「得意先名」には「アパレルの得意先一覧」が表示されるようにします。「得意先名」を入力する範囲を指定して **1**、［データ］タブ→［データツール］グループ→［データの入力規則］ボタンをクリックすると［データの入力規則］ダイアログが表示されます。［設定］タブ→「入力値の種類」の「リスト」を選択し **2**、「ドロップダウンリストから選択する」にチェックを付けます **3**。「元の値」には「=INDIRECT(C3)」と入力し **4**、［OK］ボタンをクリックしましょう **5**。「業種名」のセルで業種を選択した後、「得意先名」のセルをクリックし、［▼］ボタンをクリックすると、業種ごとの得意先の一覧が表示されるようになります。

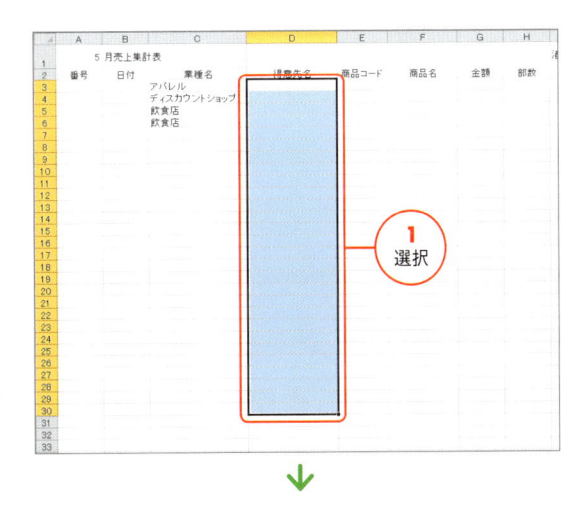

Tips

INDIRECT関数を使って「セルC3に入力されたデータと同一の名前を定義した範囲を参照」させています。

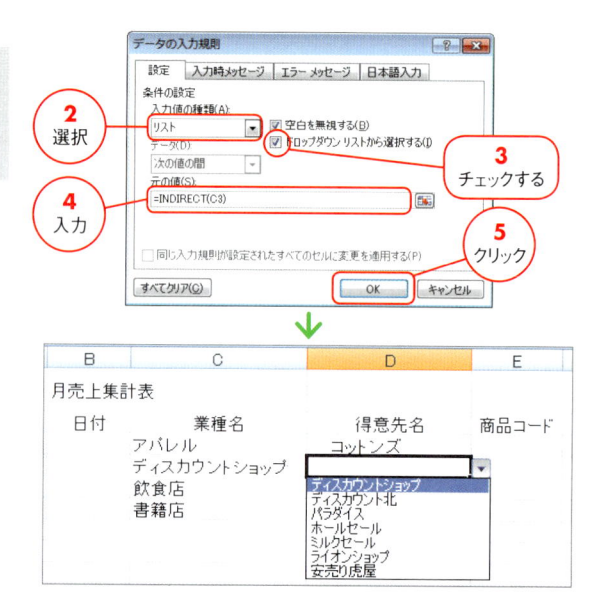

2 選択
3 チェックする
4 入力
5 クリック

9

ここまでの説明と同様の方法で、「商品コード」もリストから選択できるように設定可能です。[マスター]シートに「商品コード」を入力して、名前を定義し**1**、[データの入力規則]ダイアログで、「元の値」を「=商品コード」にすれば、簡単に設定できます**2**。

1 入力し、名前を定義する

2 「=商品コード」に設定

Tips

名前を定義したリストの内容は、後から一覧に業種名などを追加しても、[▼]ボタンをクリックした際に表示される一覧には反映されません。名前の定義のやり直しが必要なのです。そういった手間を省くには、業種名などのデータの範囲をテーブルに変換しておけばよいでしょう。常に最下段に入力したデータが追加されることとなります。P.75で説明するピボットテーブルのデータ範囲の自動拡張と同じ操作になります。

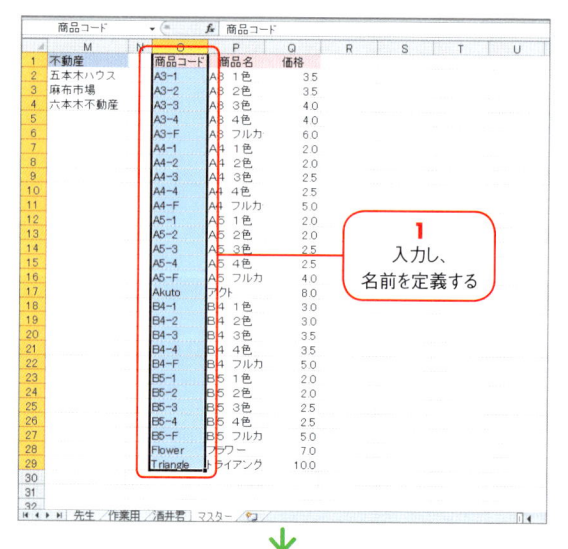

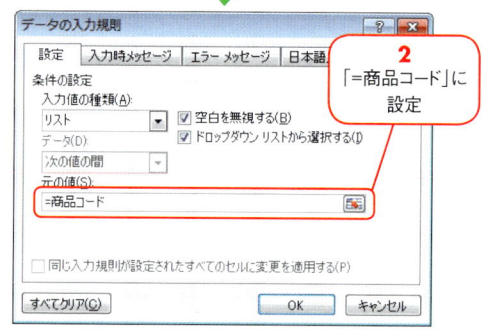

Point 4 一覧表のデータを表示させる

商品コードを入力すると［マスター］シートのデータから、商品名・価格等の情報を自動的に表示できれば、入力ミスを防ぐばかりか入力時間も短縮できます。一覧表からデータを表示する「VLOOKUP関数」について解説しましょう。

1

［マスター］シートに「商品コード」「商品名」「価格」を入力し、すべてを選択します **1**。［名前ボックス］に「商品一覧」と入力し、Enter キーを2回押して、名前の定義をしましょう **2**。

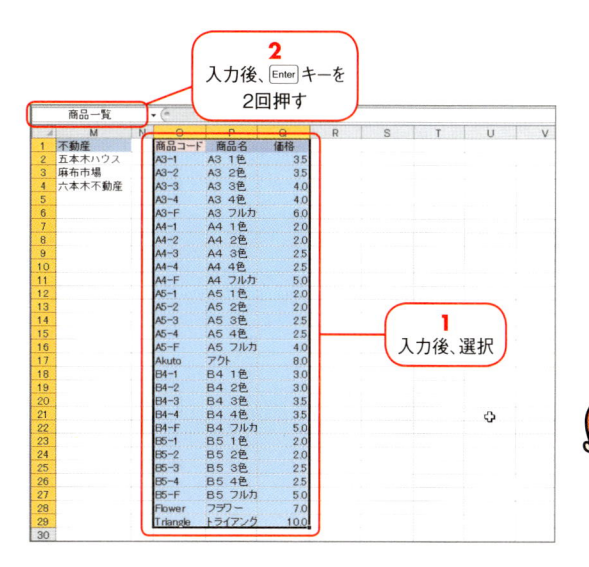

2

関数を利用して、一覧表のデータを表示します。この場合、「商品コード」のセルが空白ならば、「商品名」も空白にする。入力された「商品コード」を「商品一覧」の「商品コード」から探し、「商品コード」が見つかれば、その「商品名」を表示するという関数にします。「商品名」を表示したいセル（F3）を選択して、［数式］タブ→［関数ライブラリ］グループ→［関数の挿入］ボタンをクリックし、「論理」→「IF」を選択します **1**。［関数の引数］ダイアログで以下のように入力します **2**。

「論理式」：E3=""
「真の場合」：""

「商品コード」のセル（E3）が「空白」ならば、「商品名」のセル（F3）も「空白」にするという意味になります。

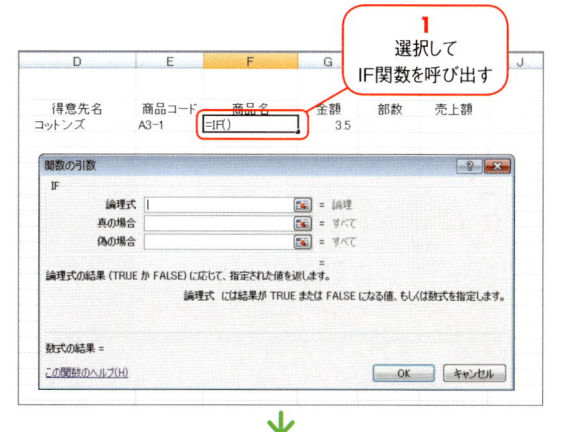

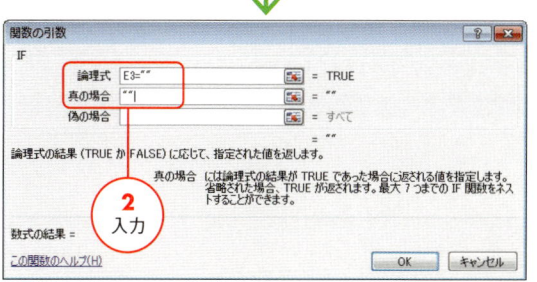

3

「偽の場合」にカーソルを置き、［名前ボックス］から「VLOOKUP」を選択します。［関数の引数］ダイアログが表示されるので、以下のように入力しましょう **1**。

「検索値」：探したい商品コードが入力されているセルを選択（E3）

「範囲」：F3 キーを押し、「商品一覧」を選択

「列番号」：2（「商品名」は「商品一覧」の2列目なので）

「検索方法」：0

Tips

VLOOLUP関数は「範囲」の列を縦方向に検索し、「検索値」に一致する値（もしくは「検索値」の値未満の最大値）を探します。見つかったセルと同じ表で、指定した「列番号」の位置にあるセルの値を取り出します。「商品コード」を入力されると、「商品一覧」の中から同じ「商品コード」を検索し、「商品一覧」で「商品コード」の隣にある「商品名」（2列目）を返しているわけです。なお、「検索方法」を「0」にしているのは、完全一致データを検索したいためです。「検索方法」を省略すると近似値を検索するので、この場合は必ず「0」を入力しましょう。

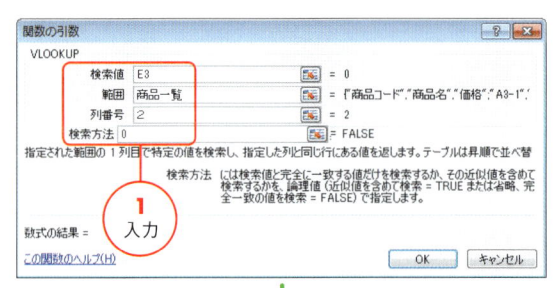

4

[数式バー]の「IF」のスペルをクリックし、IF関数の[関数の引数]ダイアログに戻り、[OK]ボタンをクリックします❶。関数を設定したセル（F3）を選択し、数式を任意の行までコピーしましょう。これで、リストから「商品コード」を選択すると「商品名」が自動的に表示されるようになります。

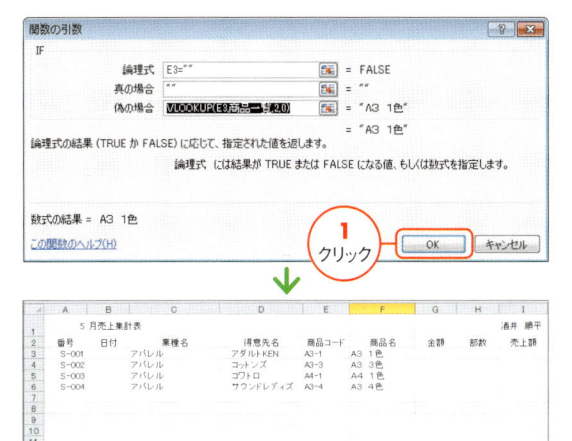

5

同じように「金額」も自動表示されるように関数を組みましょう。その際、VLOOKUP関数の[関数の引数]ダイアログの[列番号]を「3」にします❶。

Tips

VLOOKUP関数を使用する際は、「検索値」が元表の範囲が必ず一番左の列にあることが条件になります。元表の作成時に注意しましょう。

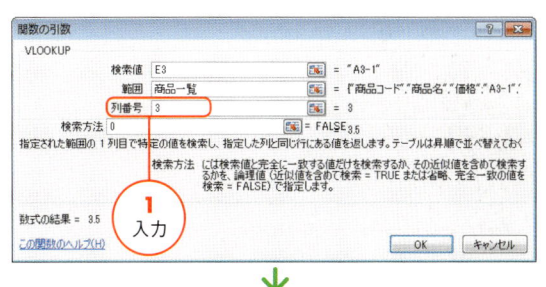

Word | Excel

Point 5　条件付き書式で罫線を設定する

表を印刷するときのことを考え、表全体に罫線を引きましょう。罫線を引く作業は何かと面倒です。例えば、一度罫線を引いた後に、データを追加すると、罫線を再度設定しなければなりません。また、あらかじめ罫線を引いていたら、罫線だけのページが印刷された……などという経験はありませんか？　そこで、データを入力すると自動的に罫線が表示されるような設定方法を解説しましょう。

1

2行目（タイトルの下にある行）の行番号をクリックし、[Shift]＋[Ctrl]＋[↓]キーを押して、2行目から最終行まで選択します**1**。続いて、[ホーム] タブ→ [スタイル] グループ→ [条件付き書式] ボタン**2**→ [新しいルール] をクリックします**3**。

Excel 2003の場合

[書式] メニュー→ [条件付き書式] を選択します。

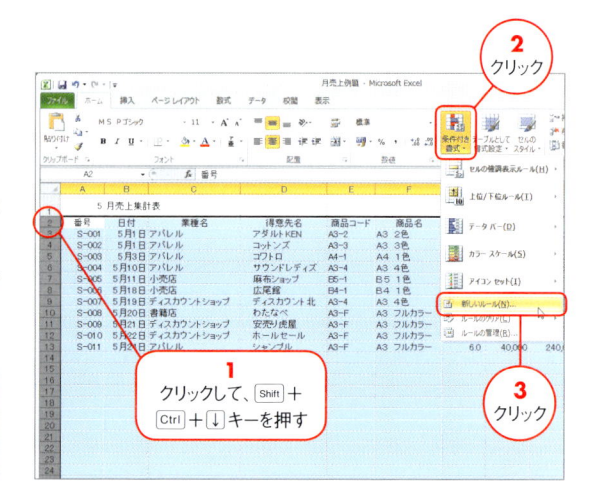

2

[新しい書式ルール] ダイアログが開きます。「ルールの種類を選択してください」の「数式を使用して、書式設定するセルを決定」を選び**1**、「次の数式を満たす場合に値を書式設定」の下に「=A2<>""」と入力します**2**。さらに [書式] ボタンをクリックすると、[セルの書式設定] ダイアログが表示されます**3**。

Tips

「=A2<>""」の「<>」は数値が大きいもの小さいもの、つまりすべての数値、[""] は数値以外のデータがあることを示します。2行目以降のすべてのセルにデータがある場合という意味です。

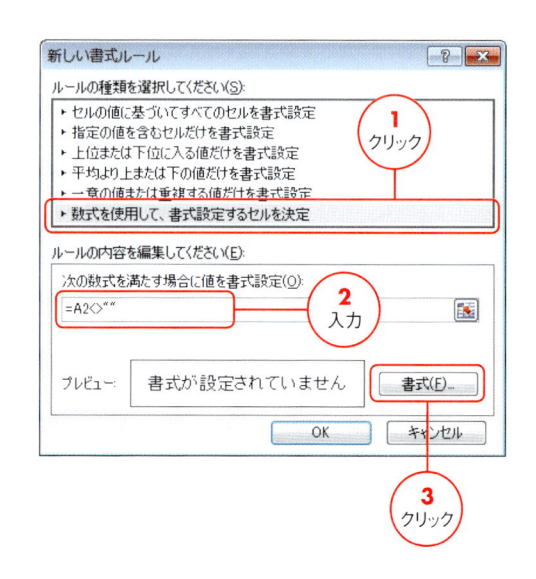

64　条件付き書式で罫線を設定する

3

[セルの書式設定] ダイアログの [罫線] タブをクリックして、**1**「プリセット」の「外枠」を選択し**2**、[OK] ボタンをクリックします**3**。[書式ルールの編集] ダイアログに戻るので、「プレビュー」内の文字に外枠がついていることを確認し、[OK] ボタンをクリックしましょう**4**。

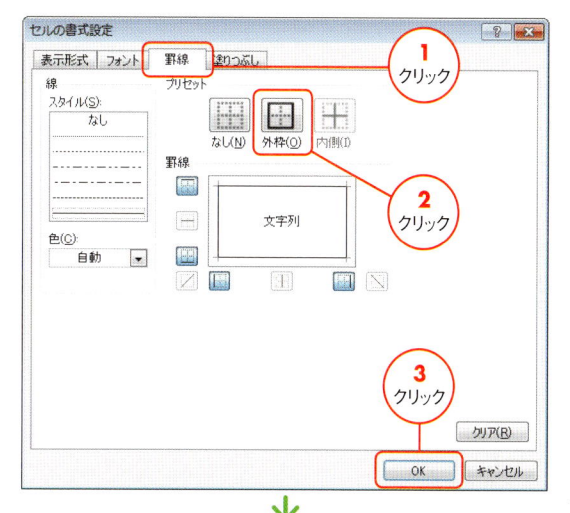

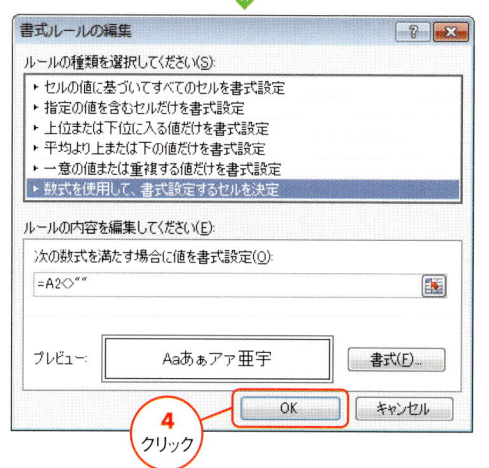

4

2行目以降のデータが入力されたセルに自動的に罫線が設定されます。データを追加すると、自動的に罫線が設定されるので、うっかり罫線の追加を忘れた……などのミスがなくなります。なお、データを削除したセルは罫線が非表示になります。

Column

　条件付き書式を使って、ワークシートに罫線を自動的に設定する方法について、P.64で解説しました。一方で、ワークシートに罫線を表示したくないが、印刷時には罫線を印刷したい……ということもあるかもしれません。ここでは、その設定方法について解説しましょう。［ページレイアウト］タブ→［ページ設定］グループ→［オプション］ボタンをクリックし、［ページ設定］ダイアログを表示します**1**。［ページ設定］ダイアログの［シート］タブで、「印刷」の「枠線」にチェックを入れ**2**、［OK］ボタンをクリックしましょう**3**。
　このように設定すれば、印刷時にワークシートのデータのある部分の内側は点線、外枠は実線が設定されます。

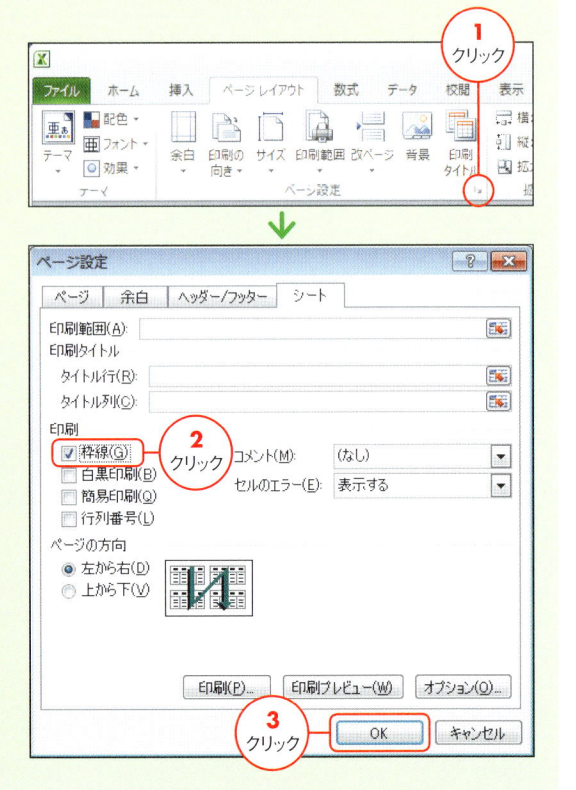

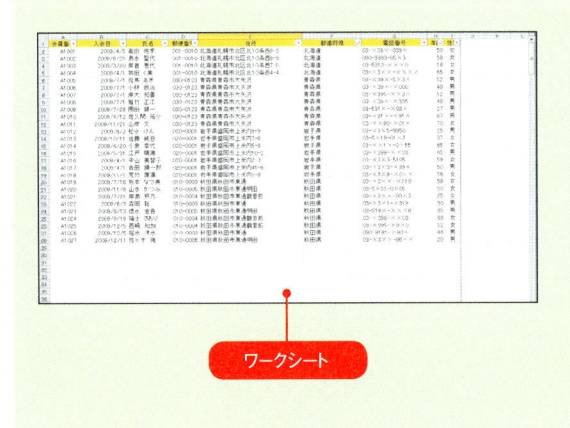

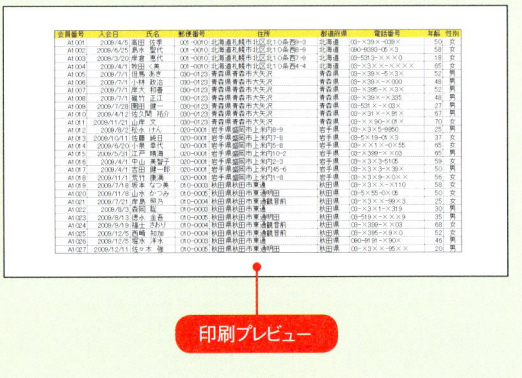

まとめと応用

- リスト入力やオートナンバーを設定して入力ミスを防ごう
- 一覧表のデータを表示させるには VLOOKUP 関数を使う
- 条件付き書式を使えば罫線を自動的に表示できる

応用例

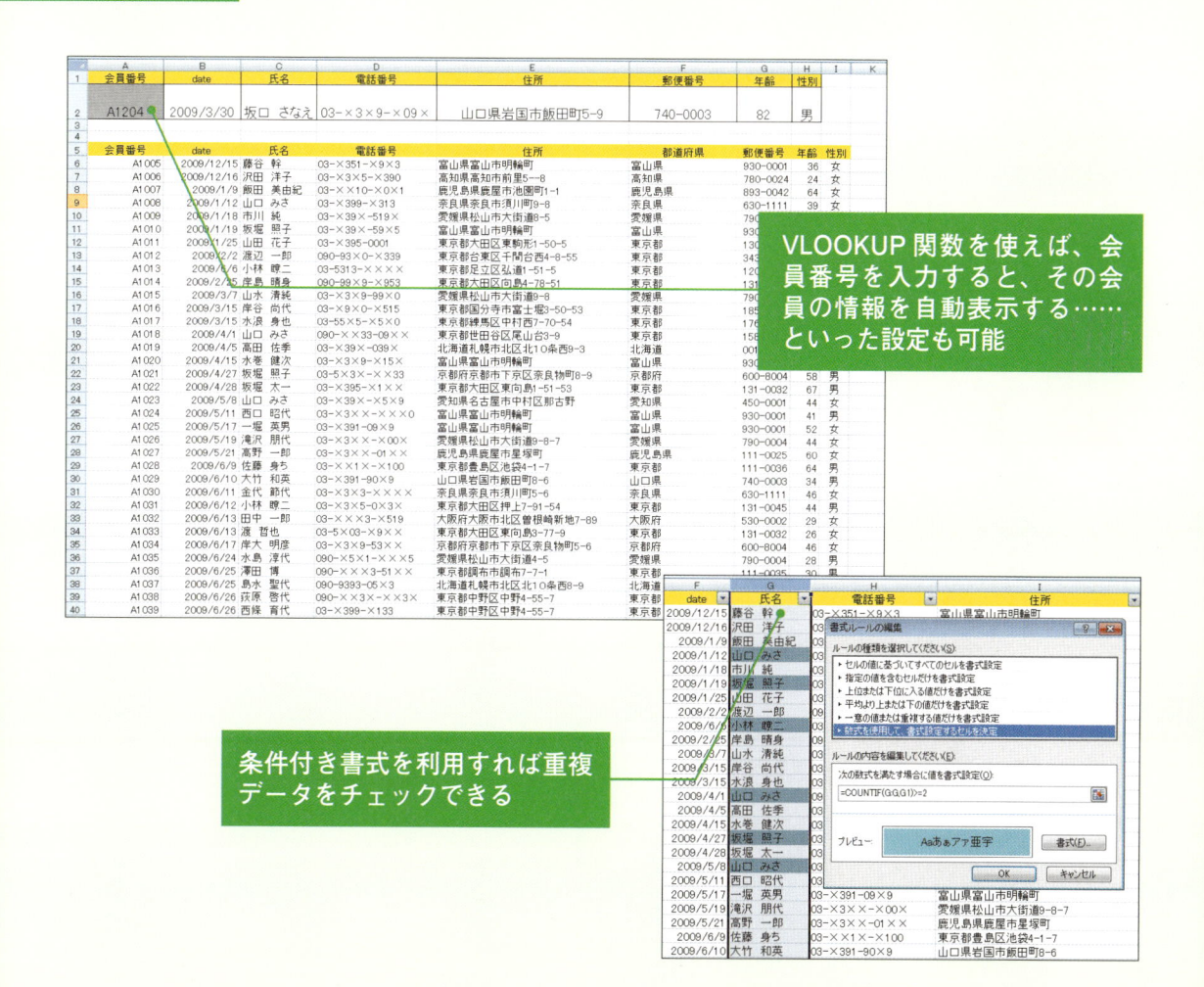

VLOOKUP 関数を使えば、会員番号を入力すると、その会員の情報を自動表示する……といった設定も可能

条件付き書式を利用すれば重複データをチェックできる

Word | Excel

日常業務編

15:00〜

集計データを
パパッと作成する

担当者別集計、月別集計、地区別集計や業種・商品別集計など、ビジネスの現場ではデータの集計が必要とされる場面は数多くあります。ここでは、「ピボットテーブル」を使って、半年分の売上データを課・月・業種・担当者・地区ごとに集計する方法について解説します。ピボットテーブルは難しい……という先入観がある人でも簡単に使うことができる方法をお教えしましょう。

NG! 失敗例

! 月計を求めていない

! 「オートフィルターのオプション」を使用して集計すると非効率！

! シートの挿入や抽出データのコピー＆ペーストを何度も繰り返している

サンプルファイル
・1500_1（CSVデータ）
・1500_2（完成ファイル）

> フィルターで分類をしているみたいですが、非効率です。集計はピボットテーブルを使うと素早くできます。ページフィールドを利用してシートを増やし、ドリルスルーで詳細なデータシートを作成しましょう。

68

MISSION! 4

会議で使用する売上データを集計してくれ！ 元のデータは日ごとの売上明細が入力された CSV データだ。
・地区・業種・各課・担当者ごとの集計と月別の集計を用意するように！
・担当者売り上げ集計は月別明細も必要だ！

成功例 OK!

地区別業種集計

課別月集計

課別担当者集計

月別担当者明細

元データを整理後、集計する

Point 1 文字列を日付データに変換する →P.70

Point 2 ピボットテーブルで集計する →P.75

明細データを素早く作成する

Point 3 ドリルスルーで詳細データをまとめる →P.80

ピボットテーブルとは簡単な操作でデータの集計・抽出・分類などができるデータ分析機能です。ここでは元のデータを活用して、クロス集計と明細データ抽出機能を使う方法を解説しましょう。オートフィルターを使うよりも作業時間を短縮でき、この例の場合は5分程度でできてしまいます。

Point 1 文字列を日付データに変換する

Excelは日付データを数値として認識しています。数値は「1900年1月1日」が「1」となり、そこからカウントした日数が「シリアル値」という数値になります。例えば、「2010年1月1日」なら「40179」、つまり1900年1月1日から40,179日目ということです。CSVデータからデータを読み込んだ場合、このシリアル値が認識されず日付が文字列になっていることがあります。文字列のままでは月別の集計などができないので、数値（日付データ）に変換しましょう。

1

本来数値であるべきデータが文字列として認識されている場合は、先頭に「'」（シングルクォーテーション）が表示されます **1**。まず、日付の右に日付データを入れる作業用の列を挿入しましょう。挿入したい位置を選択して、Ctrl + Shift + + キーを押すと列が挿入されます **2**。

Tips
CSVデータはAccessや会社の基幹システムのデータをExcelで使用する際によく使われるファイル形式です。書式を含まないため、さまざまなソフトで使用できるのが特徴です。なお、拡張子は「.csv」になります。

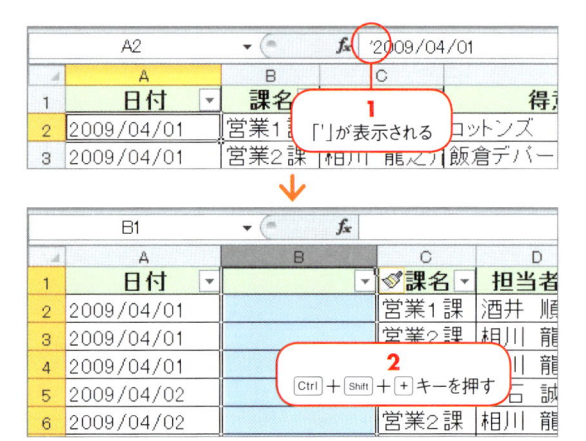

2

追加した列の2行目を選択し（セルB2）、[数式] タブ → [関数の挿入] ボタンをクリックし、[関数の挿入] ダイアログから「日付／時刻」の「DATEVALUE」を選択し **1**、[OK] ボタンをクリックします **2**。

Excel 2003の場合
[数式バー] → [関数の挿入] ボタンをクリックします。

Tips
DATEVALUE関数は指定した [日付文字列] から日付のシリアル値を求める関数です。

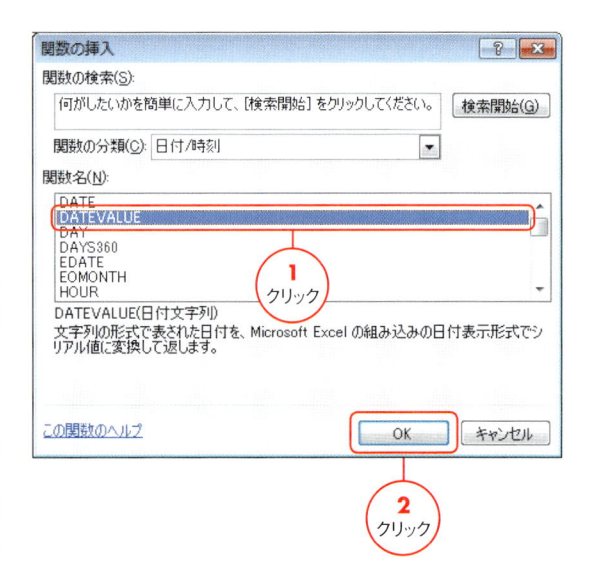

3

［関数の引数］ダイアログの「日付文字列」にカーソルを合わせ、日付の文字列のあるセル（A2）をクリックし **1**、［OK］ボタンをクリックしましょう **2**。セルに日付が表示されます **3**。この日付はシリアル値です。

4

シリアル値を表示しているセルを選択し、右下のフィルハンドルをダブルクリックすると **1**、文字列の日付が入力されている部分のすべてに数式がコピーされシリアル値の日付が表示されます。

Tips

数式をコピーする際は、フィルハンドルをドラッグして行うことが多いですが、連続でデータが入力されている表の場合は、ダブルクリックすると連続データの範囲のみに数式をコピーできます。

Word | **Excel**

5

さて、ここで文字列の日付が入力されている列が不要になります。しかし、列のデータを削除してしまうと、DATEVALUE関数の参照先がなくなりエラーになってしまいます。そこで、シリアル値を表示している列の数式ではなく値のみをコピー&ペーストします。

> 文字列の日付の列を削除すると、数式で参照しているセルがなくなるのでエラーになる

6

シリアル値を表示している列のセル（B2）を選択し、Ctrl＋Shift＋↓キーを押して、最下段までのデータを選択します **1**。さらに Ctrl＋C キーを押して、コピーします **2**。

1 セルを選択し、Ctrl＋Shift＋↓キーを押す

2 Ctrl＋C キーを押す

72　文字列を日付データに変換する

7

コピー先のセル（A2）を選択し、[ホーム] タブ→ [クリップボード] グループ→ [貼り付け] ボタンの [▼] ボタンをクリックし **1**、[形式を選択して貼り付け] を選択します **2**。

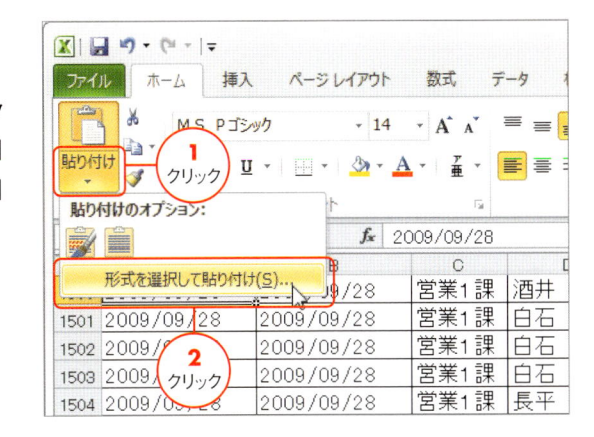

8

[形式を選択して貼り付け] ダイアログが表示されるので、「値」をオンにして **1**、[OK] ボタンをクリックします **2**。すると、数式ではなく、シリアル値の日付（結果）のみをペーストできます。DATEVALUE 関数を使用していた列（この場合は列 B）は参照していた文字列の日付がなくなったため、エラーになります。

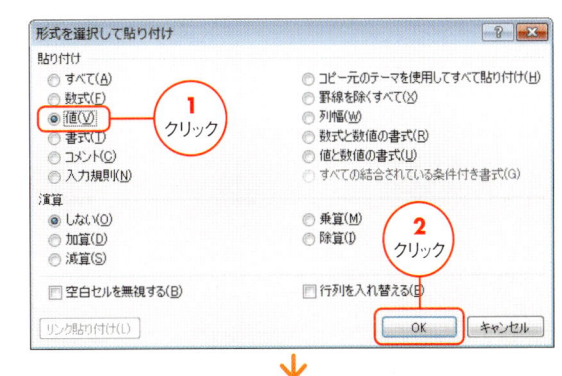

9

エラーになっている列は作業用なので、削除します。列ナンバーをクリックし**1**、列全体を選択し、Ctrl ＋ - キーを押しましょう**2**。列が削除されます。

10

シリアル値の日付のセルをクリックし、[数式バー]を確認しましょう。日付の前の「'」がなくなっています。

Tips

Excel ではこのように作業用の列を使用することがあります。列を削除するとエラーになるからと作業に使用した列をそのままにしているケースがありますが、「形式を選択して貼り付け」を活用し、不要な列は削除しましょう。

Point 2 ピボットテーブルで集計する

準備が整ったところで集計を行います。ここでは「ピボットテーブル」を使って瞬時に集計表を作成する方法について解説します。集計するのは「月別」「日計」「課ごとの売上」です。ピボットテーブルを使えば、フィールドにある項目ならばすべて集計できます。また、表の構成の変更も簡単にできます。どんな集計を必要とするのかを作表の時点できちんと決めておくことがポイントです。

1

リスト内の任意のセルを選択し、[挿入] タブ→[テーブル] グループ→[ピボットテーブル] ボタンをクリックし **1**、[ピボットテーブル] を選択します **2**。

Excel 2003の場合

[データ]メニュー→[ピボットテーブルとピボットグラフ]をクリックします。

2

[ピボットテーブルの作成] ダイアログが表示されるので、[OK] ボタンをクリックすると「ピボットテーブルシート」が自動挿入されます **1**。「ピボットテーブルのフィールドリスト」の「日付」と「売上額」にチェックを入れましょう **2**。ワークシートに集計が表示されます。

Excel 2003の場合

表示された「フィールドリスト」の「日付」を「行フィールド」、「売上額」を「集計フィールド」へドラッグします。

Tips

「ピボットテーブルリスト」には元表の1行目に入力されている項目名が表示されます。

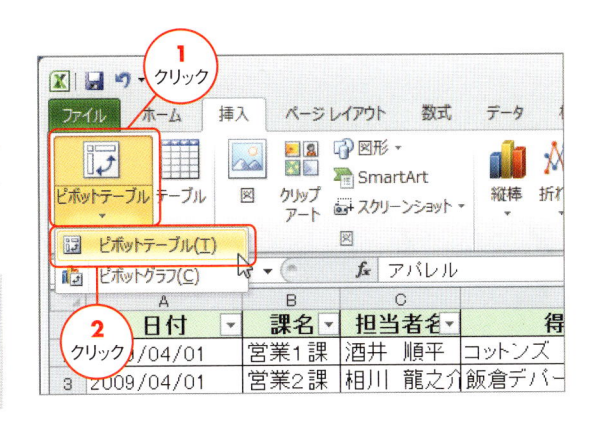

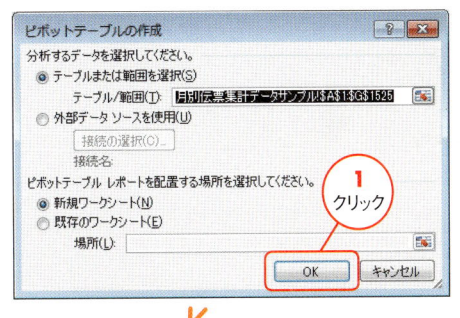

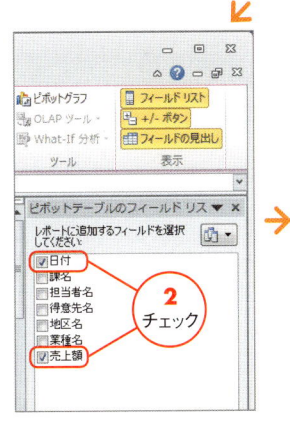

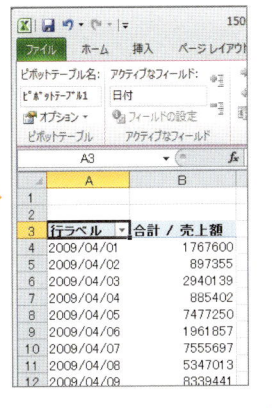

3

現状は、日計なので、これを月計にまとめます。日付が入力されている任意のセルを右クリックし **1**、メニューの［グループ化］を選択すると、［グループ化］ダイアログが表示されます **2**。［グループ化］ダイアログの「単位」の「月」を選択し **3**、［OK］ボタンをクリックすると、月計が表示されます **4**。

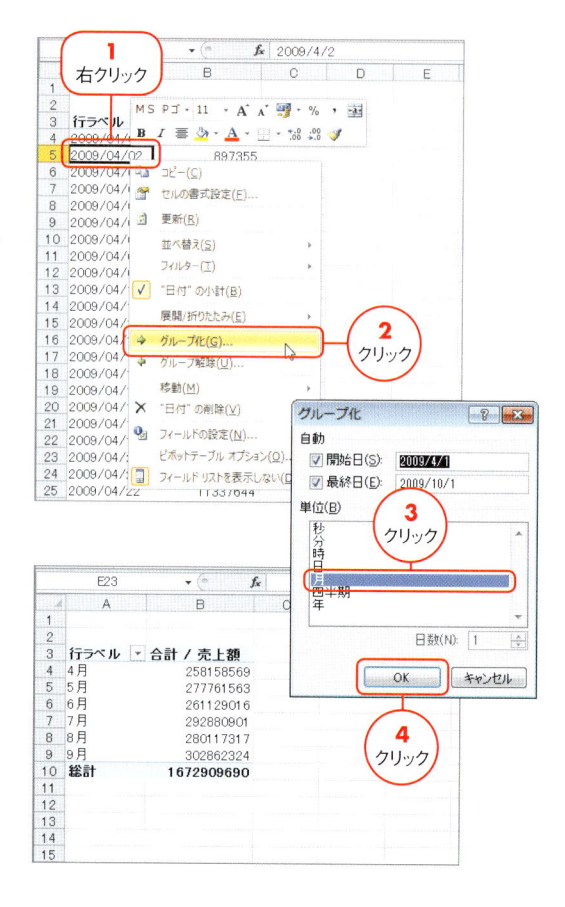

4

課別の月計も作りましょう。「ピボットテーブルのフィールドリスト」の「課名」にチェックを入れると、「月」の下に「課名」が表示され、課別の月計が表示されます **1**。

5

このままでは課別の売上の比較が難しいので、「月」と「課名」を分けたマトリックス表を作ります。「ピボットテーブルのフィールドリスト」の「行ラベル」の[日付]ボタンを「列ラベル」の領域にドラッグしましょう **1**。行に「課名」、列に「月」が表示され、各課の月別売り上げが比較しやすくなりました。

Excel 2003の場合

「フィールドリスト」の「課名」を「行フィールド」へ、「日付」を「列フィールド」へドラッグして入れ替えます。

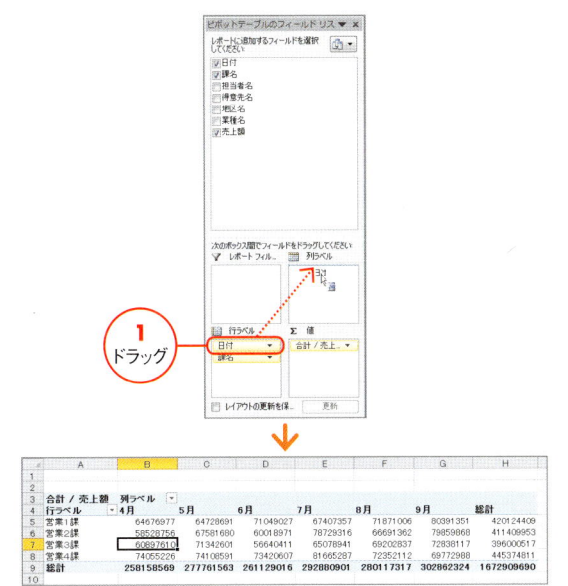

6

各課の担当者名ごとの売り上げも表示します。「ピボットテーブルのフィールドリスト」の「担当者名」にチェックを入れると、「課名」の下に担当者別売上月集計が表示されます **1**。

Excel 2003の場合

「フィールドリスト」の「担当者名」を「行フィールド」の「課名」の右側へドラッグします。

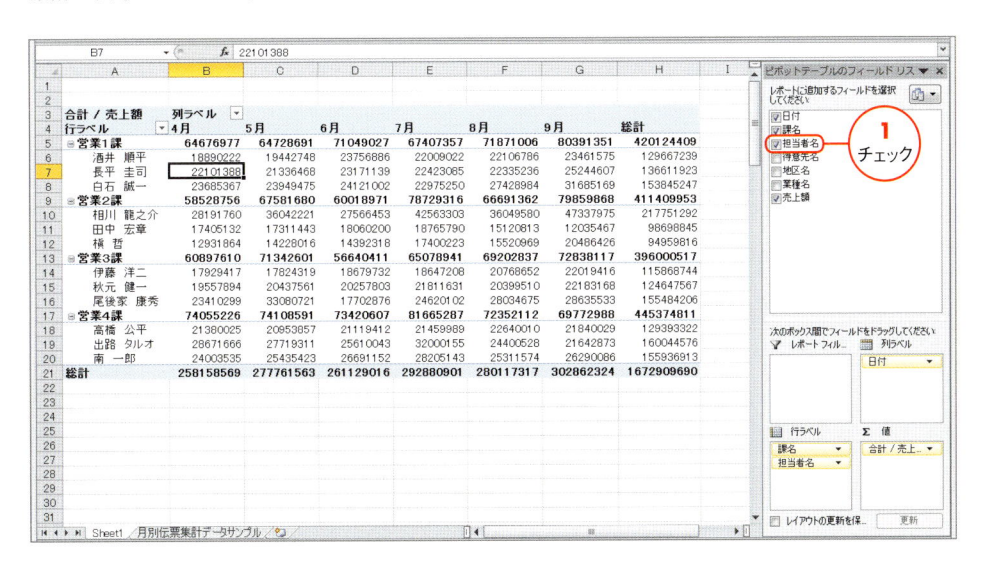

7

ピボットテーブルを使えば、表を組み直すことも可能です。複数の集計表が必要な場合は「レポートフィルター」を利用しましょう。「行ラベル」の「課名」を「レポートフィルター」へドラッグします**1**。セルA1に「課名」と表示され、表の中から「課名」がなくなります。

Excel 2003の場合

「行フィールド」にある「課名」をセルA1へドラッグします。

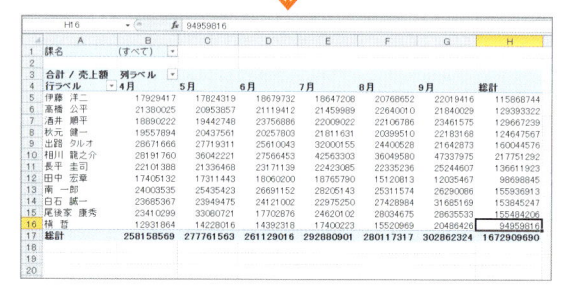

8

［ピボットテーブルツール］→［オプション］タブ→［ピボットテーブル］グループ→［オプション］ボタンをクリックし**1**、［レポートフィルターページの表示］を選択します**2**。［レポートフィルターページの表示］ダイアログが表示されるので、［OK］ボタンをクリックします**2**。

Excel 2003の場合

［ピボットテーブルツールバー］→［ピボットテーブル］→［ページの表示］をクリックします。

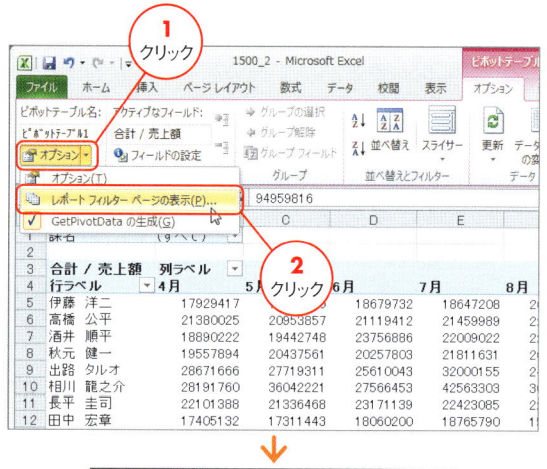

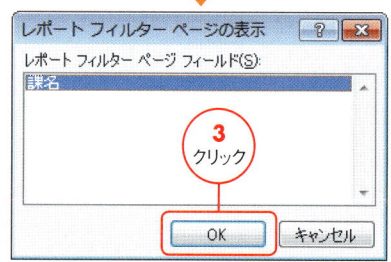

9

課別の「ピボットテーブルシート」が自動作成されます。シート見出しを確認すると、各課名が表示された「ピボットテーブルシート」が挿入されていることを確認できます。課別以外にもピボットテーブルを組みかえることで自由に使用可能です。

10

続いて、地区別集計を求めましょう。「ピボットテーブルのフィールドリスト」のチェックをすべて外し、空のピボットテーブルに戻します。「ピボットのフィールドリスト」の「日付」「地区名」「売上額」にチェックを付けて **1**、「行ラベル」の「日付」を「列ラベル」にドラッグすると、地区ごとの月計を求めることができます **2**。別のシートを選択し、同じように業種別の月計を求めることも可能です。

Tips

ピボットテーブルは作成した時点の元表のデータを集計します。データを修正した場合はピボットテーブルの更新を行うことで再計算されます（更新したいピボットテーブル内を右クリックし、「更新」をクリックします）。このとき、元データの範囲は固定になるので、範囲内のデータ修正は更新されますが、追加したデータは再計算できません。データを追加する場合は、表をテーブルに変換しておけば、データ範囲が自動拡張され、ピボットテーブルの更新時に再計算されます。変換するには、元表内のセルをクリックし、[挿入] タブ→ [テーブル] グループ→ [テーブル] ボタンをクリックし表示される [テーブルの作成] ダイアログで [OK] ボタンをクリックします。

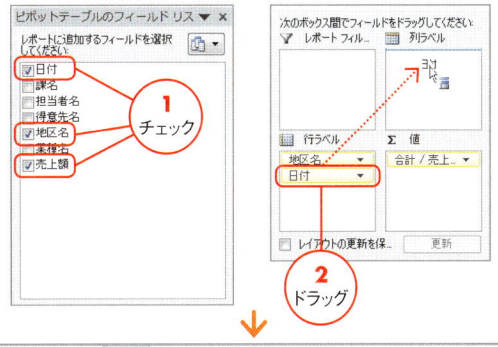

Point 3 ドリルスルーで詳細データをまとめる

ピボットテーブルで集計したデータの明細が必要な場合は、「ドリルスルー」を使用することで瞬時に表を作成することができます。ドリルスルーとはデータエリアの数値をダブルクリックすることで、その元になった詳細データを表示する機能です。知りたい詳細データはピボットテーブルのデータから展開しましょう。

1

「ピボットテーブ」で作成した担当者別月計から「営業1課の酒井順平さん」の4月の売上明細を作成してみましょう。「酒井順平さんの4月の売上」が表示されているセルをダブルクリックすると、新しいシートが挿入され、酒井さんの4月の売上一覧表が新しいシートとして挿入されます**1**。ほかにも半年分の月計の明細表なども作成できます。

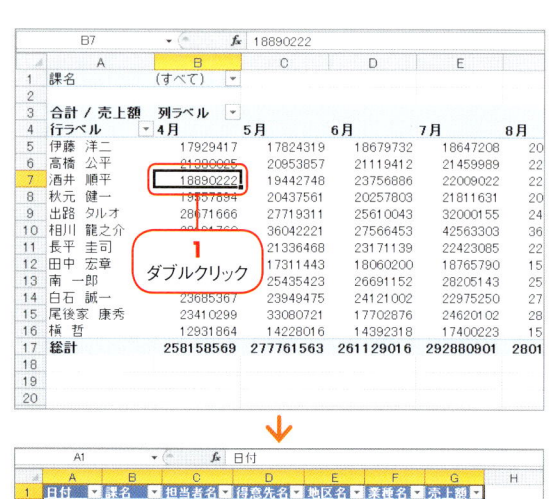

まとめと応用

- 文字列は日付データに変換する
- ピボットテーブルを使えば集計は簡単
- ドリルスルーで明細表を一発作成

応用例

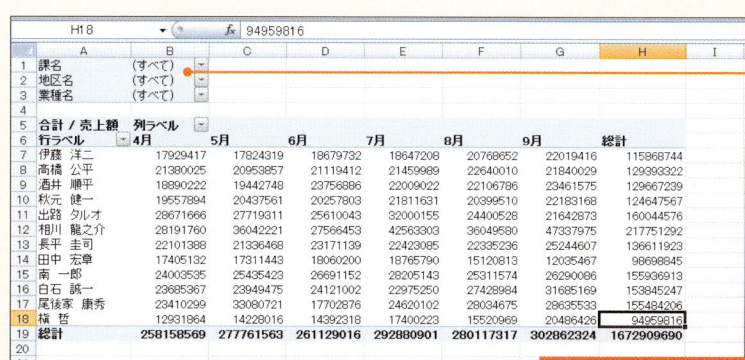

レポートフィルターに複数のフィールドを使用することもできる

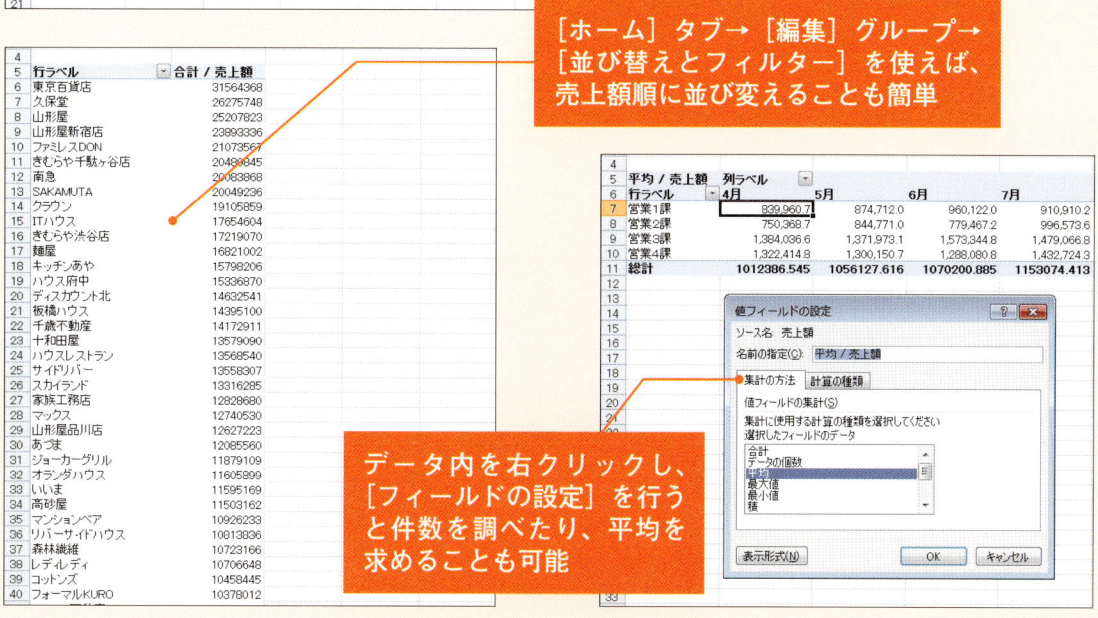

[ホーム] タブ→ [編集] グループ→ [並び替えとフィルター] を使えば、売上額順に並び変えることも簡単

データ内を右クリックし、[フィールドの設定] を行うと件数を調べたり、平均を求めることも可能

Word | Excel

日常業務編
16:00～

ピボットグラフで簡単！
グラフ作成とデータ分析

グラフを作るには、まずグラフの元データとなる表を用意しなければいけません。多数のグラフを作成する場合は、この元データの作成に時間がかかってしまいます。しかし、ピボットテーブルと「ピボットグラフ」を利用すれば、元データは1つでOKです。ここではピボットグラフの作成のコツを学習しましょう。

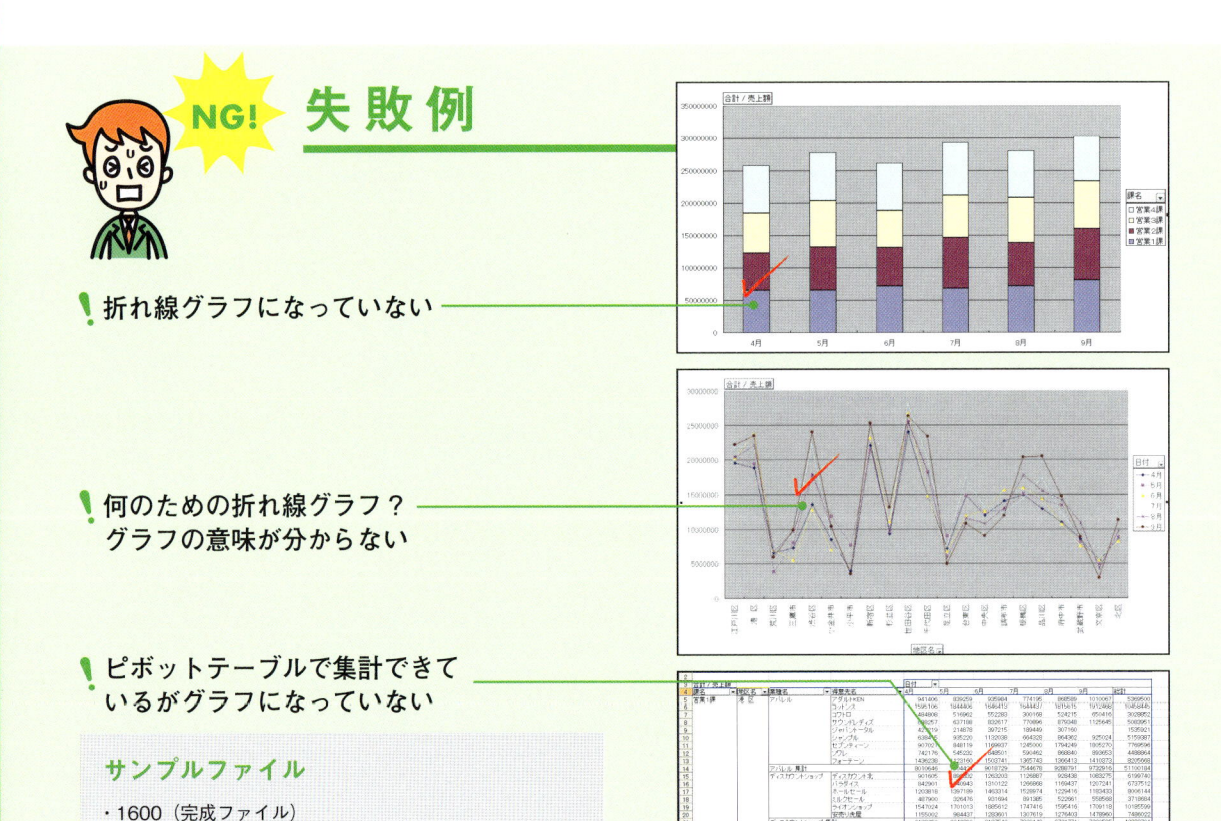

NG! 失敗例

！折れ線グラフになっていない

！何のための折れ線グラフ？
グラフの意味が分からない

！ピボットテーブルで集計できているがグラフになっていない

サンプルファイル
・1600（完成ファイル）

売上が落ちている課の業種や地区・得意先がわからないし、何のためのグラフなのかも分かりません。悪戦苦闘の跡は分かるけど……。

82

MISSION! 5

会議用の配布資料にグラフを入れてほしい。以下の情報が必要だ！
・課別6カ月売り上げの折れ線グラフ
・売り上げが落ちている課の業種別の折れ線グラフ
・一番売り上げが落ちている業種の地区の折れ線グラフ
・その地区の得意先別の折れ線グラフ

成功例 OK!

**ピボットグラフなら
グラフを簡単に作成可能**

Point 1 ピボットテーブルから
グラフを作成 →P.84

売れていない地域なども分析できる

Point 2 データを絞り込む →P.86

配布できるようにキレイに印刷する

Point 3 グラフをまとめる →P.89

ピボットグラフを使うと、グラフの中でフィールドの変更や追加が行えます。表示したいデータを絞りこむこともできるから、売り上げが落ちている課や業種を探すことも簡単です。

Word | **Excel**

Point 1 ピボットテーブルからグラフを作成

ピボットテーブルで集計表を作成しておけばグラフ＝「ピボットグラフ」の作成は簡単です。ピボットグラフはピボットテーブルと同様にデータの追加・削除・移動ができ、さらに視覚的にデータを見分けることによってデータを分析できる機能です。

1

まず、集計表をピボットテーブルで作成しておく必要があります。ここでは P.76 で作成した課別の月計を使って、課別の半年分の売上の折れ線グラフを作成しましょう。[ピボットテーブルツール]→[オプション]タブ→[ツール] グループ→[ピボットグラフ] ボタンをクリックします **1**。

> **Excel 2003の場合**
> [ピボットテーブルツールバー] → [グラフ挿入] ボタンをクリックします。

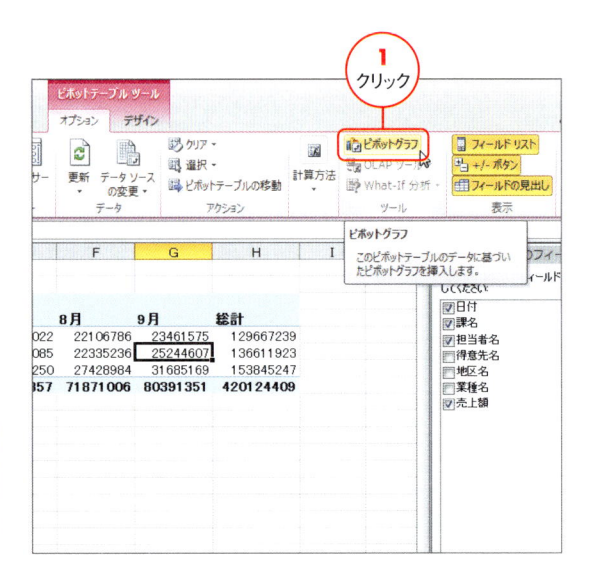

2

[グラフの挿入] ダイアログが表示されるので「折れ線」の「マーカー付き折れ線グラフ」を選択し **1**、[OK] ボタンをクリックします **2**。

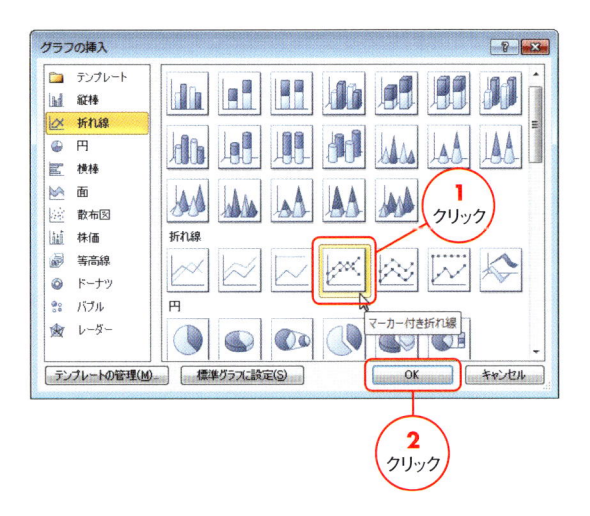

84　ピボットテーブルからグラフを作成

3

ワークシートに折れ線グラフが挿入されます。ピボットグラフはピボットテーブルと同様にフィールドを変更すると、グラフも変更されます。このグラフを図としてワークシートに貼り付けておきましょう。グラフを選択して、Ctrl＋Cキーを押し、コピーします**1**。

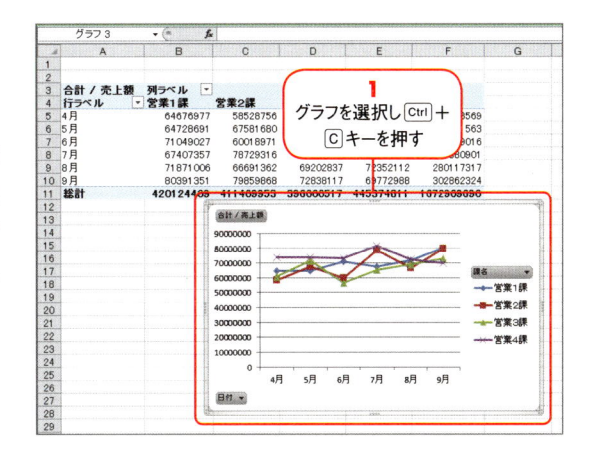

4

ワークシートの空いているセルを右クリックして、[形式を選択して貼り付け]を選択します。[形式を選択して貼り付け]ダイアログの「図（拡張メタファイル）」を選択して**1**、[OK]ボタンをクリックすると、グラフを図として貼り付けることができます**2**。ピボットグラフを変更しても、グラフは図になっているので消えません。

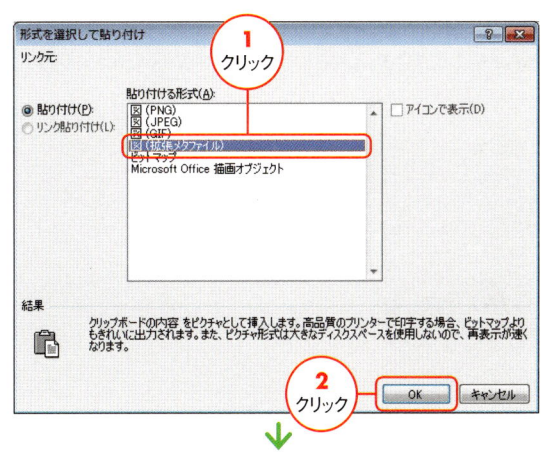

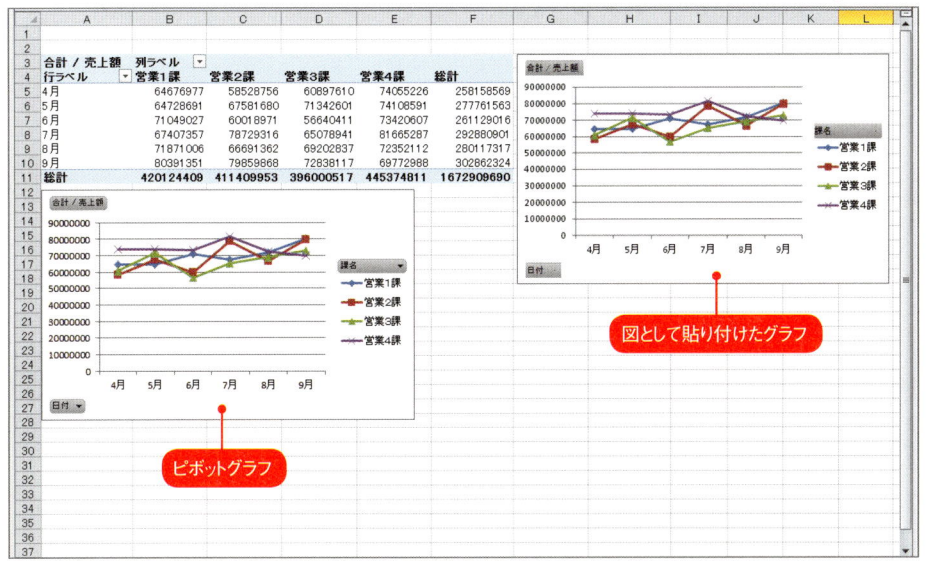

Point 2 データを絞り込む

課別の月計を見ると営業4課の9月の売上が4月に比べて落ちている……などデータを絞り込んでみると、原因を調べることができます。ここでは、データを絞り込む方法について解説しましょう。

1

営業4課の月計のみの折れ線グラフを表示してみましょう。グラフ内の「課名」の右にある[▼]ボタンをクリックすると「値フィルター」の一覧を表示します **1**。「営業4課」のみをチェックして **2**、[OK]ボタンをクリックしましょう **3**。営業4課のみの月計の折れ線グラフとピボットテーブルが表示されます。

> **Excel 2007の場合**
>
> グラフ内をクリックするとグラフが選択されて、[ピボットテーブルのフィールドリスト]と[ピボットグラフ フィルタウィンドウ]が表示されます。[ピボットグラフフィルタウィンドウ]→「凡例フィールド（系列）」→「課名」をクリックして、値フィルタの一覧を表示します。

2

続いて、売上が落ちている課の取引先の業種別折れ線グラフを作成します。[ピボットテーブルのフィールドリスト]の「業種名」を「凡例フィールド」へドラッグしましょう **1**。

3

グラフに「業種名」が追加されます。このグラフも図としてワークシートに貼り付けておきましょう。

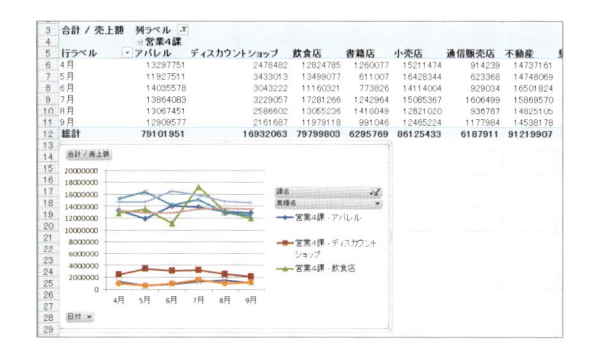

4

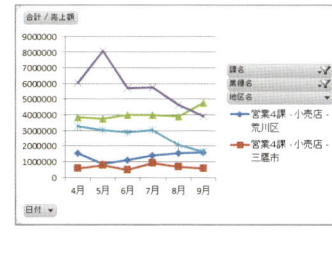

グラフを見ると「小売店」の売上が落ちていることが分かります。そこで、グラフ内の「業種名」の右にある［▼］ボタンをクリックし **1**、さらに「小売店」をチェックして **2**、［OK］ボタンをクリックしましょう **3**。「小売店」のデータのみを表示できます。

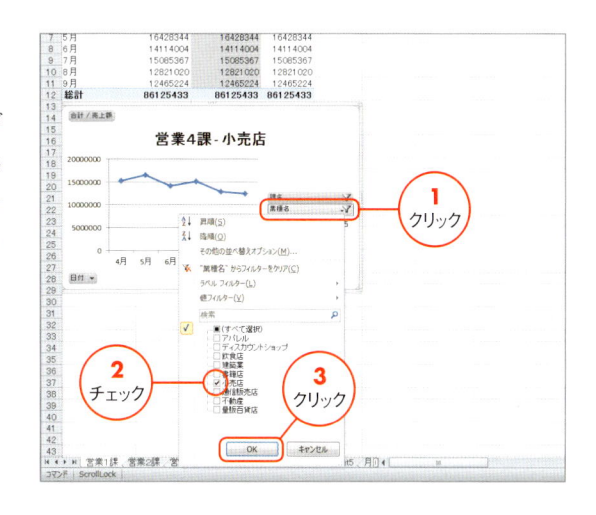

5

売上が落ちている小売店を調べることもできます。[ピボットテーブルフィールドリスト]の「地区名」を「凡例フィールド」へドラッグしましょう **1**。グラフに「地区名」のデータが追加されます。このグラフも図としてワークシートに貼り付けておきましょう。

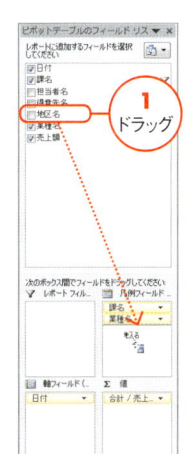

6

「足立区」のどの店の売上が落ちているかをグラフで見てみます。まず、グラフ内の「地区名」の右にある［▼］ボタンをクリックして **1**、「足立区」をチェックし **2**、［OK］ボタンをクリックして **3**、「足立区」の売上を表示しましょう。

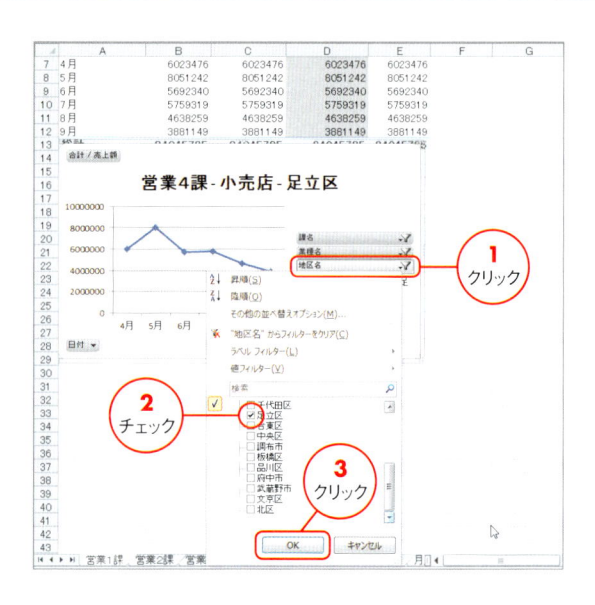

7

続いて、［ピボットテールフィールドリスト］の「得意先名」を「凡例フィールド」へドラッグします **1**。すると、グラフに「得意先名」が表示されます。

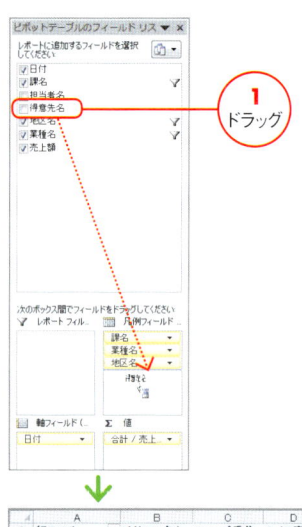

Point 3 グラフをまとめる

ここまで4つのグラフを作成し、図としてワークシートに貼り付けました。これらをキレイに配置し、配布用資料として印刷しましょう。

1

まず、グラフのサイズを変更して、整列させましょう。ワークシート内でグラフのサイズ変更を行う場合は、マウスをグラフの四隅にのせます。マウスポインタが に変化するので、対角線上にドラッグすると拡大／縮小ができます。移動する場合はグラフエリアをドラッグするだけです。その際、マウスポインタは に変化します。キレイに配置しましょう。

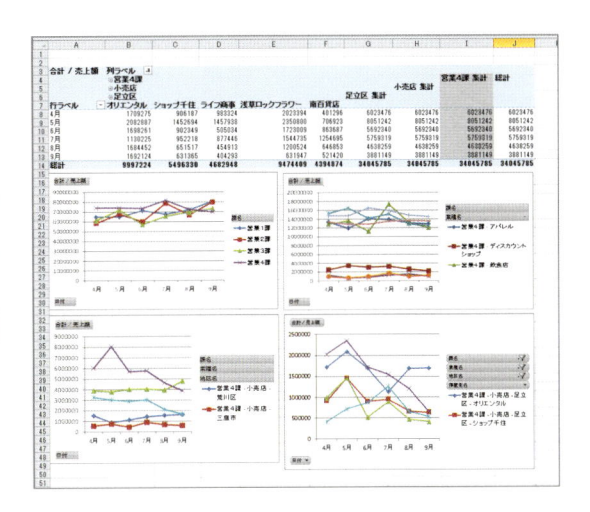

2

A4サイズに印刷する際、印刷が切れないようにページ設定を行います。[ファイル]タブ→[印刷]をクリックしましょう **1**。この状態では、すべてのグラフを印刷できません。

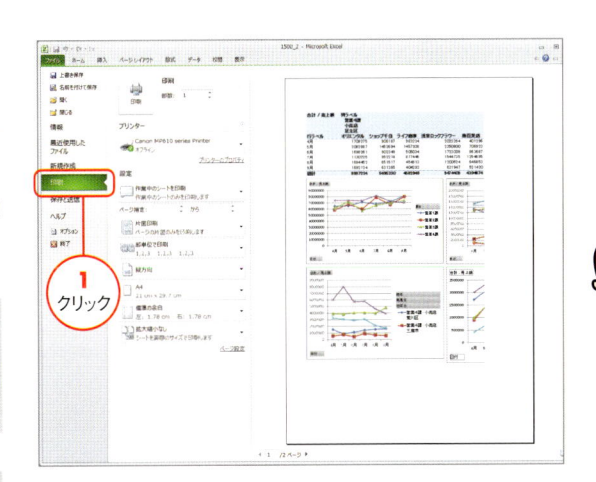

Excel 2003の場合

[ファイル]メニュー→[印刷プレビュー]をクリックします。

Excel 2007の場合

[Office]ボタン→[印刷]→[印刷プレビュー]をクリックします。

3

「設定」を「横方向」 **1**、「シートを 1 ページに印刷」 **2** に設定しましょう。すべてのグラフが 1 ページに収まるように設定できました。

Excel 2007／2003の場合

［印刷プレビュー］タブ→［ページ設定］ボタンをクリックすると、［ページ設定］ダイアログが表示されます。「印刷の向き」を「横」、「拡大縮小印刷」の「次のページに数に合わせて印刷」をクリックし、「横」「縦」を「1」に設定し、［OK］ボタンをクリックしましょう。

Tips

作成したグラフにタイトルを付ける場合は、［ピボットグラフツール］→［レイアウト］タブ→［グラフ名］をクリックし、名前を入力します。

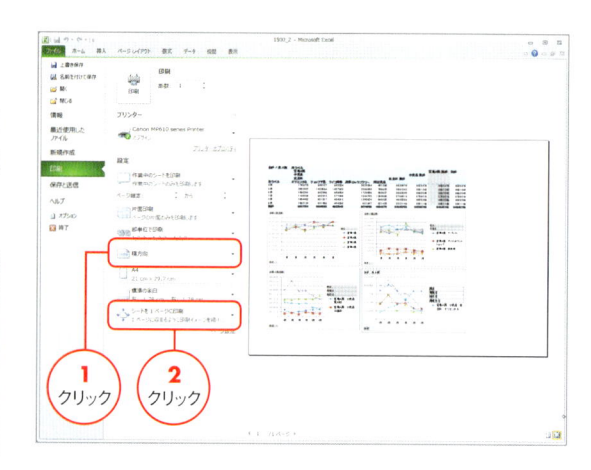

Word | Excel

まとめと応用

- ピボットテーブルで集計しておけば、グラフの作成は簡単
- ピボットグラフはデータ分析にも使える
- グラフを図として貼り付けておこう

応用例

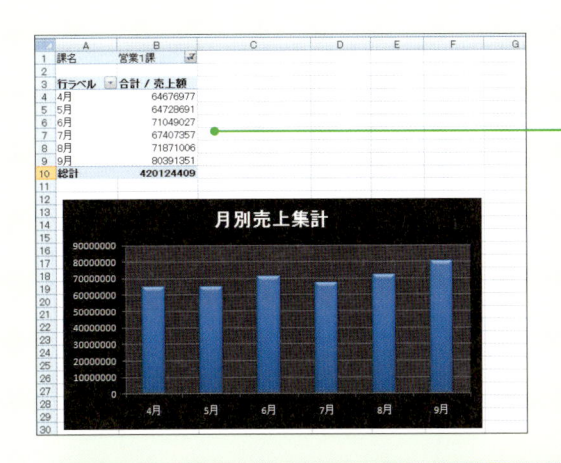

レポートフィルタに「課名」を設定しておけば、表示を変えるたびにピボットテーブルのデータやグラフが更新される。会議内容に合わせてグラフを切り替える際などに便利！

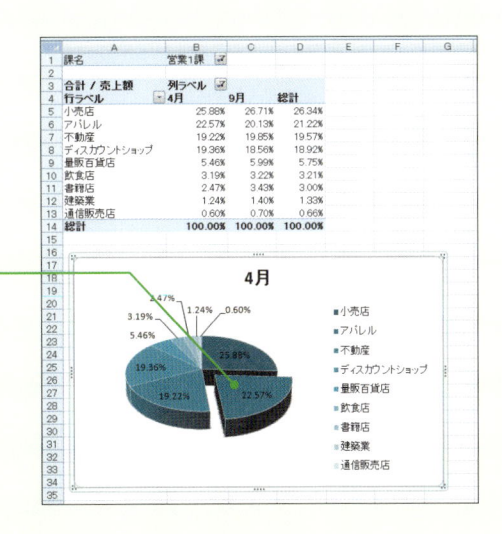

データを切り離して表示することも可能。切り離したいグラフデータ部分を2回クリックし、ドラッグするだけで、調整できる

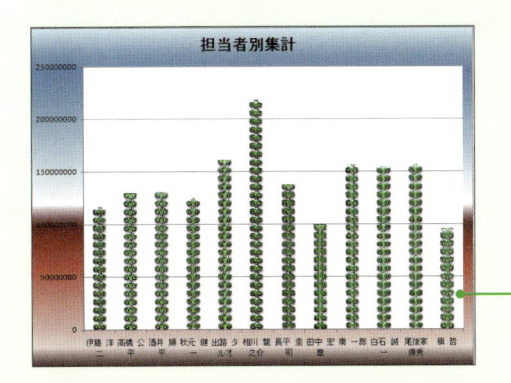

グラフを右クリックすると「書式設定」が表示されるので、色や軸などをカスタマイズすれば、さまざまな表現を実現する

Word | Excel

日常業務編
17:00〜

シンプルなグラフ＆カレンダー作成法

ピボットテーブルで集計して、ピボットグラフでグラフを作成するのは簡単ですが、提出書類の仕様が決まっているときは集計データをいちいち表に貼り付けなければなりません。ここでは、データを入れ替えるだけで、集計やグラフを作成できる数式について解説していきます。また、カレンダーの作り方も伝授しましょう。

失敗例

NG!

! カレンダーの土曜日と日曜日の色を変えたいようだが、色を変える場所が間違っている

! 計算が間違っている。SUM関数に間違った引数を入れた？ドラッグのミス？

サンプルファイル
・1700（完成ファイル）

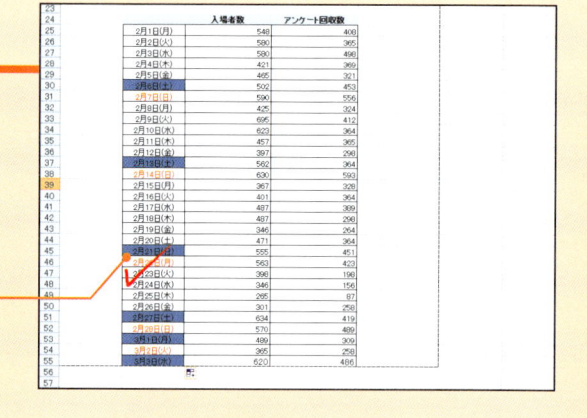

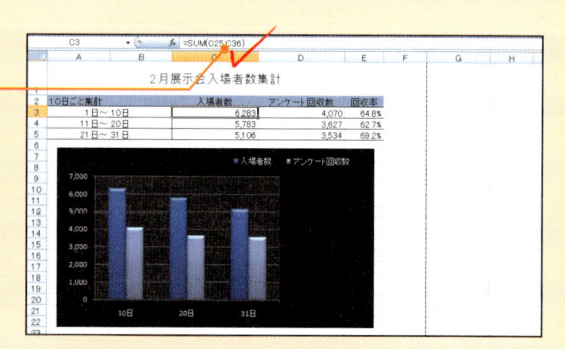

カレンダーの色付けが間違えています。カレンダーの色付けは手動でしてしまうと時間の無駄です。グラフも正しくありません。これでは集計の意味がありません……。

92

MISSION! 6

展示会入場者数の集計をしてほしい。
前に使った表と同じフォーマットにしてくれ！　以下の情報を忘れないこと！
・展示会開催月の日付を自動表示できるように！
・入場者数とアンケート回収数の10日ごとの集計
・アンケート回収率
・棒グラフ

成功例　OK!

OFFSET関数を使えば簡単に集計・修正できる
Point 5　10日ごとの集計を求める　→P.104

集計は簡単にグラフ化できる
Point 6　棒グラフの作成　→P.108

不要な部分は印刷しない
内容は用紙の中央に配置する
Point 7　印刷範囲の設定　→P.110

表題を入力すると、カレンダーが自動的に作成されるようにする
Point 1　表示形式のユーザー設定　→P.94
Point 2　カレンダーの自動作成　→P.96
Point 3　土・日・祝日に色を付ける　→P.99
Point 4　罫線の自動表示　→P.102

表題に日付を入力すると、カレンダーが自動作成されるようにします。また、データを入力すると自動的に10日ごとの集計が求められようにしましょう。簡単に集計できますよ。

Word | **Excel**

Point 1 表示形式のユーザー設定

表題の「月」を入力するとカレンダーが自動作成されるようにするために、セルの表示形式を設定しておきます。自由に表示形式を作成できるようにしておくと便利です。

1

表題のセルに日付を入力すると表題と月が表示されるように設定しましょう。まず、表題が入るセル（A1〜E1）を結合します。次にセルを選択し、Ctrl＋1キーを押し、[セルの書式設定] ダイアログを開き、[表示形式] タブ→[ユーザー定義] を選択します。「種類」に「m"月展示会入場者数"」と入力し**1**、[OK] ボタンをクリックします**2**。この「m」とは「月」のことです。

2

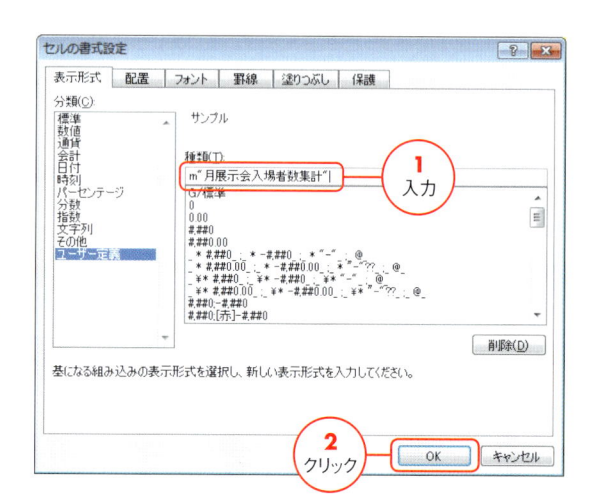

表題のセルを選択し、「5/1」のように月数を表示したい月の1日目の日付を入力すると**1**、「5月展示会入場者数」と表示されます**2**。

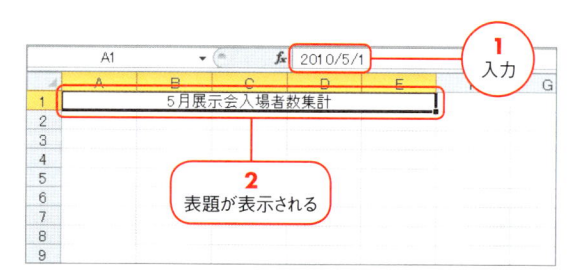

94　表示形式のユーザー設定

3

続いて、10日ごとの集計表を作成しましょう。ここでは、右図のような表を作成します。まず、「1日～」と表示したいセル（A3）を選択し、Ctrl + 1 キーを押し、［セルの書式設定］ダイアログを開き、［表示形式］タブ→［ユーザー定義］を選び、「種類」の「G/標準」を選択します。「G/標準」の後ろに「" 日～ "」と入力し**1**、［OK］ボタンをクリックします**2**。これで、入力した数字の後ろに「日～」と表示されます。

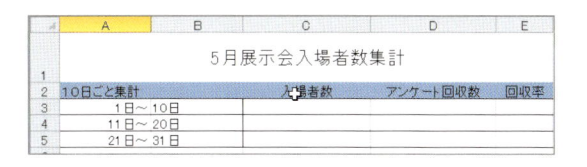

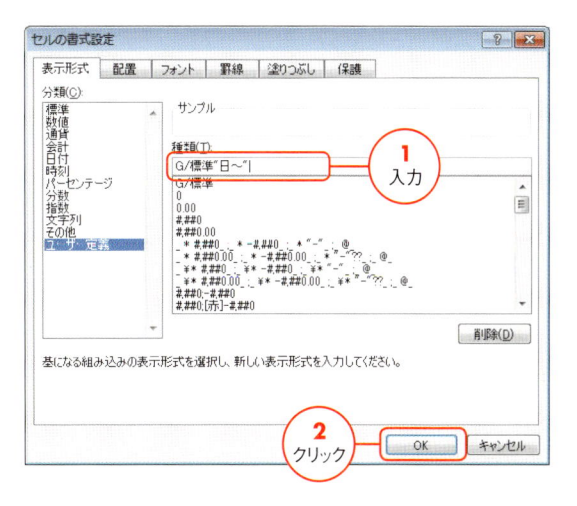

4

今度は「1日～」の右隣のセルに「10日」と表示させます。セル（B3）を選択し、［セルの書式設定］ダイアログの［表示形式］タブ→［ユーザー定義］を選び、「種類」の「G/標準」を「G/標準 " 日 "」に変更し**1**、［OK］ボタンをクリックします**2**。数値を入力すると「10日」のように表示されます。同様に「11日～20日」「21日～31日」というセルも作りましょう。

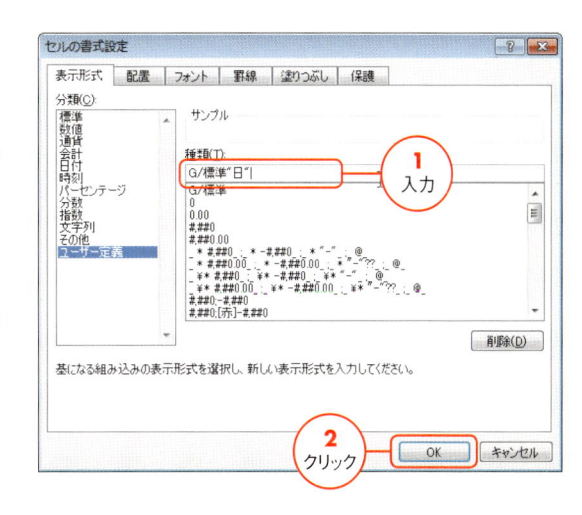

Word | Excel

Point 2 カレンダーの自動作成

表題に「月」を入力するとその月のカレンダーが表示されるようにします。28日までしかない月でもきちんと月末まで表示されるように設定する方法を解説しましょう。

1

まず、カレンダーを表示したいセル（B25～B55）を選択し、[Ctrl]＋[1]キーを押します**1**。[セルの書式設定]ダイアログが開くので、[表示形式]タブ→[ユーザー定義]を選んで、「種類」に「m"月"d"日"(aaa)」と入力して**2**、[OK]ボタンをクリックします**3**。なお、「aaa」は「曜日」を表す書式になります。

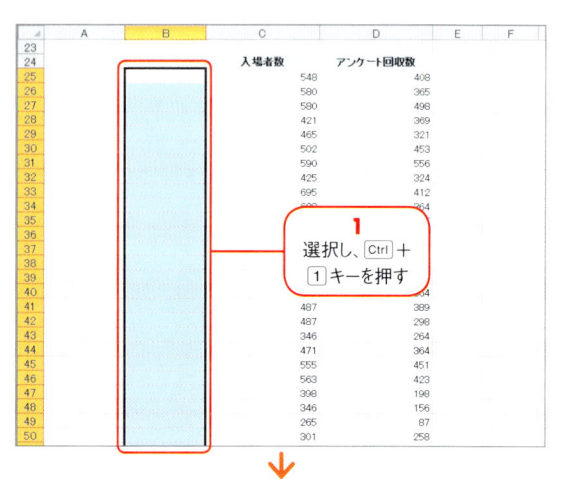

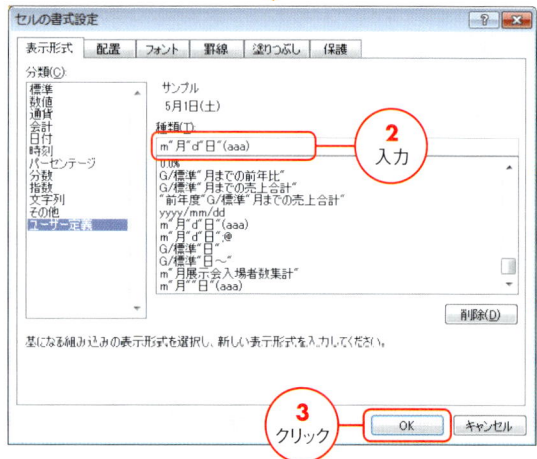

2

月の1日目を表示したいセル（B25）を選択し、「=A1」と入力します**1**。「表題に入力した「月」の1日目を表示する」ということになるので、「5月1日（土）」のように日付が表示されます。

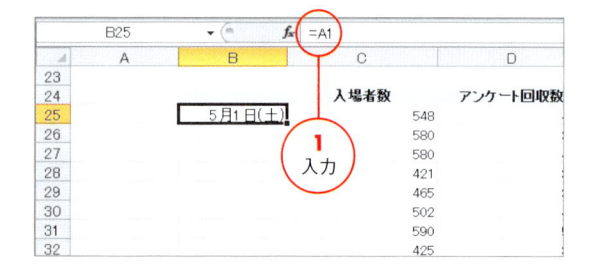

3

2日目以降も作成しましょう。2日目は1日目のセル（B25）よりも1日増えるので、「=1日目のセル+1」（「=B25+1」）と入力します **1**。さらに、この数式を28日目までコピーします **2**。29日以降は月によって存在しないことがあるので、ここでは28日目までしかコピーしません。29日以降の表示について、関数を組みます。もし、表題に入力した「月」が29日以降の「日」が存在するなら、「28日＋1日」を表示する。ない場合は空白にする……という関数になります。なお、このとき、Excelは日付をシリアル値（P.70参照）で計算します。

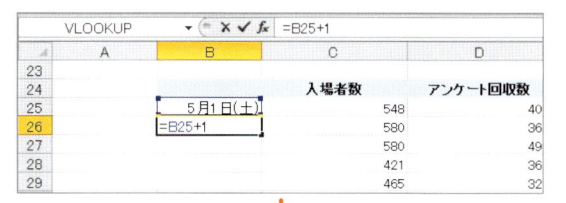

4

まずは、IF関数を使用します。29日を表示したいセル（B53）を選択し、［数式］タブ→［関数ライブラリ］→［関数の挿入］ボタンをクリックして、［関数の挿入］ダイアログで「IF」を選択します。［関数の引数］ダイアログが表示されたら、［名前ボックス］の［▼］ボタンをクリックし、「DAY」を選択しましょう。［関数の引数］ダイアログが表示されるので、28日のセル（B52）をクリックし、F4キーを押して絶対参照（P.54参照）にします。続いて、「+1」と入力しましょう **1**。［数式バー］の「IF」のスペル内をクリックするとIFの［関数の引数］ダイアログに戻ります。

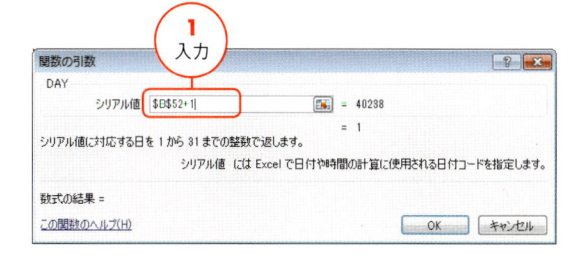

Excel 2003の場合

［数式バー］→［関数の挿入］ボタンをクリックします。

5

ここまでの操作で IF 関数の「論理式」は「もし、28 日より 1 日多い」という意味になります。そこで、後ろに「=29」と入力し、「もしも 28 日より 1 日多いのが 29 日ならば」という意味にします。「真の場合」は「29」を表示したいので、28 日のセル（B52）をクリックし、F4 キーを押して絶対参照にし、後ろに「+1」を入力します。「偽の場合」は何も表示しません。「""」を入力しましょう **1**。入力が終了したら、[OK] ボタンをクリックします **2**。これで「29 日」が表示されます。

6

次に「30 日」と「31 日」のセルの数式を組みましょう。「29 日」の数式を「30 日」「31 日」を表示したいセルにコピーします **1**。「30 日」は「もし 28 日よりも 2 日多い～」という関数を組むことになるので、コピーした関数の「+1」を「+2」、「29」を「30」に変更します **2**。同様に「31 日」のセルは「+1」を「+3」、「29」を「31」に変更します。これで、5 月 31 日までのカレンダーが表示されます。試しに表題に「2/1」と入力すると、2 月 28 日までの日付が表示されます。

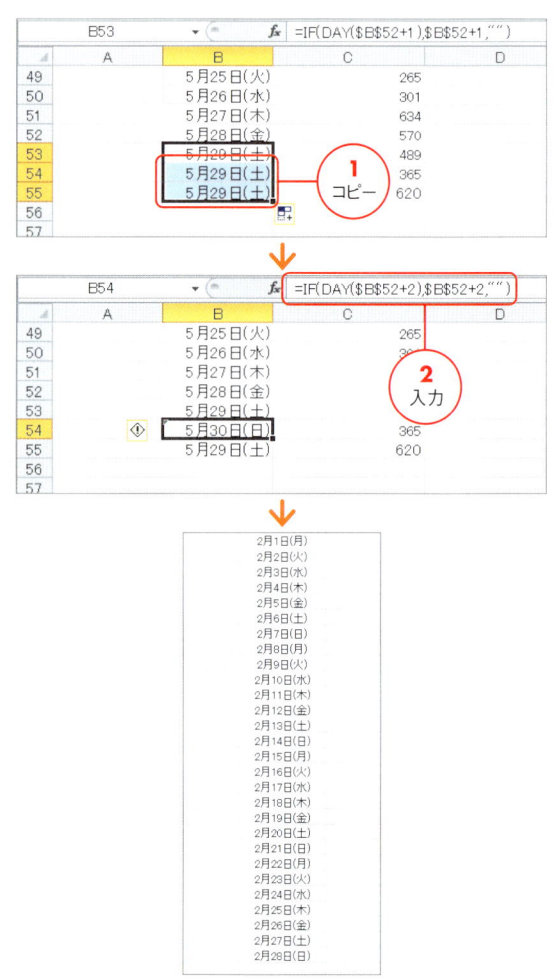

Point 3 　土・日・祝日に色を付ける

「条件付き書式」を設定して、作成したカレンダーの土曜日と日曜日、祝日に色を付けて見やすくします。カレンダーを使いやすくしましょう。

1

1日～31日までの日付のセル（この場合はセルB25～B55）を選択し **1**、[ホーム]タブ→[スタイル]グループ→[条件付き書式]ボタン→[新しいルール]をクリックします **2**。[新しい書式ルール]ダイアログが表示されるので、「数式を使用して、書式設定するセルを決定」をクリックしましょう **3**。

Excel 2003の場合

[書式]メニュー→[条件付き書式]をクリックします。[条件付き書式の設定]ダイアログの「数式が」を選択します。

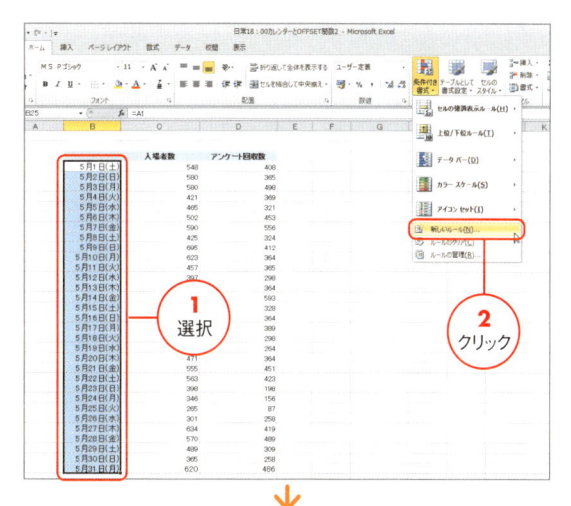

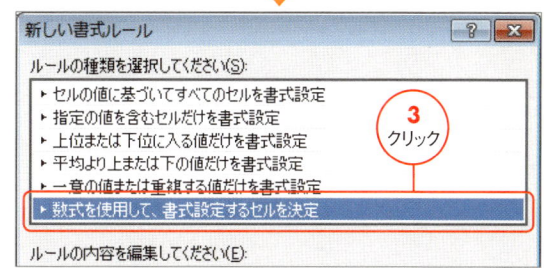

2

[新しい書式ルール]ダイアログの「次の書式を満たす場合に値を書式設定」に「=WEEKDAY（B25)=7」と入力します **1**。WEEKDAY関数は曜日を数値で表す関数で、土曜日は「7」となるので、1日のセル（この場合はセルB25）が土曜日かどうかを調べることになります。数式が成立した場合、色が変わるように書式を設定します。[書式]ボタンをクリックしましょう **2**。

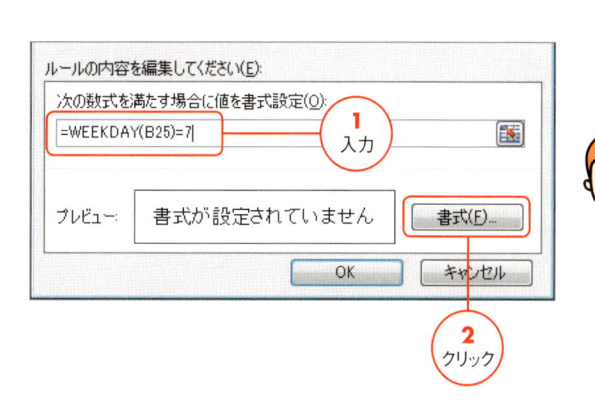

3

［セルの書式設定］ダイアログが表示されるので、［フォント］タブをクリックして、「色」を「青」に設定します **1**。［OK］ボタンをクリックし **2**、［新しい書式ルール］ダイアログでも［OK］ボタンをクリックします。

4

続いて、日曜日を赤色にしましょう。［ホーム］タブ→［スタイル］グループ→［条件付き書式］ボタン→［ルールの管理］をクリックすると、［条件付き書式ルールの管理］ダイアログが表示されます。［新規ルール］をクリックしましょう **1**。［書式ルールの編集］ダイアログが表示されるので、「次の書式を満たす場合に値を書式設定」に「=WEEKDAY(B25)=1」と入力し **2**、［書式］ボタンをクリックします。なお、WEEKDAY関数では、日曜日は「1」になります。［書式］ボタンをクリックすると［セルの書式設定］ダイアログが表示されるので、［フォント］タブをクリックして、「色」を「赤色」に設定します。

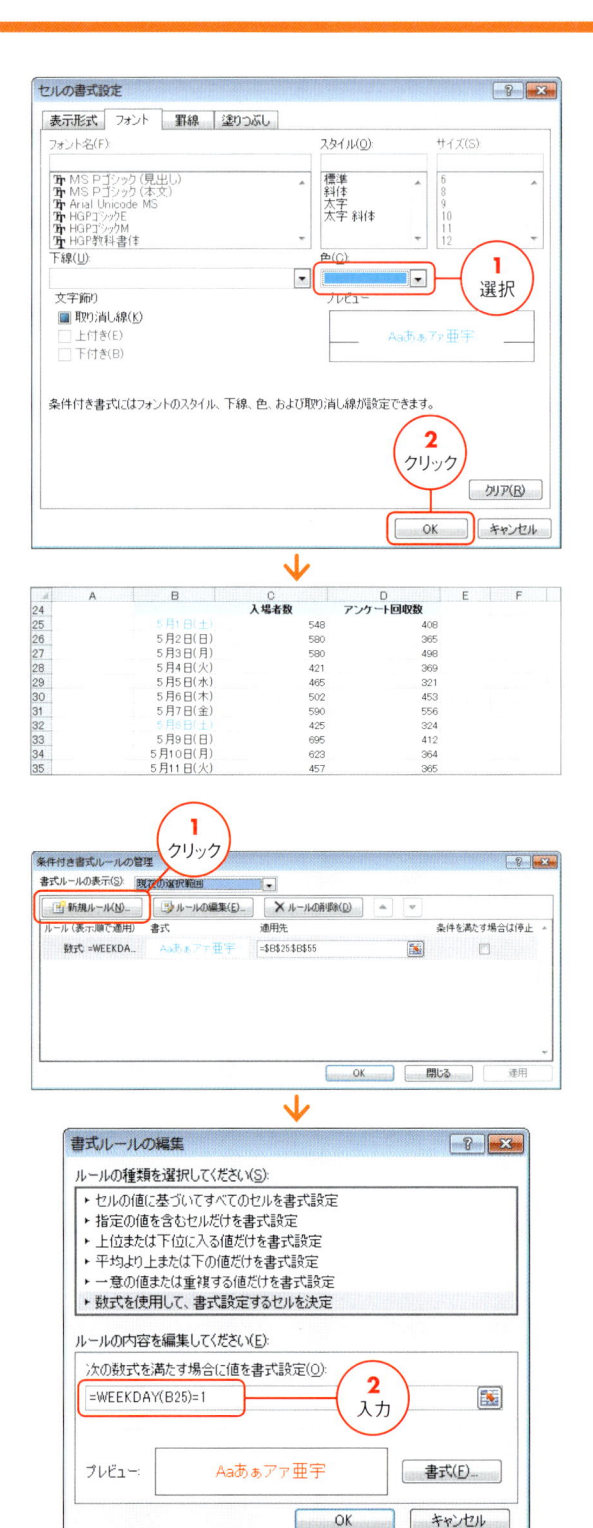

5

さて、続いては祝日を赤色にします。しかし、2010年の祝日が分からなければ設定できません。右図のように祝日の一覧表を用意しておきます **1**。ここではセル H24 ～ H44 に祝日の日付を入力しています。この一覧の中の日付がカレンダーの日付と一致すれば祝日であるという関数を組みましょう。「もし、祝日一覧の中にセル B25（1日目のセル）と同じものが1つあれば、文字の色を赤くする」となります。数を数える関数として COUNTA 関数（P.52参照）がありますが、ここでは COUNTIF 関数を使用します。［条件付き書式ルールの管理］ダイアログに［新規ルール］をクリックし、「書式ルールの編集」画面の「次の書式を満たす場合に値を書式設定」に「=COUNTIF($H$25: $H$44,B25)=1」と入力します **2**。

> **Tips**
> COUNTIF 関数は指定した「範囲」の「検索条件」を満たすセルの数を数える関数です。

6

［書式］ボタンをクリックすると、［セルの書式設定］ダイアログが表示されるので、［フォント］タブをクリックして、「色」を「赤色」に設定しましょう。［条件付き書式ルールの管理］ダイアログで［OK］ボタンをクリックすると、土曜日は青、日・祝日は赤色で表示されるようになります **1**。

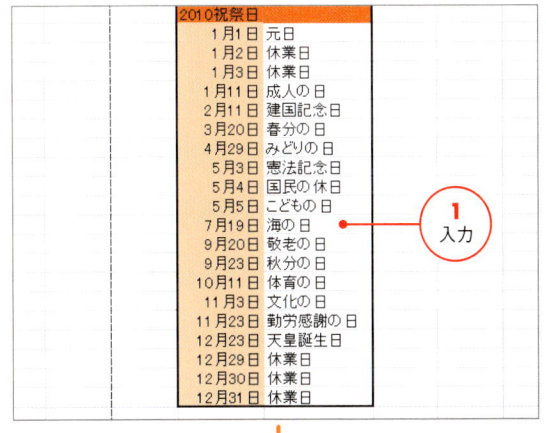

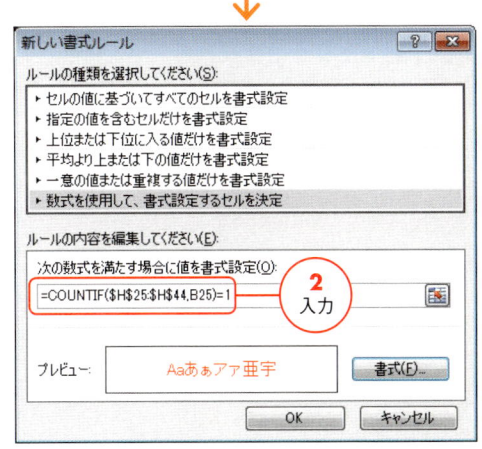

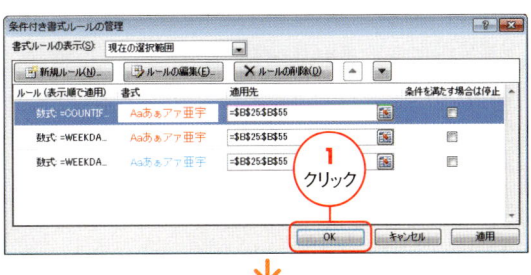

Point 4 罫線の自動表示

カレンダーを自動表示できるようにしたところで、罫線を入れてキレイにしましょう。ここでは、月末の日付に合わせて罫線も自動で表示されるように条件付き書式を設定します。これでカレンダーがいつでも簡単に作成できるようになります。

1

1〜28日まではどの月も存在するので、あらかじめ罫線を設定しておきます **1**。29〜31日の範囲はその月の月末に合わせて罫線が入るように設定します。29〜31日のセル（B53〜B55）と、その右隣の「入場者数」「アンケート回収数」のセル（C53〜C55、D53〜D55）を選択します **2**。［ホーム］タブ→［スタイル］グループ→［条件付き書式］ボタン→［新しいルール］をクリックしましょう。

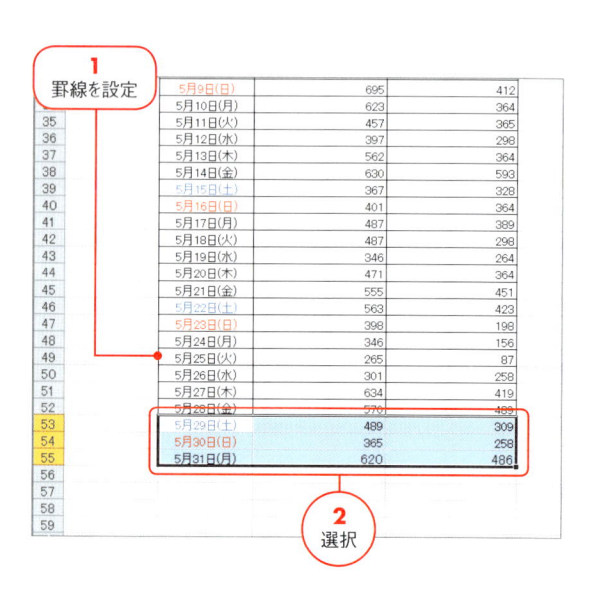

2

［書式ルールの編集］ダイアログが表示されるので、「数式を使用して、書式設定するセルを決定」をクリックします **1**。「次の書式を満たす場合に値を書式設定」に「=$B53<>""」と入力しましょう **2**。これは「セルB53に数値や文字列が入力されていたら」という意味になります。

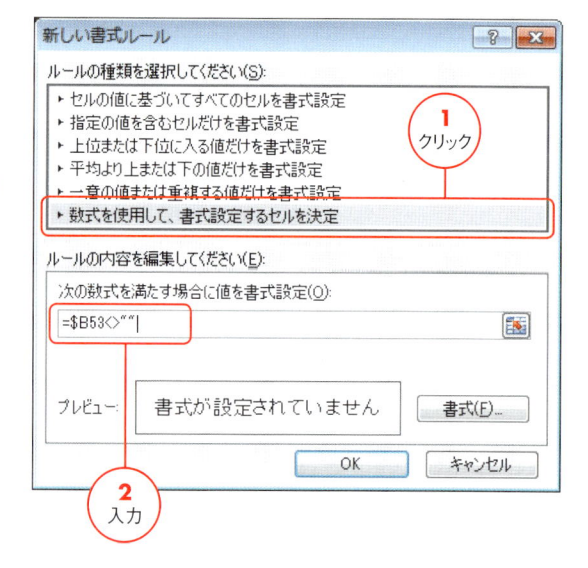

3

［書式］ボタンをクリックすると、［セルの書式設定］ダイアログが表示されるので、［罫線］タブの「外枠」を選択し **1**、［OK］ボタンをクリックします **2**。［書式ルールの編集］ダイアログでも［OK］ボタンをクリックしましょう。これで、2月の場合は28日までしか罫線が表示されないというように月によって罫線の表示が変わります。

Excel 2003の場合

Excel 2003では「条件付き書式」は同じ範囲には3つまでしか設定できません。土・日・祝日の色の設定と罫線の設定には、4つの「条件付き書式」が必要になります。そこで、日・祝日の色の設定の「条件付き書式」を1つにまとめます。数式を「=OR(WEEKDAY(B25)=1,COUNTIF($G$25:$G$44,B25)=1)」、［セルの書式設定］ダイアログでフォントの色を「赤色」に設定します。

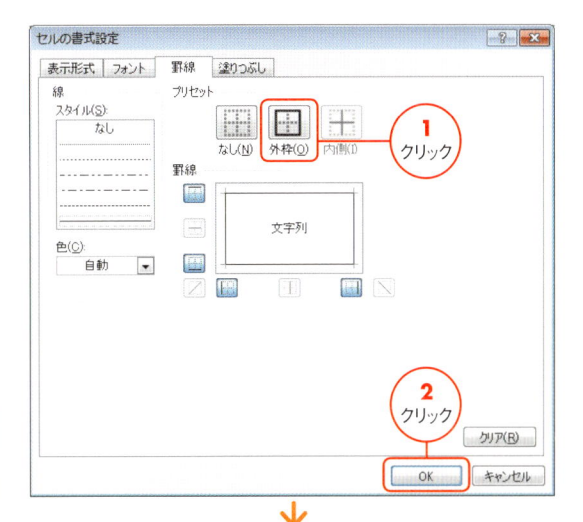

Point 5　10日ごとの集計を求める

10日ごとの集計を求めるのにはSUM関数を何度も組むよりもOFFSET関数を使用すれば簡単です。表の一部分のみの集計を表示したい場合に便利です。

1

ここでは、1カ月分の入場者数とアンケートの回収数を10日ごとに集計します。P.95で作成した「1日〜10日の入場者数を集計したいセル（C3）を選択します **1**。ここでは入場者数の合計を求めたいのでSUM関数を起動します。［数式］タブ→［関数ライブラリ］→［関数の挿入］ボタンをクリックして、［関数の挿入］ダイアログで「SUM」を選択しましょう **2**。

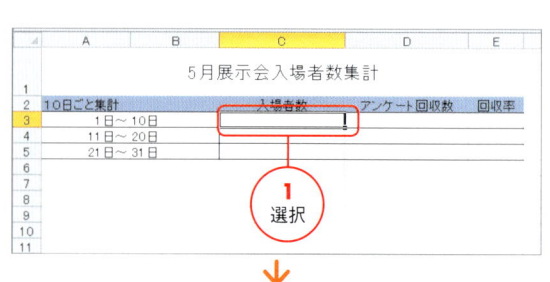

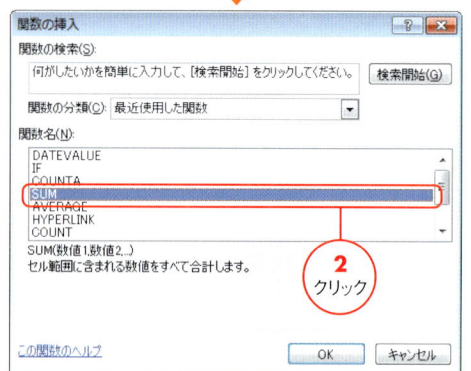

Excel 2003の場合

［数式バー］→［関数の挿入］ボタンをクリックします。

Tips

SUM関数は指定した「数値」の合計を求める関数です。

2

［関数の引数］ダイアログが表示されます。「数値1」に表示されているセル番地を削除し **1**、［名前ボックス］の［▼］ボタンをクリックし、「OFFSET」を選択しましょう **2**。

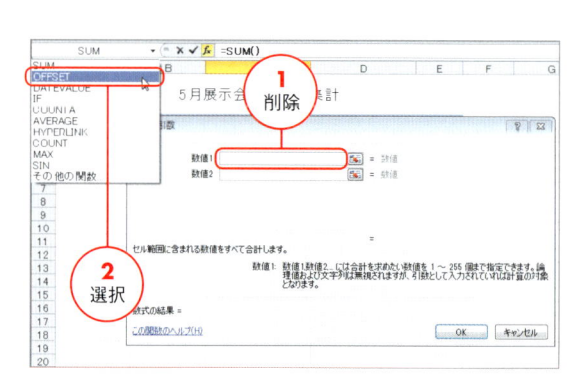

Tips

OFFSET関数は「参照」で基準となるセルを指定し、「行数」と「列数」で基準となるセルを移動させる位置を指定する関数です。「高さ」「幅」では基準となるセルの大きさを指定できます。

3

OFFSET関数の［関数の引数］ダイアログが表示されます。以下のように設定しましょう。

「参照」：基準となる「5月1日（土）」のセル（B52）を選択し、F4 キーを押し、絶対参照（P.54参照）にします（$B$25）

「行数」：基準となるセルの移動を設定しますが、ここでは移動させないので、「0」になります。なお、後で数式をコピーしたときに「11日～」のセル（この場合はセルA4＝11）、「21日～」のセル（この場合はセルA5＝21）のセルを参照したいので、「1日～」と入力されているセル（A3）を選択し、「-1」を入力します（A3-1）

「列数」：集計したい列は右隣の「入場者数」なので、1列右へ移動するため「1」を入力します。

「高さ」：何行分合計したいかを設定します。10日分なので「10」を入力します。

「幅」：集計したい列数を入力します。ここでは「入場者数」の列だけなので「1」を入力します。

なお、数式は以下のようになります。

「=SUM(OFFSET($B$25,A3-1,1,10,1))」

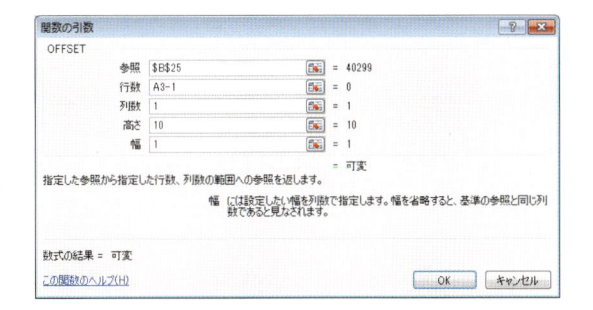

> 「列数」：1列右隣の「入場者数」を合計したいので「1」を入力します。「アンケート回収数」の場合は「2」にします
>
> 「参照」：常にこのセルを基準にします
>
> 「高さ」：10日分集計するので「10」
>
> 「幅」：集計したいのは「入場者数」の1列分のみなので「1」
>
> 「行数」：「5月1日（土）」のセルから合計したいので移動させません

4

［数式バー］の「SUM」のスペル内をクリックするとSUMの［関数の引数］ダイアログに戻ります。

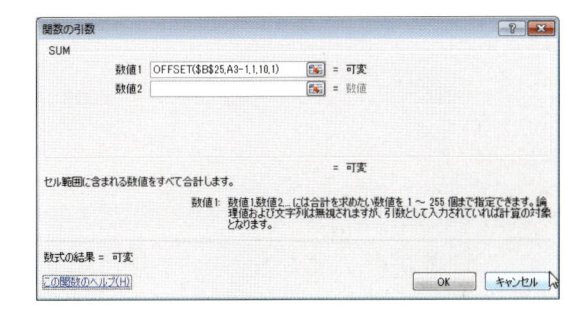

5

[関数の引数]ダイアログで[OK]ボタンをクリックすると、「1日～10日」までの入場者数の合計が表示されます。

6

「11日～20日」と「21日～31日」の「入場者数」のセルに数式をコピーします。「21日～31日」の集計は11行必要(1日多い)ので、[数式バー]のOFFSET関数の「行数」を以下のように変更します **1**。
「=SUM(OFFSET($B$25,A5-1,1,11,1))」
同じように「アンケート回収数」も10日ごとの集計を求めましょう。なお、数式は以下のようになります。
「=SUM(OFFSET($B$25,A3-1,2,10,1))」

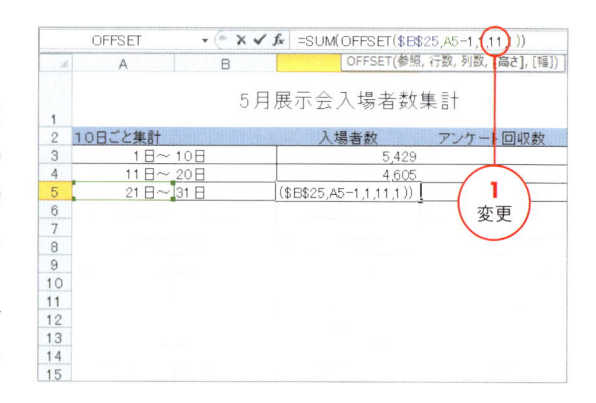

7

アンケートの回収率を求めます。「1日～10日」の「アンケート回収率」を表示したいセル(E3)を選択します。「=アンケート回収数のセル/入場者数」(この場合は「=D3/C3」)を入力し、Enterキーを押しましょう **1**。

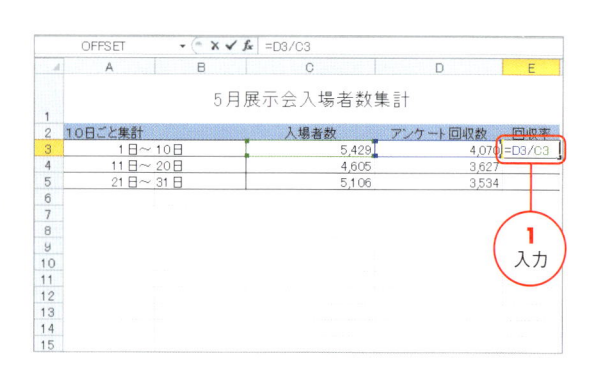

8

「アンケート回収率」の小数点で表示された結果を小数点第1位までの％表示にしましょう。［ホーム］タブ→［数値］グループの［％］ボタンをクリックします**1**。続いて、［小数点以下の表示桁数を増やす］ボタンをクリックします**2**。最後に、数式を「11日～20日」と「21日～31日」の「アンケート回収率」のセルにコピーします。

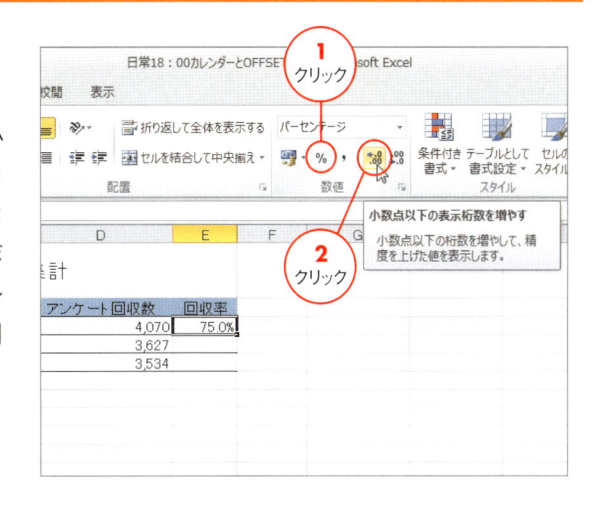

Column

よく使う機能は［クイックアクセスツールバー］に登録しておくと便利です。「印刷」「印刷プレビュー」「上書き保存」などはよく使用するので、登録しておくとよいでしょう。［クイックアクセスツールバー］の［▼］ボタンをクリックするとリストが表示されます。チェックを入れたボタンが追加されますので、自分流の［クイックアクセスツールバー］を作成しましょう。

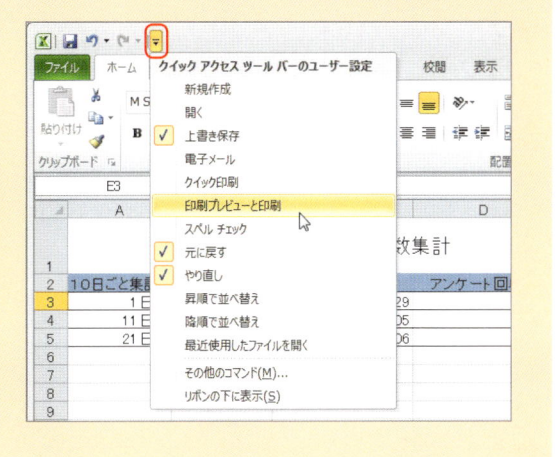

Word | Excel

Point 6 棒グラフの作成

「入場者数」と「アンケート回収数」を棒グラフにして、集計と明細（カレンダー）の間に配置します。
［挿入］タブ→［グラフ］グループのツールを使えばグラフは簡単に作成できます。

1

まず、グラフにしたいデータ（この場合はセルB3～D3）を選択します **1**。

2

［挿入］タブ→［グラフ］グループ→［縦棒］ボタン→［集合縦棒］をクリックします **1**。

Excel 2003の場合

［挿入］メニュー→［グラフ］をクリックします。［グラフウィザード］の「縦棒」→「集合縦棒」を選択しましょう。

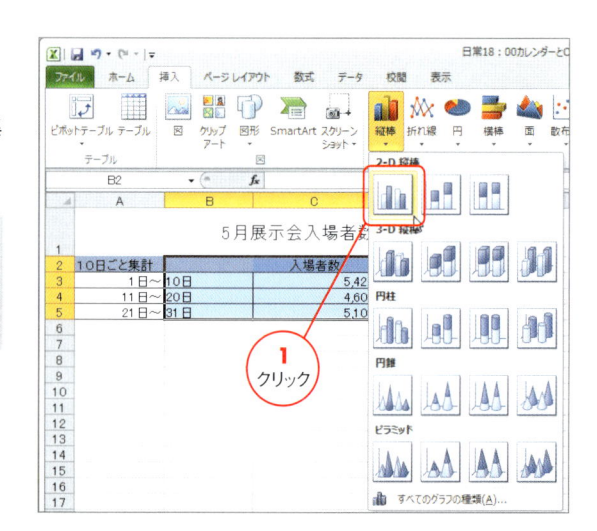

3

グラフ内をクリックし、プロットエリアを選択するとサイズ変更のハンドルが表示されるので、プロットエリアの高さを調整しましょう。

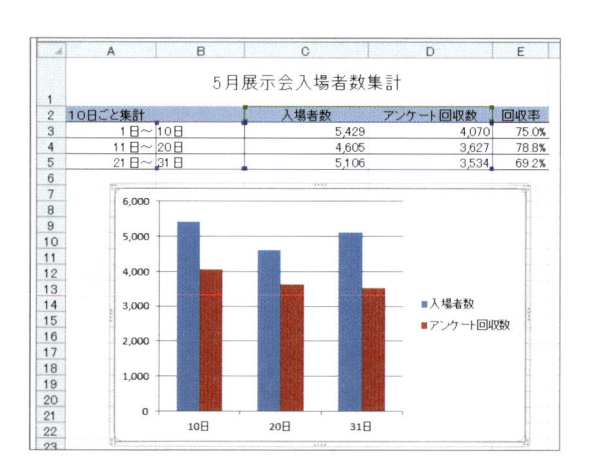

4

Excel 2010 / 2007 では、グラフが選択されている状態では、[デザインツール] が表示されます。[デザインツール] → [デザイン] タブをクリックすると、デザインを変更できるので、任意のデザインを選択しましょう **1**。

5

ここまでの設定で、表題に「月」を入力すると、1カ月分のカレンダーが自動作成され、「入場者数」と「アンケート回収数」を変更すると、10日ごとの集計とグラフが表示されるようになりました。

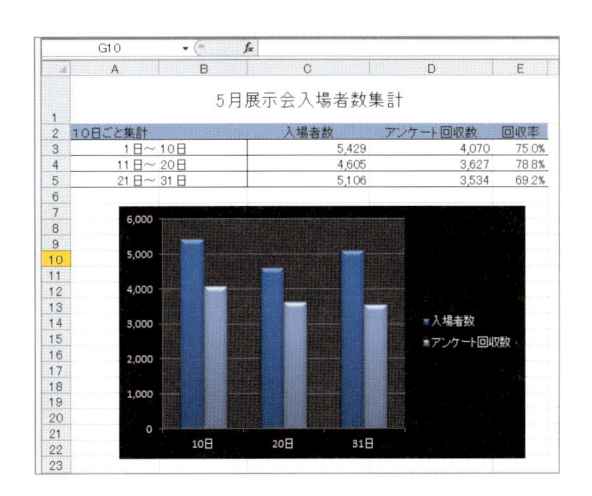

Point 7 印刷範囲の設定

A4の用紙1枚に、日計と10日ごとの集計、グラフが中央になるように設定して、印刷しましょう。ワークシート内の祝日一覧は印刷されないように設定します。同じワークシート内で印刷するデータとしないデータがある場合は「改ページプレビューの設定」を利用すると便利です。

1

[表示] タブ→ [ブックの表示] グループ→ [改ページプレビュー] ボタンをクリックします **1**。

Excel 2003の場合

[表示] メニュー→ [改ページプレビュー] をクリックします。

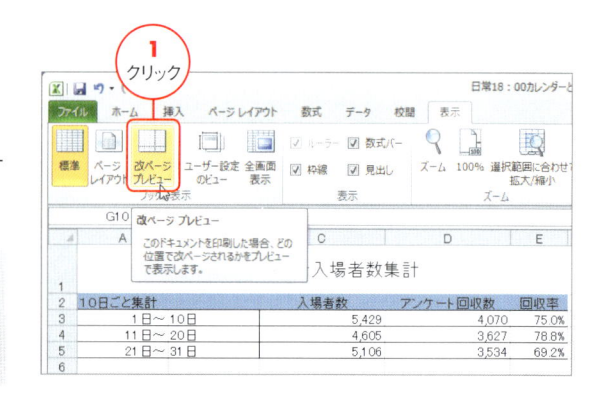

2

データがない範囲がグレーになり、印刷される範囲が表示されます。青い点線で区切られた部分でページが変わります。このまま印刷すると、グラフやデータのあるページと祝日一覧だけのページの2ページ目に印刷されます。祝日一覧は印刷範囲から除外したいので、外枠の青い太線ををドラッグしてE列までを印刷範囲に指定します **1**。印刷されない部分がグレーになります。

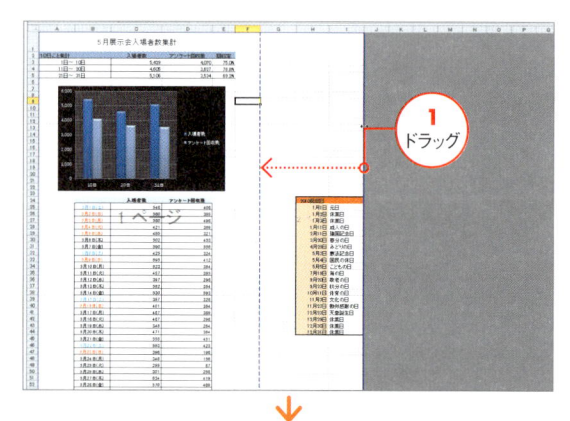

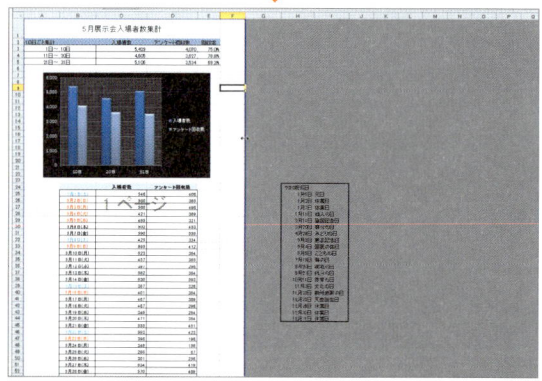

3

[ホーム]タブ→[印刷]をクリックして、プレビューを確認します。祝日一覧は印刷範囲に入っていないことが分かります。

Excel 2003の場合

[ファイル]メニュー→[印刷プレビュー]をクリックします。

Excel 2007の場合

[Office]ボタン→[印刷]→[印刷プレビュー]をクリックします。

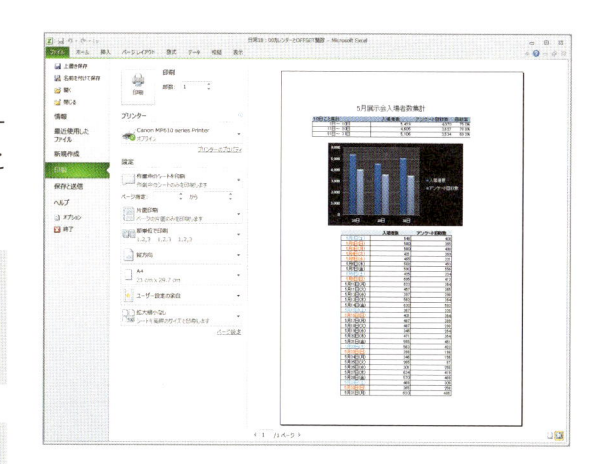

4

用紙に対して表やグラフが左に寄っている場合は、「設定」の[余白]→[ユーザー設定の余白]をクリックし、[ページ設定]ダイアログを表示しましょう。[余白]タブをクリックし、「ページ中央」の「水平」「垂直」をチェックして **1**、[OK]ボタンをクリックします **2**。これで用紙の中央に印刷される設定になりました。

Excel 2007の場合

[ページ設定]をクリックします。

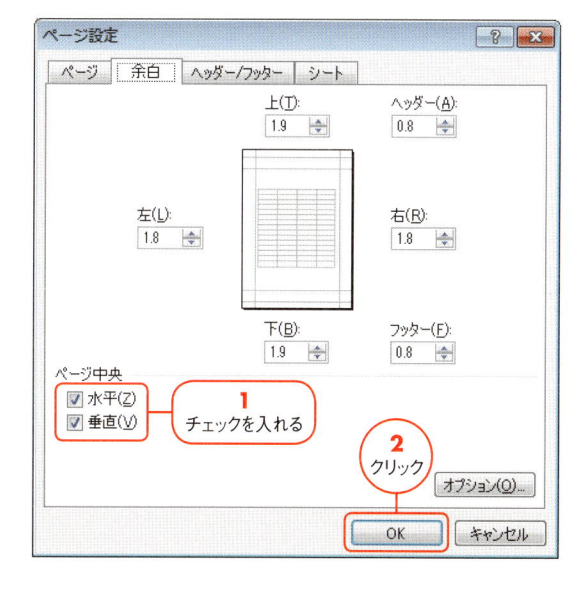

まとめと応用

- 条件付き書式とDAY関数、IF関数を組み合わせれば、カレンダーを自動作成できる
- OFFSET関数を使えば任意の範囲の合計を一発で求めることができる
- ページ設定で最終的なレイアウトを調整しよう

応用例

カレンダーの自動作成を利用すればアルバイトの勤務時間記録を作成できる。1カ月の勤務時間合計はセルの書式設定のユーザー定義に「 [h]:mm 」（24時間を超えた時間表示）を設定している

「○月までの前年比」に月数を入力するとその月までの前年度売上合計が求められるようにすることも可能。
OFFSET関数を使用することで、指定した月までの集計が求められ、前年比が算出される。
なお、前年度売上合計の数式は「=SUM(OFFSET($C$6,0,0,A1,1))」としている

プロジェクト編

ほとんどの仕事は1人で行うわけではありません。そこで、上司や取引先など複数人で仕事を進める際、ビジネス文書を扱う方法について解説しましょう。本章では1つのプロジェクトの流れに沿って、学習できるようにしています。

四禮 静子（フォーティ）

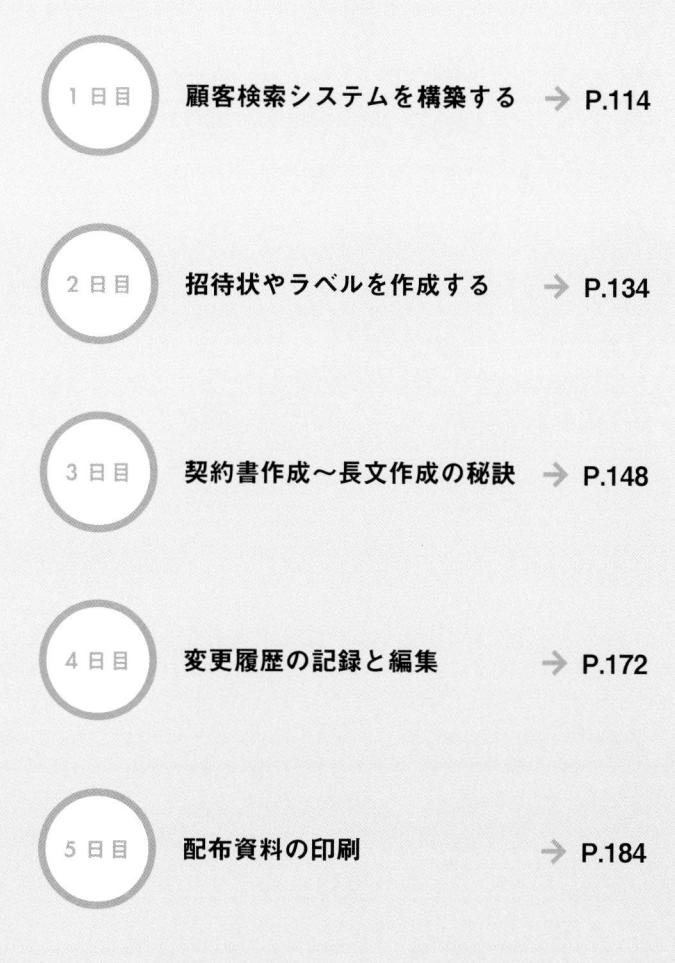

1 日目　顧客検索システムを構築する　→ P.114

2 日目　招待状やラベルを作成する　→ P.134

3 日目　契約書作成〜長文作成の秘訣　→ P.148

4 日目　変更履歴の記録と編集　→ P.172

5 日目　配布資料の印刷　→ P.184

Word | **Excel**

プロジェクト編
1日目

顧客検索システムを構築する

全社で使用する顧客名簿には Acces や基幹システムから抜き出したものが多く、そのデータを並べ替えたり、集計するには、データの整理が必要です。ここでは整理の方法を解説します。さらに、たくさんの顧客から特定の情報を検索できるシステムも作成しましょう。

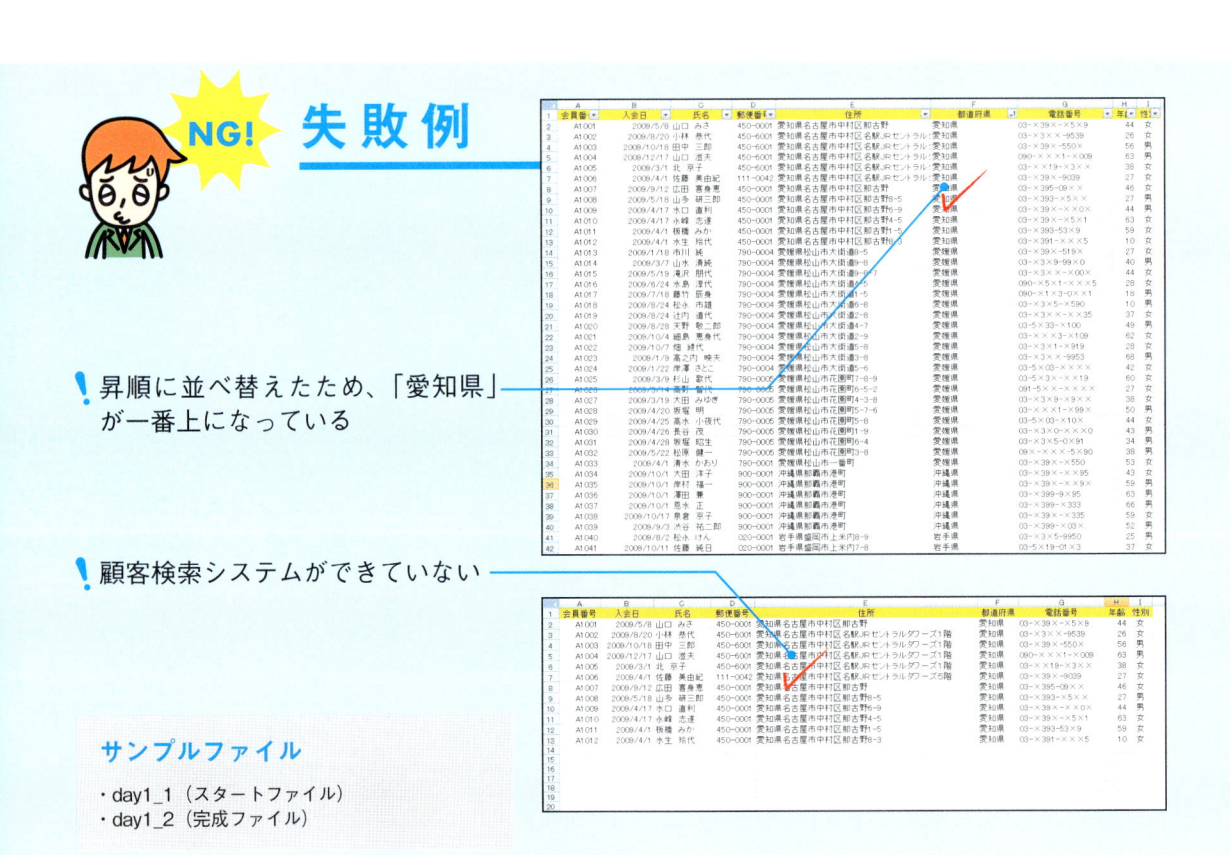

NG! 失敗例

⚠ 昇順に並べ替えたため、「愛知県」が一番上になっている

⚠ 顧客検索システムができていない

サンプルファイル
・day1_1（スタートファイル）
・day1_2（完成ファイル）

> オートフィルターとコピー&貼り付けでデータを整理していると、日が暮れてしまいますよ……。ピボットテーブルをうまく利用しましょう。データは Excel で処理できるように整理することもポイント！

MISSION! 1

会社のシステムから抜き出した顧客データを使って都道府県別リストを作成しておくように。間違いのないように頼んだぞ！ 以下のリストと検索システムを作ってほしい。
- 都道府県別集計と都道府県別リスト
- 北海道〜沖縄の順のリスト
- 顧客の検索システム

成功例 OK!

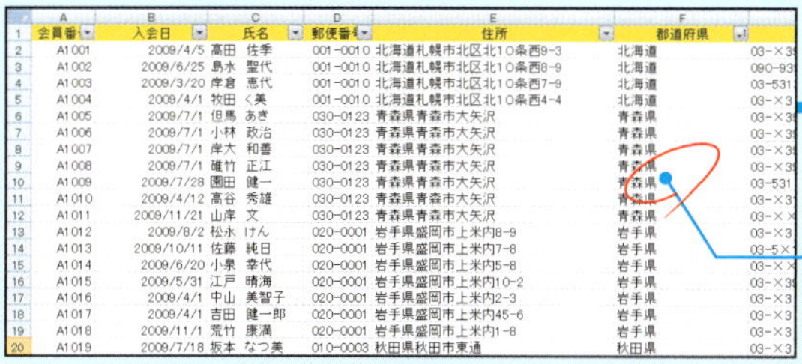

関数を使って、都道府県を取り出し、ユーザー設定リストで並べ替える

Point 1 都道府県を抜き出す →P.116

Point 2 都道府県の並べ替え →P.120

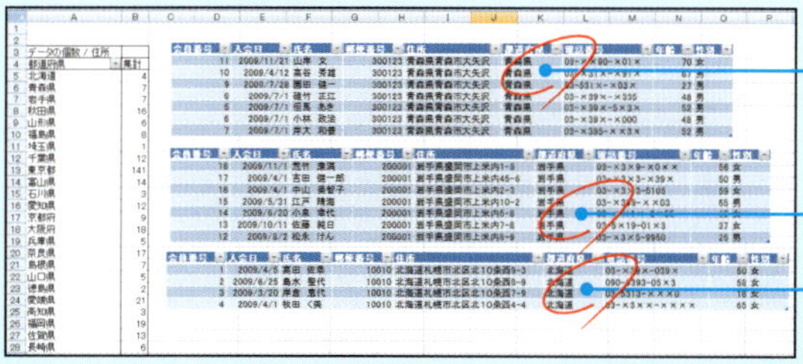

ピボットテーブルとドリルスルーを使って都道府県別集計を作成

Point 3 都道府県別集計を求める →P.123

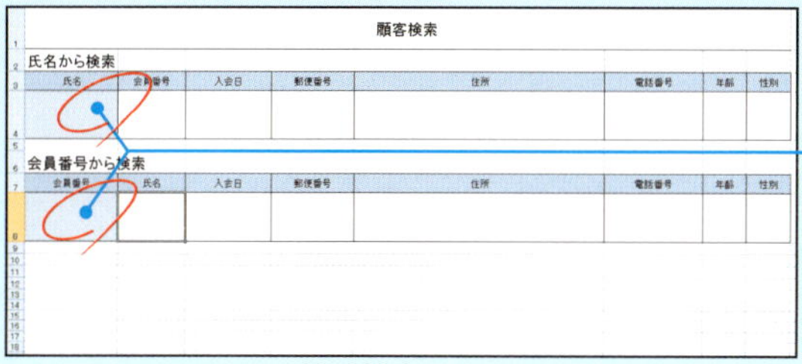

「氏名」や「会員番号」を入力すると顧客の情報が表示されるようにする

Point 4 顧客検索システムの作成 →P.124

住所から都道府県を取り出すと並べ替えやピボットによる集計が簡単に行えるわ。リスト作成や集計はあっという間の完成！ 顧客検索も氏名を入力するとすぐに表示されるように関数を利用しましょう。

115

Word | **Excel**

Point 1 都道府県を抜き出す

「兵庫県神戸市中央区元町……」のように1つのセルに住所が入力された状態では都道府県別の集計や振り分けができません。住所から都道府県を取り出して、都道府県別集計やリスト作成ができるようにしましょう。

1

住所から抜き出した都道府県を格納するための列を挿入し、「都道府県」とフィールド名を入力します**1**。住所を抜き出したいので、文字を取り出す関数を使用します。ここで使用するのは「IF関数」「LEFT関数」「MID関数」です。

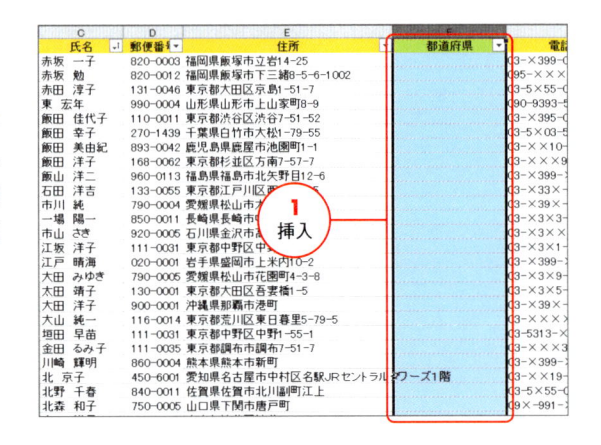

2

「東京都」や「兵庫県」は住所のセルの左から3文字を抜き出せばよいのですが、「鹿児島県」「神奈川県」のように4文字の場合もあります（4文字の都道府はありません）。そこで「IF関数」を使用します。では、関数を考えてみましょう。もしも、左から4文字目を1文字抜き取ったときに、その文字が「県」という文字ならば、4文字抜き出し、そうでない場合は3文字抜き出す……ということになります。まずは、都道府県を表示したいセルをクリックし、[数式] タブ→ [関数の挿入] ボタン→「論理」→「IF」を選択しましょう。[関数の引数] ダイアログが表示されます。

> **Excel 2003の場合**
>
> [数式バー] → [関数の挿入] ボタンをクリックします。

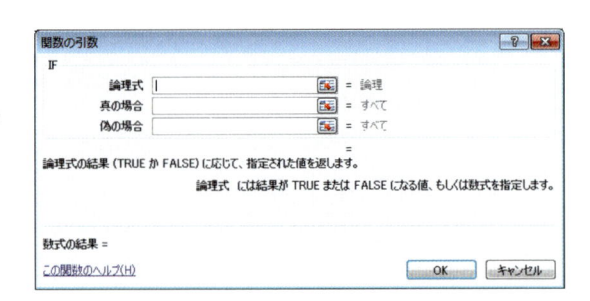

3

[関数の引数] ダイアログの「論理式」にカーソルがある状態で、[名前ボックス] の [▼] ボタンをクリックし、一覧から「MID」を選択します。MID関数の [関数引数] ダイアログが表示されるので以下のように入力しましょう **1**。
「文字列」：「住所」が入力されているセル（E2）
「開始位置」：4
「文字数」：1
「住所」のセルの左から4番目の文字を1文字取り出すという意味です。この際、[OK] ボタンをクリックしないように注意してください。

> **Tips**
> MID関数は指定した「文字列」の「開始位置」から指定した「文字数」分の文字列を取り出す関数です。

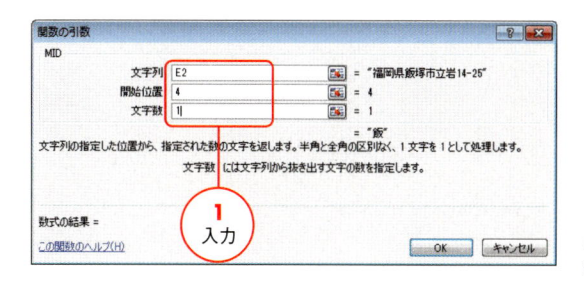

4

[数式バー] の「IF」のスペル内をクリックし、IFの [関数の引数] ダイアログに戻りましょう **1**。「論理式」には「MID（E2,4,1）」と表示されています。これは、もしも「住所」のセルの左から4文字目の1文字を取ったら……という意味です。取った文字が「県」ならば……という意味にしたいので、続きに「="県"」と入力します **2**。

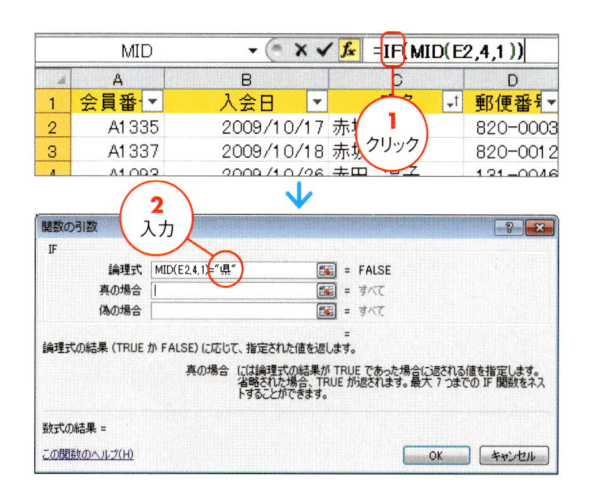

5

次に「真の場合」にカーソルを移動します❶。4文字目が「県」ならば、県名は4文字なので、左から4文字分の文字を取り出すこととなります。ここで、[名前ボックス]の[▼]ボタンをクリックし、一覧から「LEFT」を選択します❷。

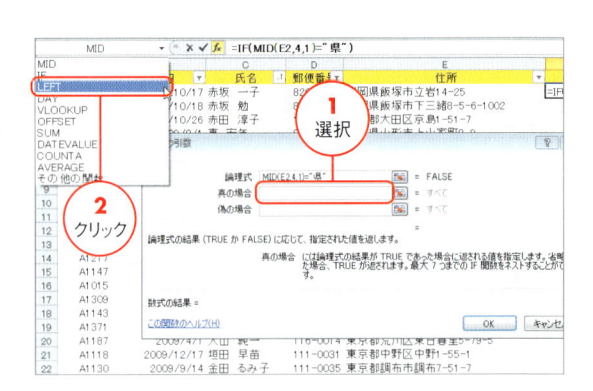

6

LEFT関数の[関数の引数]ダイアログは以下のように入力しましょう❶。

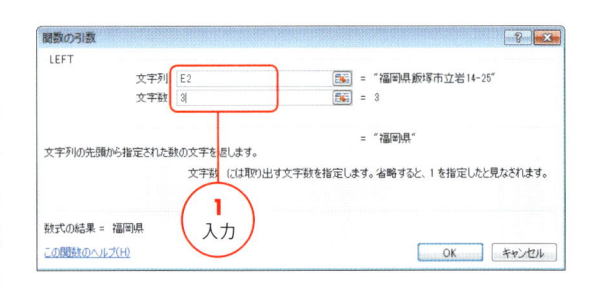

「文字列」:「住所」が入力されているセル（E2）
文字数：4

入力後、[数式バー]の「IF」のスペル内をクリックし、IF関数の[関数の引数]ダイアログに戻りましょう。

> **Tips**
> LEFT関数は指定した「文字列」の先頭から指定した「文字数」分の文字列を取り出す関数です。

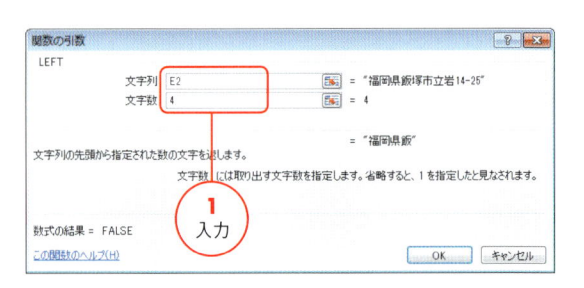

7

IF関数の[関数の引数]ダイアログの「偽の場合」にカーソルを移動させましょう。4文字目が「県」ではない場合は、3文字取り出すように設定します。[名前ボックス]の[▼]ダイアログをクリックし、一覧から「LEFT」を選択し、[関数の引数]ダイアログは以下のように入力しましょう❶。

「文字列」:「住所」が入力されているセル（E2）
「文字数」：3

8

このまま［OK］ボタンをクリックしても、式は成り立ちますが、［数式バー］の「IF」のスペル内をクリックし、IFの［関数の引数］ダイアログに戻り、エラーがないか確認して、［OK］ボタンをクリックします**1**。

> **Tips**
> 式のどこかにミスがあると、引数の横に赤い文字でエラーが表示されます。

9

都道府県名を格納しているセル（F2）を選択し、右下のフィルハンドルをダブルクリックして数式をコピーします**1**。これで、3文字の都道府県と4文字の県を抜き出すことができます。

> **Tips**
> 連続データが入力入力されている表で数式をコピーする際はドラッグよりもフィルハンドルをダブルクリックした方が効率的です。

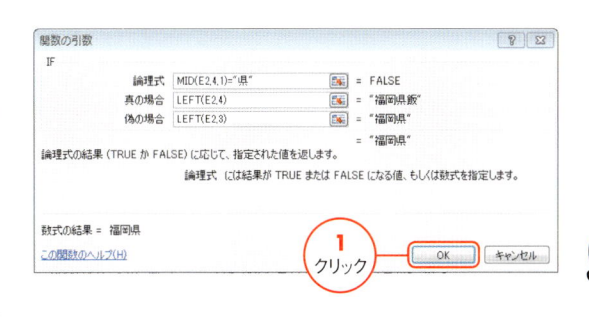

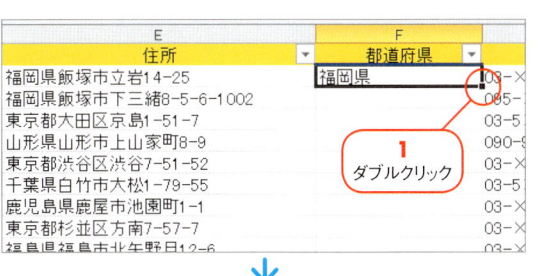

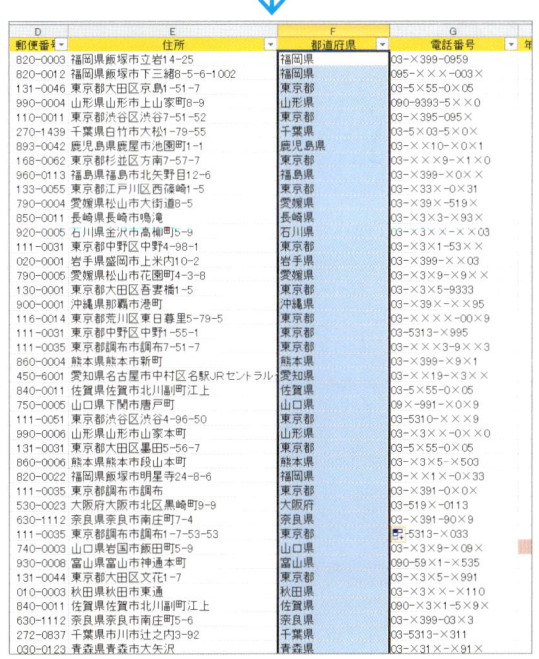

Word | **Excel**

Point 2 都道府県の並べ替え

Excelで「並べ替え」を行うと、「あ〜ん」「1〜10」「A〜Z」のように昇順・降順になります。都道府県を並べ替えようとすると、漢字コード順になり、愛知県が一番になります。北は北海道から南の沖縄まで……のように並べ替えることはできません。そこで、設定を変えて、「並び替え」を行うことになります。

1

並び替えの設定を変えるには、並び順を記録する必要があります。まず、マスターシートに北海道から沖縄までの都道府県を北から順番に入力したリストを作成しておきます。入力した都道府県を選択しましょう**1**。続いて、[ファイル]タブをクリックして**2**、[オプション]を選択します**3**。

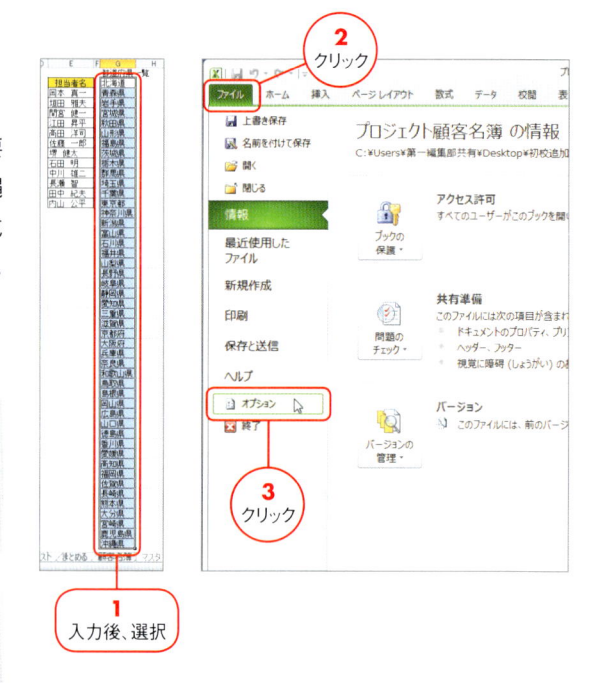

Excel 2003の場合

[ツール]メニュー→[オプション]をクリックし、[オプション]ダイアログの[ユーザー設定リスト]タブをクリックします。

Excel 2007の場合

[Office]ボタン→[Excelのオプション]をクリックします。

2

[Excelのオプション]ダイアログが表示されます。「詳細設定」の[ユーザー設定リストの編集]ボタンをクリックしましょう。

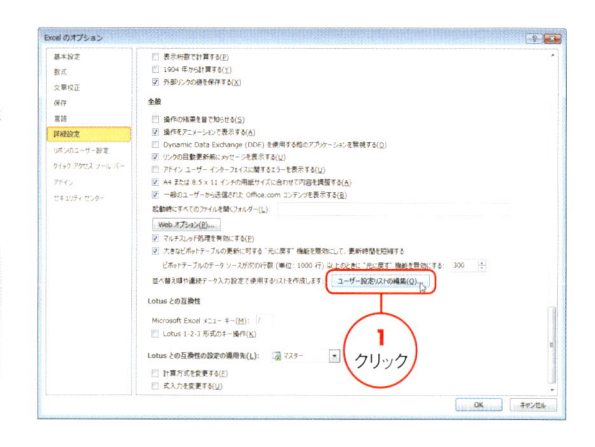

Excel 2007の場合

「基本設定」→[ユーザー設定リストの編集]をクリックします。

3

[ユーザー設定リスト] ダイアログが表示されます。[インポート] ボタンの左に選択した都道府県のセル番地が表示されています**1**。[インポート] ボタンをクリックすると、「リストの項目」に都道府県名が追加されます**2**。[OK] ボタンをクリックしましょう**3**。

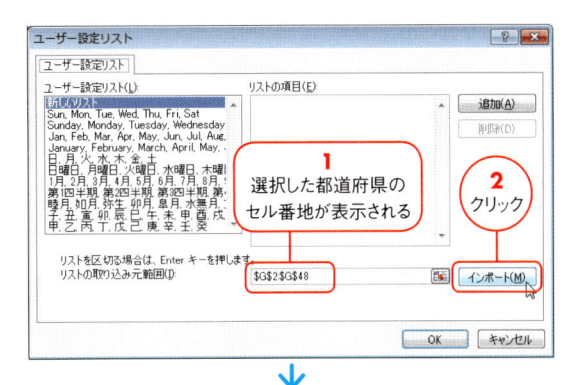

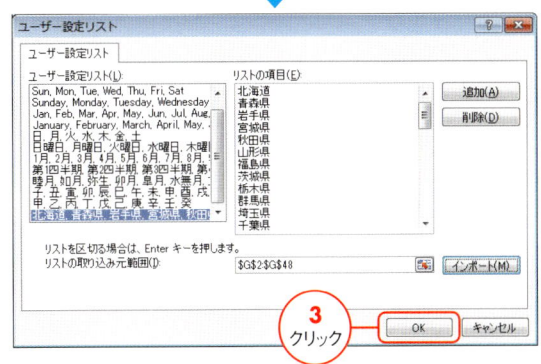

4

顧客名簿の画面に戻り、「都道府県」の列を選択して、[ホーム] タブ→ [編集] グループ [並べ替えとフィルター] ボタンをクリックし**1** [ユーザー設定の並べ替え] を選択します**2**。[並べ替え] ダイアログが表示されるので、「最優先されるキー」は「都道府県」、「並べ替えのキー」には「値」、「順序」には「ユーザー設定リスト」を選択し**3**、[OK] ボタンをクリックします**4**。

> **Excel 2003の場合**
>
> [データ] メニュー→ [並び替え] をクリックします。「最優先されるキー」の「都道府県」を選択し、[オプション] ボタンをクリックしましょう。

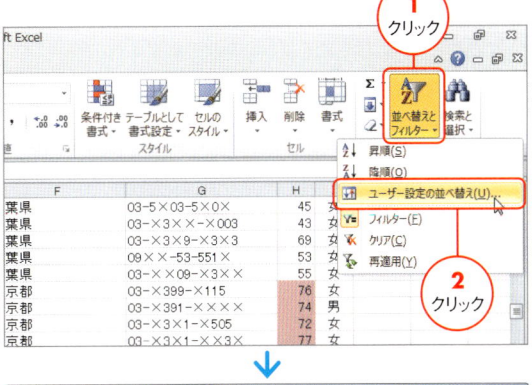

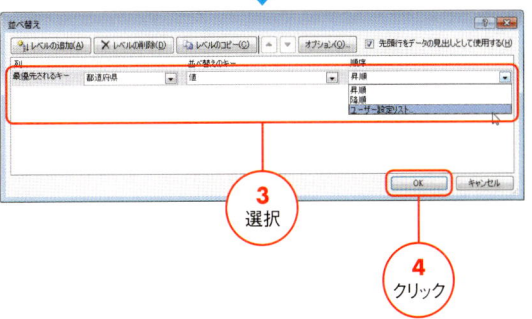

Word | Excel

5

[ユーザー設定リスト]ダイアログが表示されます。「ユーザー設定リスト」の「北海道、青森県……」を選択しましょう**1**。「リストの項目」に都道府県が表示されるので、[OK]ボタンをクリックします**2**。[並べ替え]ダイアログが表示されるので、[OK]ボタンをクリックしましょう**3**。

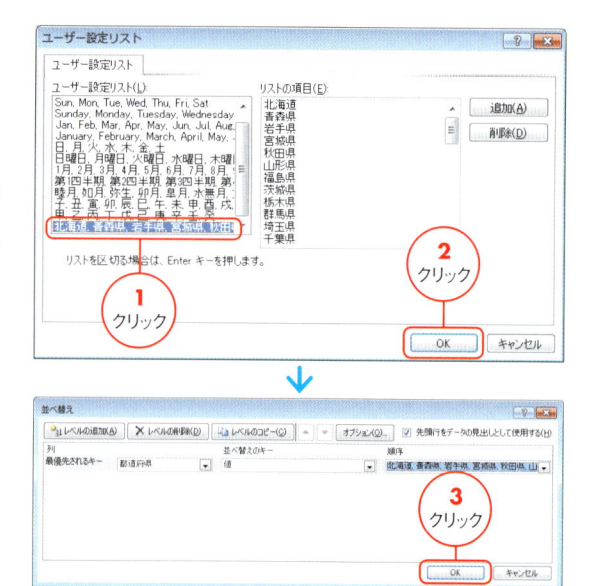

6

北海道から沖縄までの順番にデータが並び変わります。

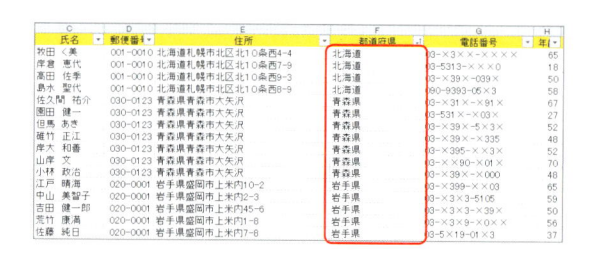

Tips

ユーザー設定リストに登録したデータは「オートフィル」でも使用できます。
例えば、「北海道」と入力して、フィルハンドルをドラッグすると、北海道から沖縄までのデータが自動入力されます。会社の社員名簿や商品名などのように、常に同じ順番で入力するデータを登録しておくと便利です。

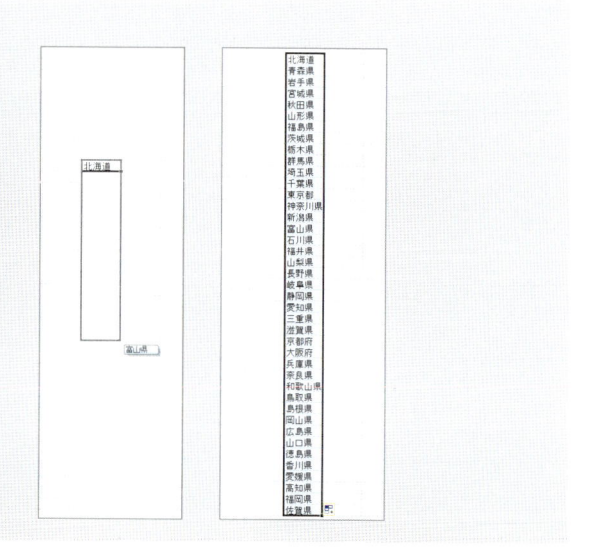

122 都道府県の並べ替え／都道府県別集計を求める

Point 3 都道府県別集計を求める

ここでは、都道府県別の顧客数を求め、そのリストを作成します。短時間で作成するにはピボットテーブルが有効です。

1

顧客名簿内のセルをクリックして、[挿入] タブ→[テーブル] グループ→[ピボットテーブル] ボタン→[ピボットテーブル] をクリックします。[ピボットテーブルのフィールドリスト] の「都道府県」を「行ラベル」、「住所」を「値」にドラッグして設定すると **1**、各都道府県の集計が表示されます **2**。

> **Excel 2003の場合**
> [データ] メニュー→[ピボットテーブルとピボットグラフ] をクリックします。

2

各都道府県の集計データの「北海道」の数字が表示されているセルをダブルクリックします **1**。新しいシートが挿入されて、「北海道」の顧客のリストが作成されます。同様に、他の都道府県の集計データも自動作成しましょう。

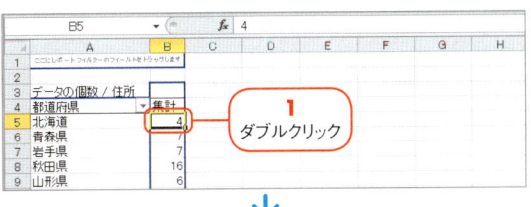

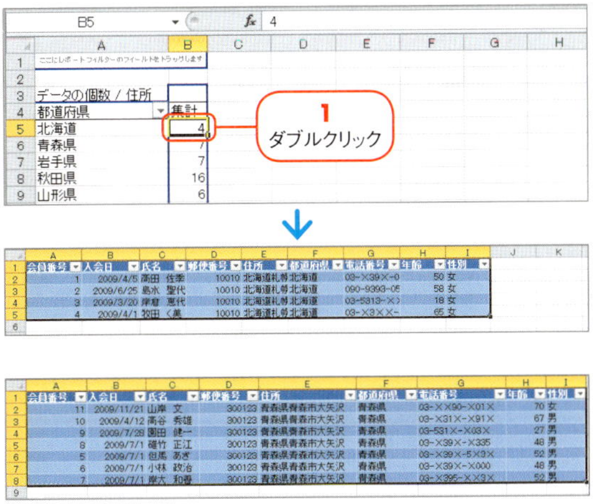

Word | Excel

Point 4 顧客検索システムの作成

膨大な顧客名簿から1人の顧客を探し出すのは大変な作業です。そこで、氏名を入力すると、その顧客の情報が表示されるような検索システムを作成しましょう。検索システムがあれば、問い合わせがあったときに瞬時に応答できるなど、何かと便利です。

1

まず、シートを追加して、右のような表（「顧客検索」）を作成しておきましょう。ここでは、顧客の「氏名」を入力すると、「会員番号」以下の情報が自動表示されるようにします。関数を考えましょう。もし、セルが「空白」なら、「会員番号」も「空白」、セルに「氏名」が入力されたら、その「氏名」を顧客名簿の「氏名」のどこ（何行目）に記載されているか調べ、その人の会員番号を表示する……という関数になります。「会員番号」のセル（B4）を選択し、[数式]タブ→[関数の挿入]をクリックすると[関数の挿入]ダイアログで、「論理」の「IF」を選択しましょう**1**。

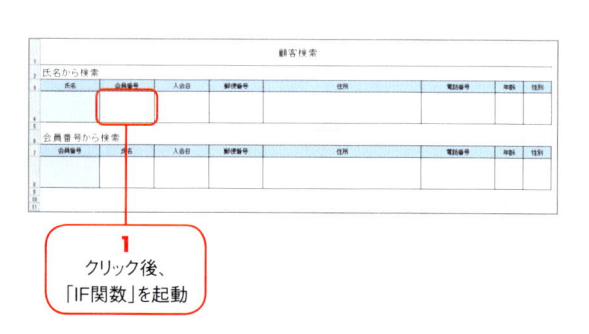

クリック後、「IF関数」を起動

Excel 2003の場合
[数式バー]→[関数の挿入]ボタンをクリックします。

2

[関数の引数]ダイアログが表示されます。以下のように入力します**1**。
「論理式」：「氏名」のセルを絶対参照（$A$4=""）
「真の場合」：""
もしも「氏名」が「空白」ならば、「空白」にするという意味になります。

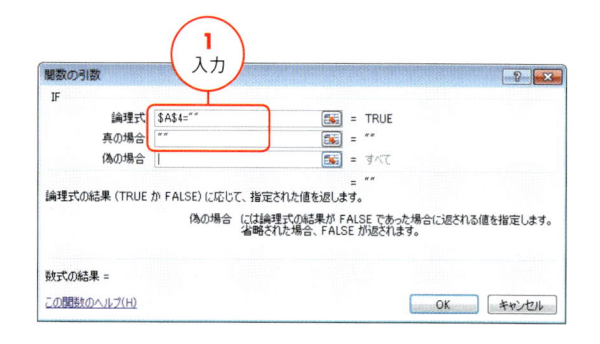

124 顧客検索システムの作成

3

「偽の場合」には、「空白」ではなければ顧客名簿から検索するという設定にします。「偽の場合」にカーソルがある状態で、[名前ボックス]の[▼]ボタンをクリックし、一覧から「INDEX」を選択しましょう。[引数の選択]ダイアログが表示されるので、「配列,行番号,列番号」を選択します **1**。

4

INDEX関数の[関数の引数]ダイアログが表示されます。この場合、「配列」の引数は、顧客名簿のすべてのデータになります。[顧客目簿]シートの1人目のデータを選択し **1**、Ctrl + Shift + ↓ キーを押して、データの最下段までを選択します **2**。そのまま、Ctrl + Shift + → キーを押してデータの列全体を選択します **3**。これで、顧客名簿のすべてのデータを選択したことになりますが、このデータを絶対参照にしたいので、F4 キーを押します **4**。

> **Tips**
> INDEX関数は「配列」の中の指定した位置（「行番号」と「列番号」）にある値を求める関数です。

> **Tips**
> 顧客名簿のすべてのデータを選択する際、ドラッグではなく、ショートカットキーを利用して、選択しましょう。このとき、フィールドは選択範囲に含みません。

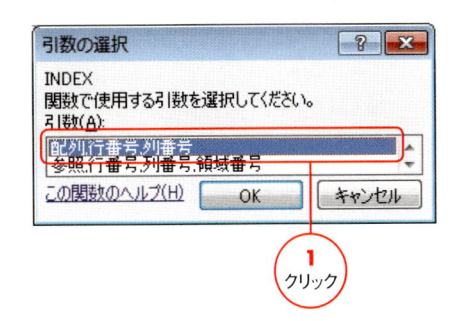

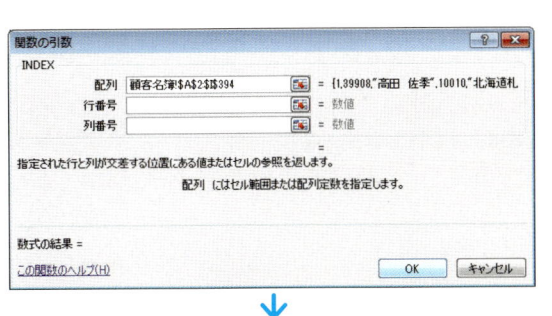

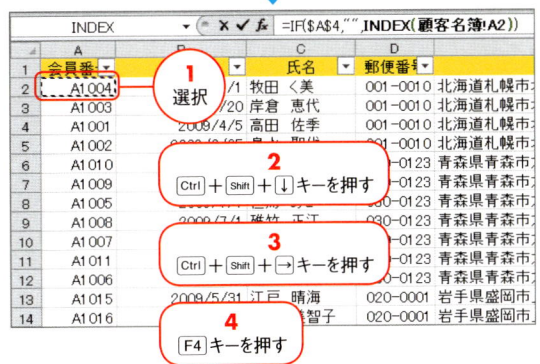

5

続いて「行番号」を指定します。検索したい「氏名」が顧客名簿の上から何行目に入力されているのかが分からないので、検索したい氏名が入力されている行数を探すために、MATCH関数を使用します。[名前ボックス]の[▼]ボタンをクリックし、一覧から「MATCH」を選択しましょう。[関数の引数]ダイアログが表示されるので、「検索値」に「$A$4」を入力します **1**。調べたい顧客名のセルを絶対参照にするという意味になります。

> **Tips**
> MATCH関数は「検索範囲」の先頭のセルを1として、「検索値」が何番目のセルにあるかを求め関数です。

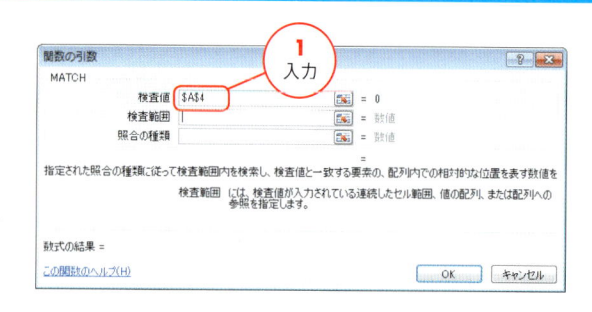

6

「検索範囲」には「氏名」が入力されている範囲（顧客名簿のC2:C377）を絶対参照にします。顧客名簿のセルC2をクリックし、Ctrl + Shift + ↓ キーを押して、列を選択し **1**、F4 キーを押しましょう **2**。

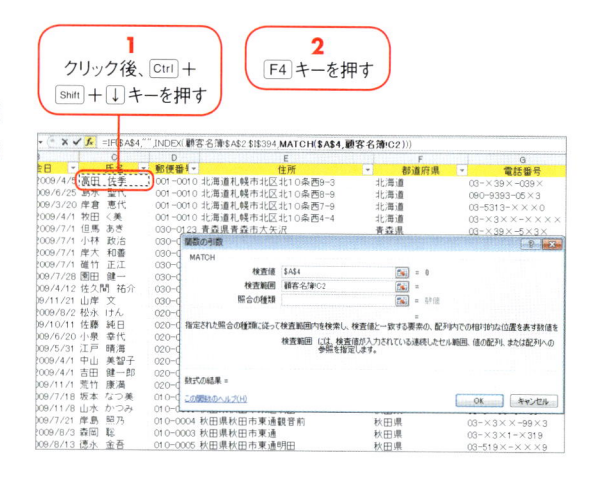

7

「照合の種類」には「0」を入力し、完全一致データを検索するようにします。省略すると近似値を検索するので、この場合は必ず「0」を入力しましょう。

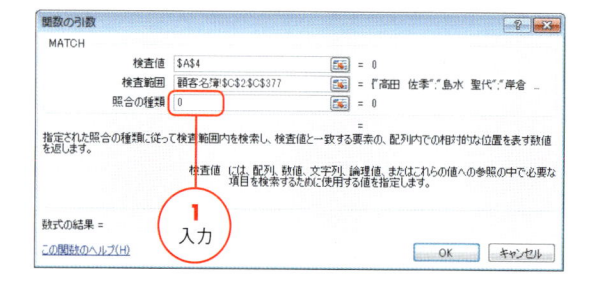

8

［数式バー］の「INDEX」のスペルをクリックし、INDEX関数の［関数の引数］ダイアログに戻りましょう **1**。「列番号」には「配列」で指定した顧客名簿の左から何列目にあるデータを表示したいのかを入力します。会員番号は一番左の列に入力されているので、「列番号」に「1」を入力します **2**。

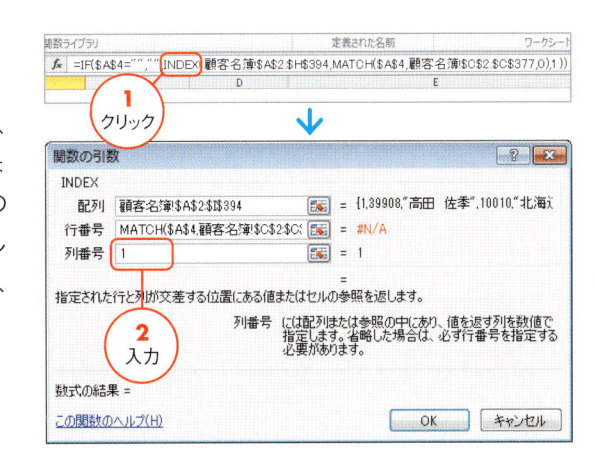

9

［数式バー］の「IF」のスペルをクリックし、IF関数の［関数の引数］ダイアログに戻り、［OK］ボタンをクリックします **1**。

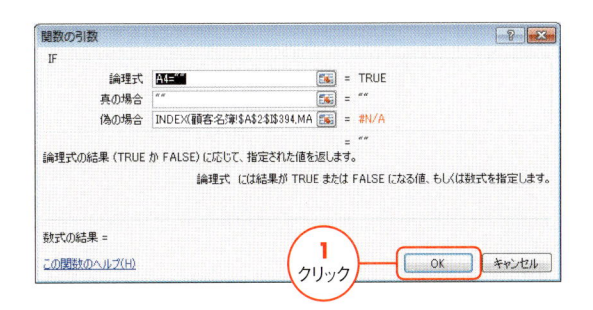

10

「顧客検索」に「氏名」を入力すると **1**、「会員番号」が表示されるようになります **2**。

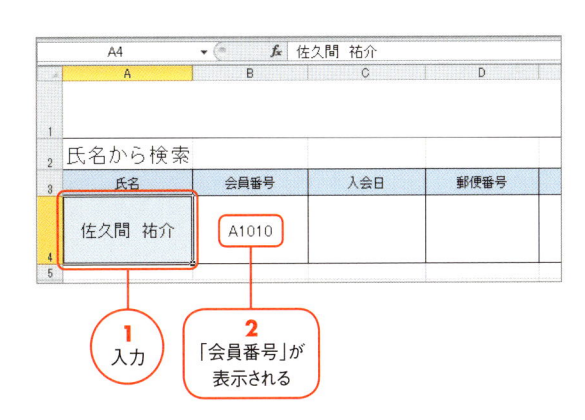

11

「会員番号」のセル（B4）の数式を「入会日」（セル C4）～「性別」（セル H4）までコピーしましょう **1**。続いて、各セルの数式の INDEX 関数の「列番号」を以下のように修正します。

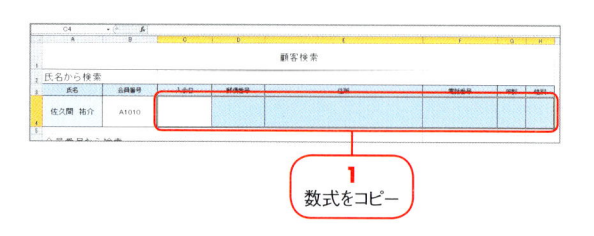

1 数式をコピー

セル	関数（赤字部分を修正する）
入会日	=IF($B$4="","",INDEX(顧客名簿 !$A$2: $I$377,MATCH($A$4, 顧客名簿 !$C$2: $C$377,0),2)) ※注1
郵便番号	=IF($B$4="","",INDEX(顧客名簿 !$A$2: $I$377,MATCH($A$4, 顧客名簿 !$C$2: $C$377,0),4)) ※注2
住所	=IF($B$4="","",INDEX(顧客名簿 !$A$2: $I$377,MATCH($A$4, 顧客名簿 !$C$2: $C$377,0),5))
電話番号	=IF($B$4="","",INDEX(顧客名簿 !$A$2: $I$377,MATCH($A$4, 顧客名簿 !$C$2: $C$377,0),7))
年齢	=IF($B$4="","",INDEX(顧客名簿 !$A$2: $I$377,MATCH($A$4, 顧客名簿 !$C$2: $C$377,0),8))
性別	=IF($B$4="","",INDEX(顧客名簿 !$A$2: $I$377,MATCH($A$4, 顧客名簿 !$C$2: $C$377,0),9))

※注1　シリアル値で表示された場合は［セルの書式設定］ダイアログ（Ctrl ＋ 1 キー）で日付の表示に変更します。
※注2　数値で表示された場合、［セルの書式設定］ダイアログで［その他］→［郵便番号の表示］に変更します。

12

これで、「氏名」を入力すると、「会員番号」以下の情報が表示されるようになります。

13

続いて「会員番号」を入力すると「氏名」以下の情報が自動表示されるようにします。関数を考えてみましょう。「会員番号」が「空白」なら、「氏名」は「空白」、「会員番号」が入力されていたら、その「会員番号」の「氏名」を「顧客名簿」から調べて表示する……という関数になります。「氏名」を表示したいセル（B8）を選択し、［数式］タブ→［関数の挿入］ボタン→［関数の挿入］ダイアログ→「論理」→「IF」を選択しましょう **1**。

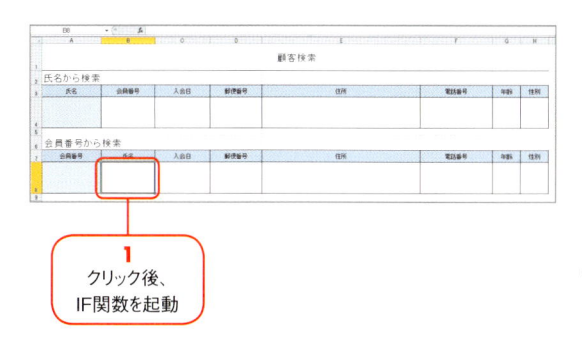

クリック後、IF関数を起動

Excel 2003の場合

［数式バー］→［関数の挿入］ボタンをクリックします。

14

［関数の引数］ダイアログが表示されるので、以下のように入力します **1**。
「論理式」:「会員番号」のセルを絶対参照（$A$8=""）
「真の場合」: ""
「会員番号」のセルが「空白」ならば、「空白」にするという意味です。
「偽の場合」には、「会員番号」のセルが「空白」ではない場合は「顧客名簿」を検索するように設定します。ここでは、VLOOKUP関数を使用します。「偽の場合」にカーソルがある状態で、［名前ボックス］の［▼］ボタンをクリックし、一覧から「VLOOKUP」を選択しましょう。

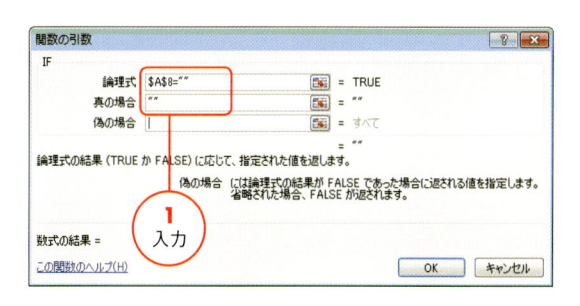

入力

15

［関数の引数］ダイアログが表示されるので、以下のように入力しましょう **1**。

「検索値」：探したい「会員番号」のセルを絶対参照に設定（$A$8）

「範囲」：顧客名簿の表全体を選択し、絶対参照に設定（顧客名簿!$A$1:$I$394）

「列番号」：顧客名簿の左から3列目に表示されている氏名を表示したいので「3」を入力

「検索方法」：完全一致で検索したいので「0」を入力

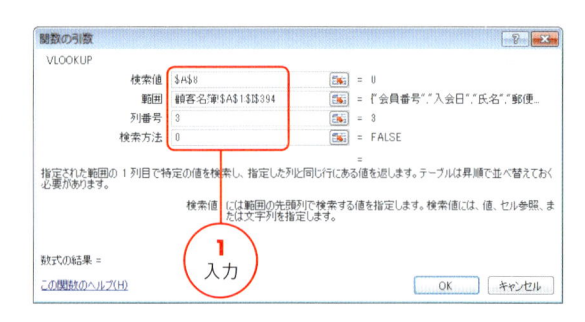

16

［数式バー］の「IF」のスペルをクリックし、IF関数の［関数の引数］ダイアログに戻り、［OK］ボタンをクリックします **1**。「顧客検索」に「会員番号」を入力すると **2**、「氏名」が表示されるようになります **3**。

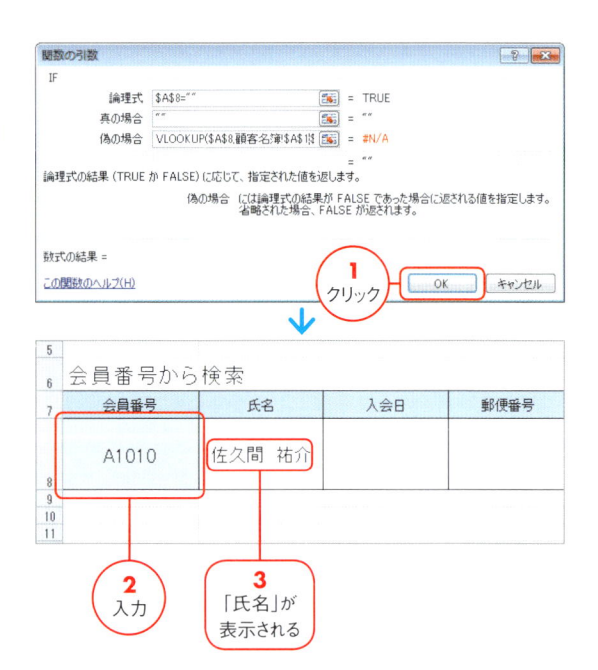

17

「氏名」のセル（B8）の数式を「入会日」（セル C8）
～「性別」（セル H8）までコピーしましょう **1**。続いて、
各セルの数式の VLOOKUP 関数の「列番号」を以下
のように修正します。

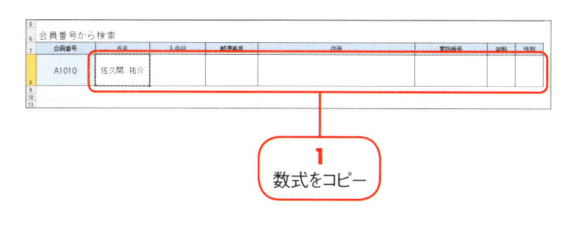

1 数式をコピー

セル	関数（赤字部分を修正する）
入会日	=IF($A$8="","",VLOOKUP($A$8,顧客名簿!$A$1:$I$377,2,0)) ※注1
郵便番号	=IF($A$8="","",VLOOKUP($A$8,顧客名簿!$A$1:$I$377,4,0)) ※注2
住所	=IF($A$8="","",VLOOKUP($A$8,顧客名簿!$A$1:$I$377,5,0))
電話番号	=IF($A$8="","",VLOOKUP($A$8,顧客名簿!$A$1:$I$377,7,0))
年齢	=IF($A$8="","",VLOOKUP($A$8,顧客名簿!$A$1:$I$377,8,0))
性別	=IF($A$8="","",VLOOKUP($A$8,顧客名簿!$A$1:$I$377,9,0))

※注1 シリアル値で表示された場合は［セルの書式設定］ダイアログ（Ctrl + 1 キー）で日付の表示に変更します。
※注2 数値で表示された場合、［セルの書式設定］ダイアログで［その他］→［郵便番号の表示］に変更します。

18

これで、「会員番号」を入力すると、「氏名」以下の情報が表示されるようになります。

> **Tips**
>
> VLOOKUP 関数を使って検索した際、一覧にないデータを検索値に入力すると、エラー値（#N/A）が表示されます。エラー値を非表示にしたい場合、IF 関数の論理式に ISERROR 関数を組み込み、「=IF(ISERROR(VLOOKUP($A$8,顧客名簿!$A$1:$I$394,3,0)),"",VLOOKUP($A$8,顧客名簿!$A$1:$I$394,3,0))」という式にします。

Column

　大量のデータから重複データを探す場合、ピボットテーブルを利用すると簡単に探すことができます。

　顧客名簿のピボットテーブルを作成し、「氏名」にチェックを入れます。「氏名」を「値フィールド」にドラッグしてデータの個数を表示します。同じ氏名の個数が表示されるので、「2」以上のデータが表示さている会員が重複データとなります。なお、Excel 2003 の場合は「氏名」を「行フィールド」と「値フィールド」にドラッグします。

Word | Excel

まとめと応用

- IF、MID、LEFT 関数などを使えば文字を抜き出すことができる
- ユーザー設定リストを使って並べ替え方法をカスタマイズしよう
- INDEX、MATCH、VLOOKUP 関数を使いこなして検索システムを作ろう

応用例

列幅の異なる表を同じシートに表示することもできる。[ホーム] タブ→[クリップボード] グループ→[貼り付け] ボタン→[形式を選択して貼り付け]→[図]で表をコピー＆貼り付けしよう

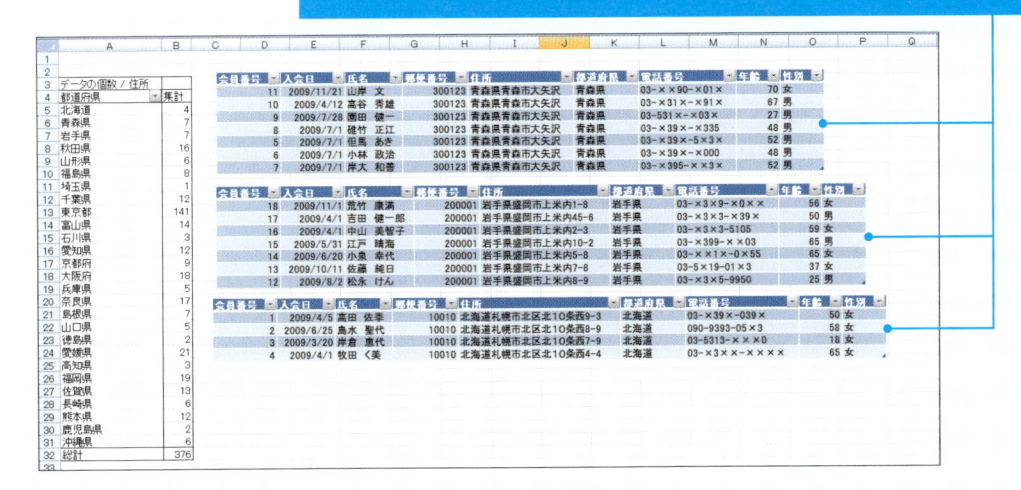

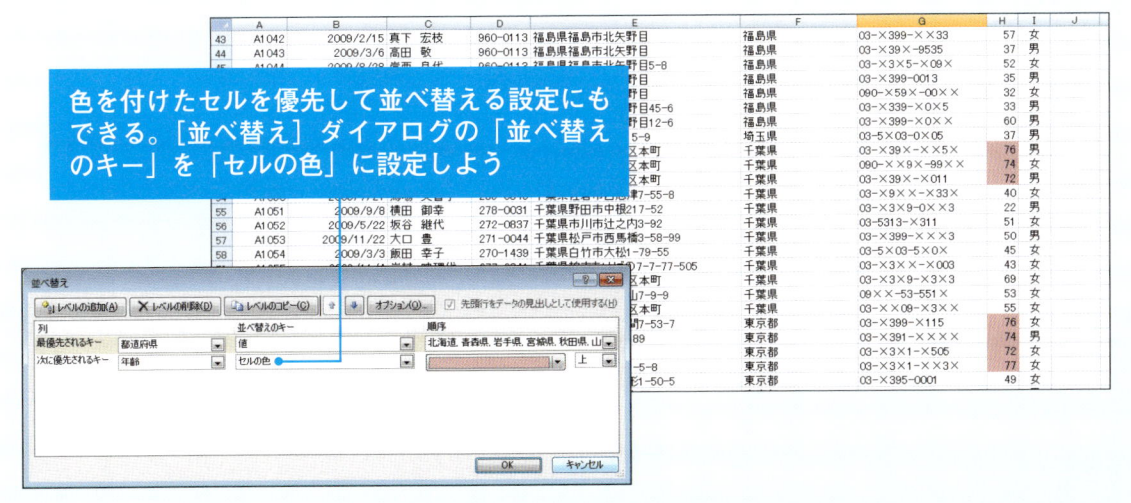

色を付けたセルを優先して並べ替える設定にもできる。[並べ替え] ダイアログの「並べ替えのキー」を「セルの色」に設定しよう

Word | Excel

プロジェクト編 2日目

招待状やラベルを作成する

文書を得意先などさまざまな相手に送る際、文書に宛名を自動的に差し込めば、手間がかかりません。WordとExcelを使えば、そんなことが簡単にできてしまいます。また、「差し込み印刷」機能を使った発送用ラベルの作成方法についても解説しましょう。

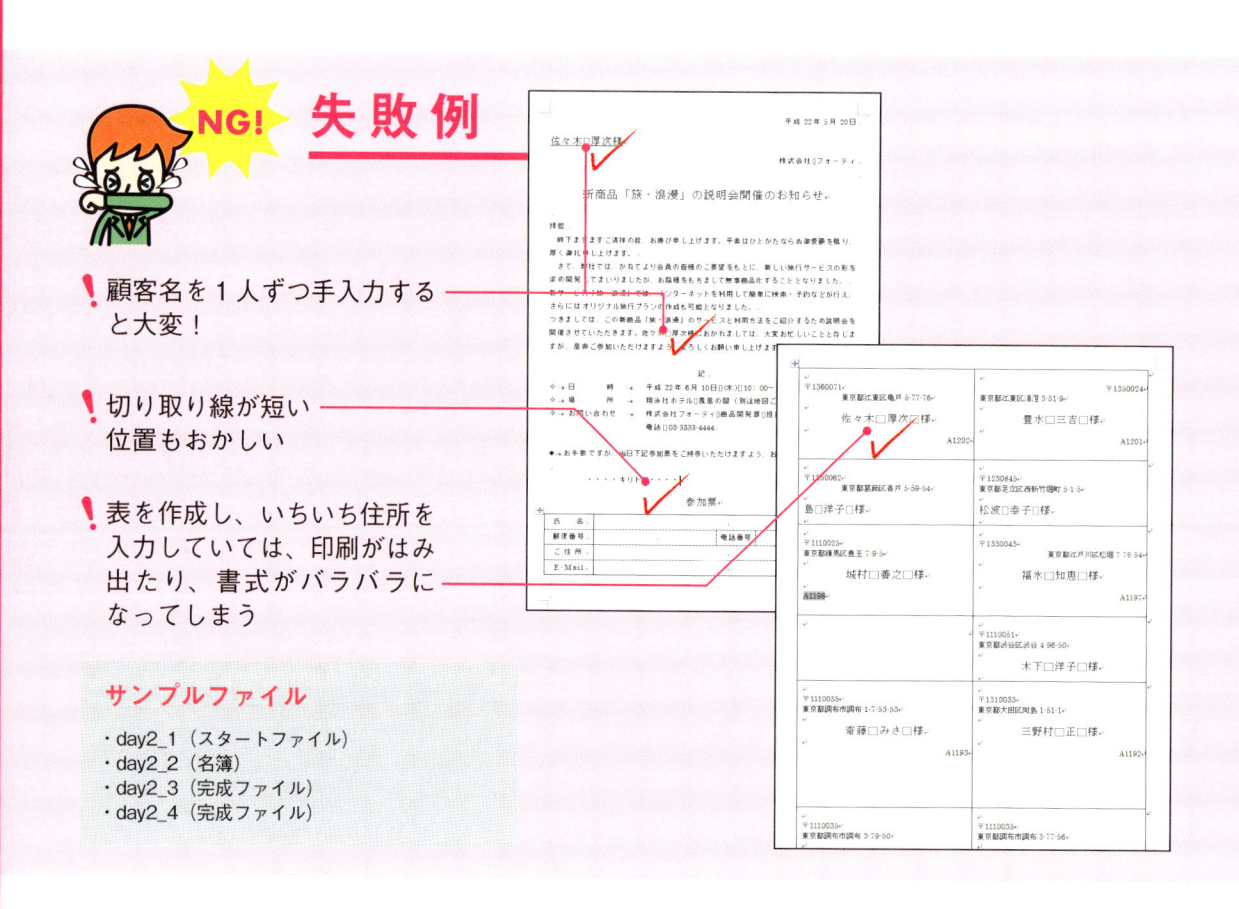

NG! 失敗例

- ❗ 顧客名を1人ずつ手入力すると大変！
- ❗ 切り取り線が短い 位置もおかしい
- ❗ 表を作成し、いちいち住所を入力していては、印刷がはみ出たり、書式がバラバラになってしまう

サンプルファイル

- day2_1（スタートファイル）
- day2_2（名簿）
- day2_3（完成ファイル）
- day2_4（完成ファイル）

> 招待状に顧客名を手入力するのは大変ですし、時間がかかってしまいます。それに、切取り線もキレイにしないとみっともないですよ。

MISSION! 2

新商品説明会の招待状を作成しよう。
招待状には各顧客名を印刷してほしい。失礼のないように！
- 顧客名入りの招待状を作成しよう！
- 招待状には参加票を付けるように！
- 発送用ラベルの作成しよう！

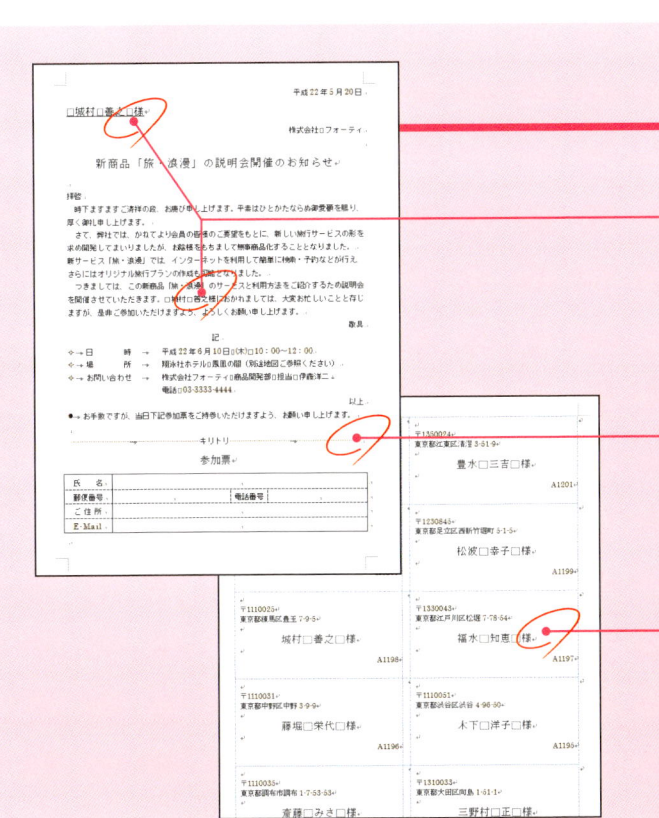

成功例 OK!

宛名や文中の顧客名を
自動的に差し込む

Point 2 差し込み文書で
宛名を自動入力 →P.138

「キリトリ」の文字を中央に配置し、
切り取り線を作成する

Point 1 切り取り線の作成 →P.136

差し込み文書を使えばキレイな発送
用のラベルを簡単に作成できる

Point 3 差し込み文書で
ラベルを作成 →P.143

招待状に顧客名を入れておくと、もらった人は参加したくなるかもしれません。「差し込み印刷」機能で文書を作成すると効率的です。同じ方法でラベル作成もできます。

Word | Excel

Point 1 切取り線の作成

切り取り線を作成する方法について解説しましょう。「キリトリ」の文字が真中になるようにするとキレイになります。使用する機能は「タブとリーダー」です。

1

切取り線を作成したい段落にカーソルを置き、「キリトリ」と入力します **1**。

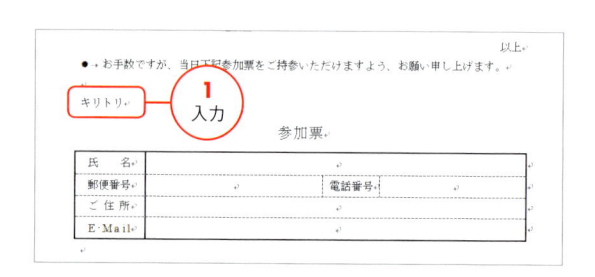

2

［ホーム］タブ→［段落］グループの右下にある［ダイアログランチャー］（矢印のボタン）をクリックすると、［段落］ダイアログが表示されます **1**。［タブ設定］ボタンをクリックしましょう **2**。

Word 2003の場合
［書式］メニュー→［タブとリーダー］をクリックします。

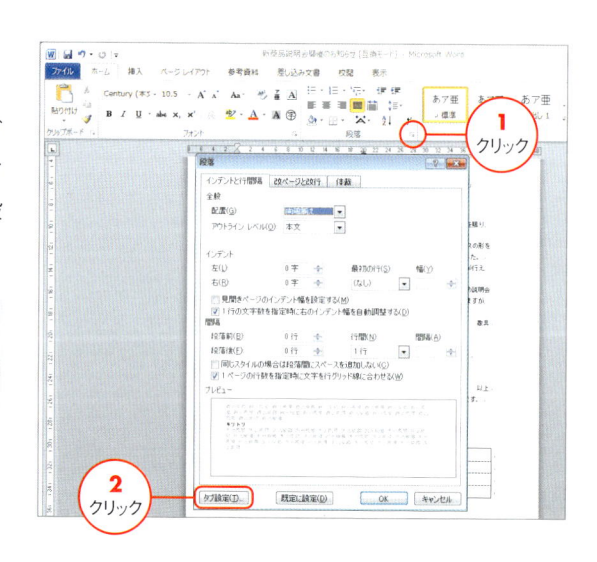

3

［タブとリーダー］ダイアログが表示されます。以下のように設定しましょう **1**。
「タブ位置」：20（1段落の文字数が40の場合）
「配置」：中央揃え
「リーダー」：（5）
設定後、［設定］ボタンをクリックします **2**。

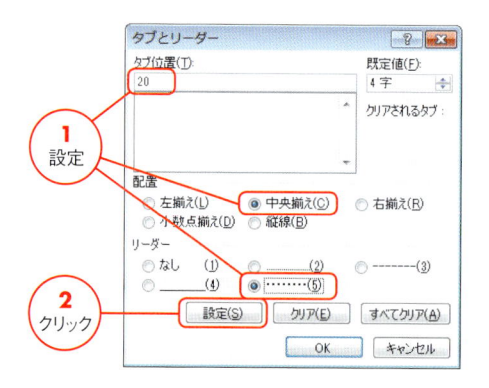

4

続いて、以下のように設定します **1**。
「タブ位置」：40（1段落の文字数が40の場合）
「配置」：右揃え
「リーダー」：(5)
設定後、[設定]ボタンをクリックします **2**。「タブ位置」に20文字と40文字目が追加されているの確認したら、[OK]ボタンをクリックしましょう **3**。ルーラーを見るとタブが追加されているのが確認できます **4**。

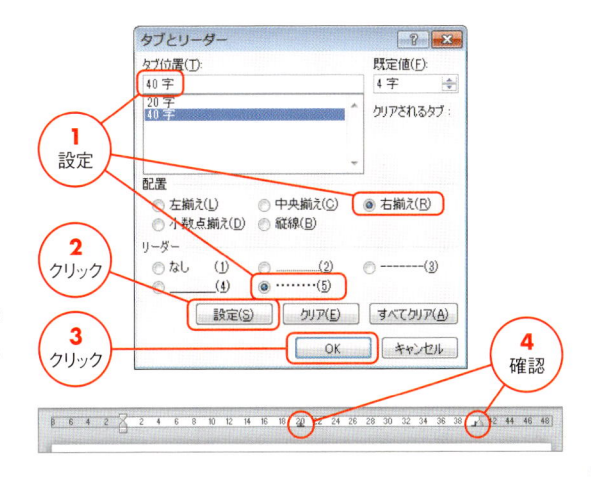

5

「キリトリ」の文字の前にカーソルを置き、Tab キーを押すと、「キリトリ」が行の中央に配置され、切り取り線が左側に表示されます **1**。さらに、「キリトリ」の文字右にカーソルを置き、Tab キーを押しましょう。「キリトリ」の文字の後ろに切り取り線が表示されます **2**。

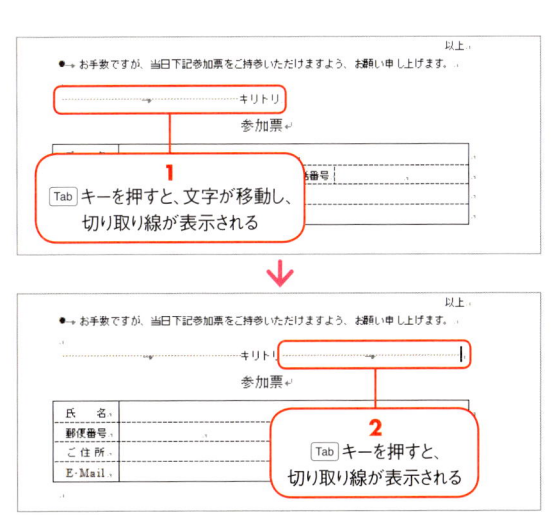

Tips

[タブとリーダー]ダイアログの「リーダー」の種類を変えることで、いろいろな切取り線が作成できます。また、[ホーム]タブ→[段落]グループ[均等割り付け]ボタンを利用しても、切り取り線を作成可能です。「キリトリ」の文字の左右に「・」を同じ数だけ入力し、[均等割り付け]ボタンをクリックすると、「キリトリ」の文字が中央に配置され、文字の左右に切り取り線を表示されます。

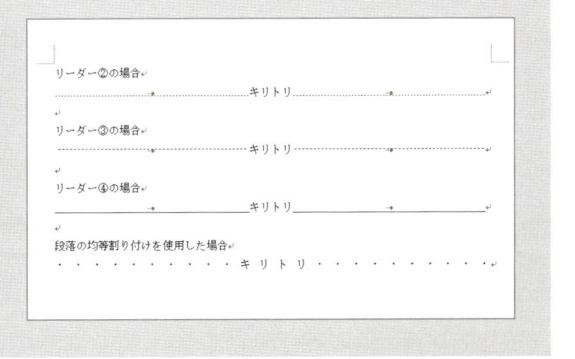

Point 2 差し込み文書で宛名を自動入力

招待状の宛名欄は「各位」とすることがありますが、顧客名を入れれば、受け手の印象がよくなります。しかし、たくさんの招待状を送るとなると、入力は面倒です。ここでは、顧客名を簡単に入れることができる方法について解説しましょう。

1

招待状や住所ラベルに宛名、住所を自動入力させるためにはあらかじめExcelで顧客名簿を用意する必要があります。P.71の方法でピボットテーブルの「ドリルスルー」を利用して住所、氏名が入った名簿を作っておきましょう。

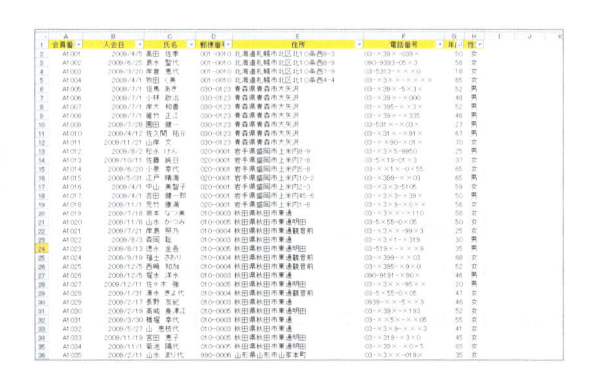

2

招待状の宛名を入れたい個所に「様」と入力し、その前にカーソルを置きます **1**。

3

[差し込み文書]タブ→[差し込み印刷の開始]グループ→[差し込み印刷の開始]ボタンをクリックし **1**、[レター]を選択します **2**。

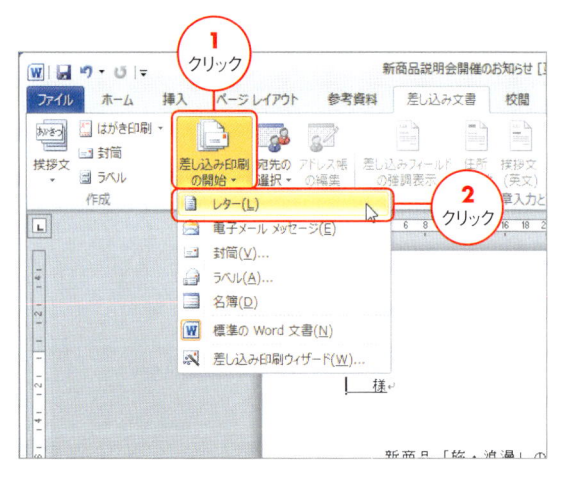

Word 2003の場合

[ツール]メニュー→[はがきと差し込み印刷]→[差し込み印刷]をクリックします。画面右側に[差し込み印刷]ダイアログが表示されるので、「レター」にチェックして[次へ：ひな形の選択]をクリックしましょう。

4

[差し込み文書] タブ→ [差し込み印刷の開始] グループ→ [宛先の選択] ボタンをクリックし **1**、[既存のリストを使用] を選択します **2**。

Word 2003の場合

[ひな形の選択] の「現在の文書を使用」を選択し、[次へ：宛先の選択] をクリックします。続いて「既存のリストを使用」の「参照」を選択します。

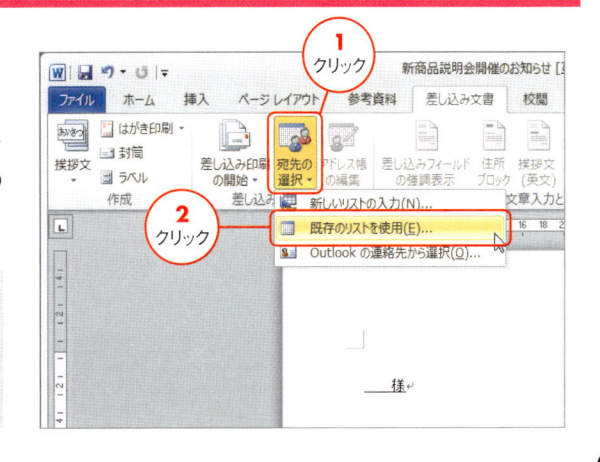

5

[データファイルの選択] ダイアログが表示されます。保存している顧客名簿を選択し **1**、[開く] ボタンをクリックします。

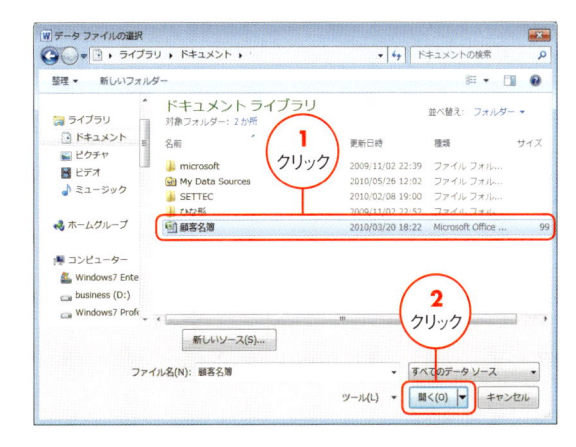

6

[テーブルの選択] ダイアログに顧客名簿のシート名が表示されます。使用するシート名を選択し **1**、[OK] ボタンをクリックしましょう **2**。

Word 2003の場合

[表の選択] ダイアログで使用するシート名を選択し、[OK] ボタンをクリックします。

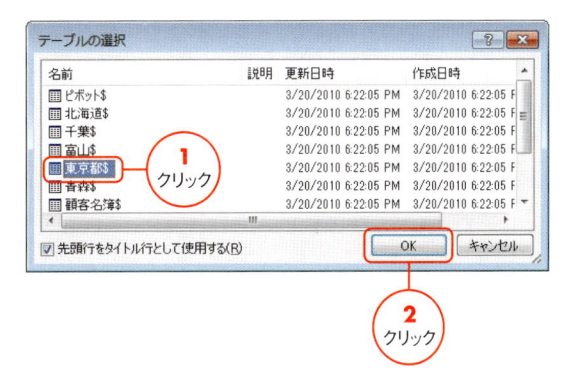

7

[差し込み文書]タブ→[文章入力とフィールドの挿入]グループ[差し込みフィールドの挿入]ボタンをクリックすると❶、フィールド名(項目)が表示されるので、「氏名」が入力されているフィールド名を選択します❷。

Word 2003の場合

[差し込み印刷]ダイアログで「氏名」が入力されているフィールド名を選択します。[差し込み印刷]ダイアログの[次へ:レターの作成]をクリックし、「レターの作成」の[差し込みフィールドの挿入]をクリックしましょう。[差し込みフィールドの挿入]ダイアログで差し込みたいフィールド(氏名)をクリックします。

8

カーソルを置いた場所に「氏名」が差し込まれます。同じように、文書内の「氏名」を差し込みたい個所にカーソルを置き、[差し込みフィールドの挿入]ボタンをクリックして、「氏名」が入力されているフィールド名を選択しましょう❶。

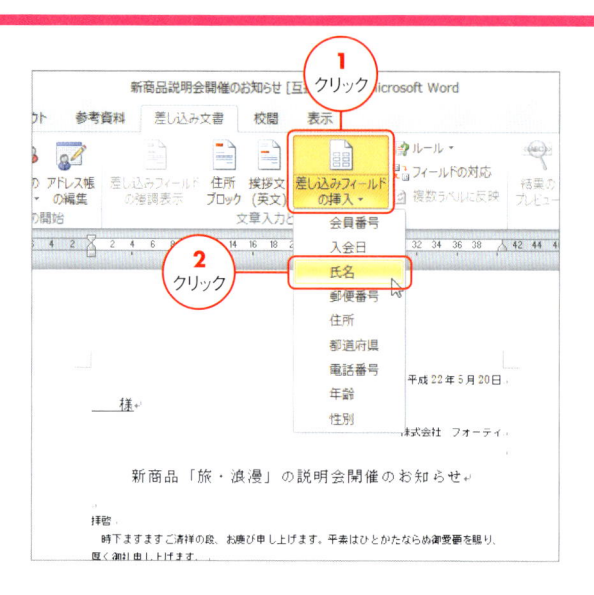

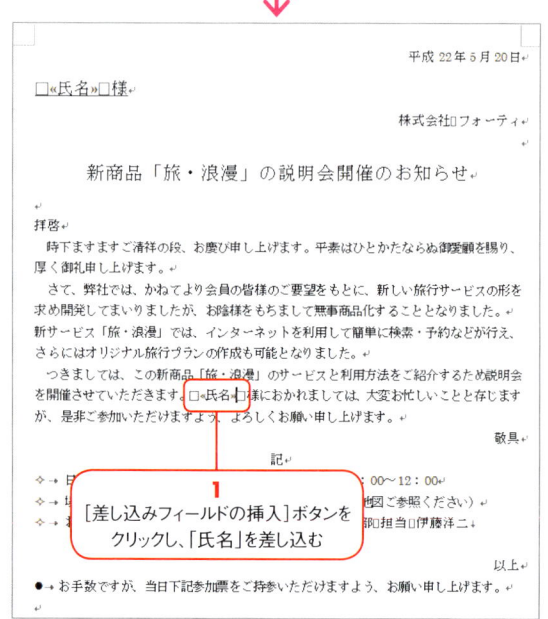

9

[差し込み文書] タブ→[結果のプレビュー] グループ→[結果のプレビュー] ボタンをクリックすると **1**、顧客名簿の「氏名」が文書に表示されます **2**。[差し込み文書] タブ→[結果のプレビュー] グループの [◀][▶] ボタンをクリックすると、プレビューを切り替えることもできます **3**。

Word 2003の場合

[レターのプレビューの表示] をクリックします。問題がなければ [差し込み印刷の終了] をクリックしましょう。

Tips

文章を差し込んだ状態で、「差し込みフィールド」を追加・削除したり、書式設定を変更すると、すべての文書に反映されます。修正した場合は [差し込み文書] タブ→[文章入力とフィールドの挿入] グループ→[複数のラベルに反映] ボタンをクリックして、更新します。

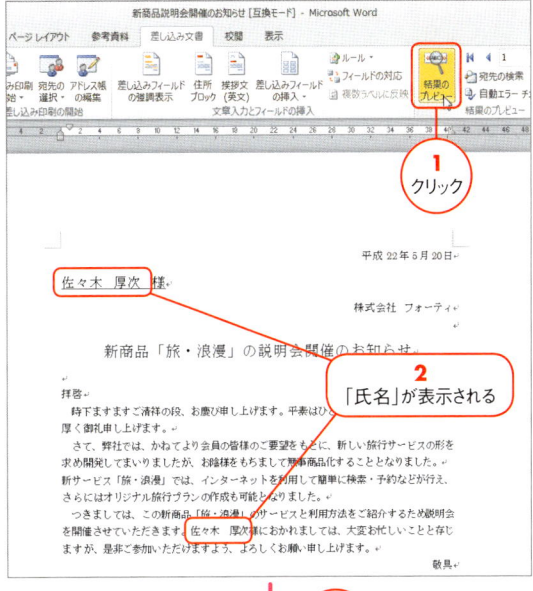

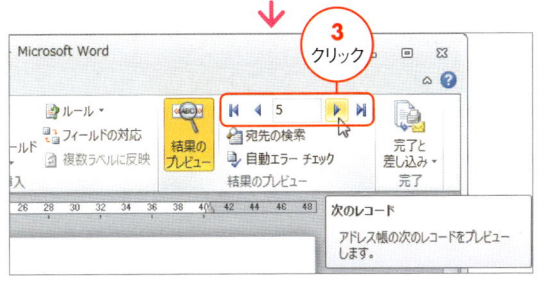

10

各「氏名」が差し込まれたページを作成したり、別の文書として保存したい場合は、[差し込み文書] タブ→[完了] グループ→[完了と差し込み] ボタンをクリックし **1**、[個々のドキュメントの編集] を選択します **2**。[新規文書への差し込み] ダイアログの「レコードの差し込み」→「すべて」を選択し **3**、[OK] ボタンをクリックしましょう **4**。

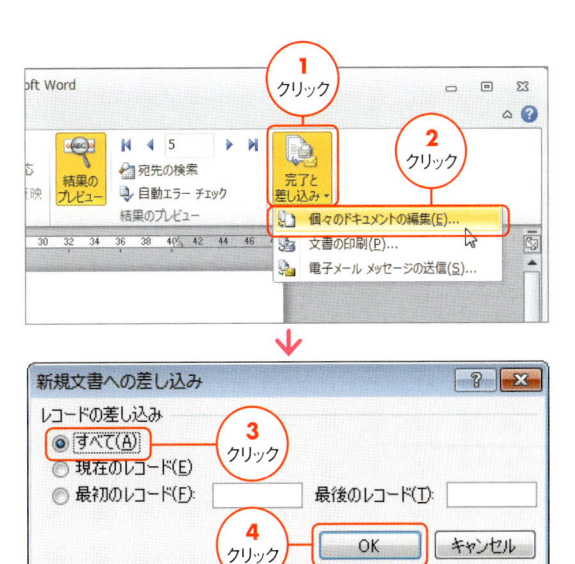

11

顧客名簿の人数分の「氏名」が差し込まれたページが作成され、新たに「レター1」というファイルが自動作成されます。

Word 2003の場合

[差し込み印刷]ダイアログで「各レターの編集」をクリックすると、[差し込むレターの選択]ダイアログが表示されるので、「すべて」をチェックして[OK]ボタンをクリックしましょう。

Tips

[完了と差し込み]ボタンをクリックすると、差し込まれた文書が新しいファイルとして作成されます。この場合、文章を変更しても、すべてのページに変更が反映されません。各ページに対して個別に文章を編集しなければいけないわけです。それまで使用していた文書を「名前を付けて保存」しておき、フォーマットとして使えるようにしておきましょう。

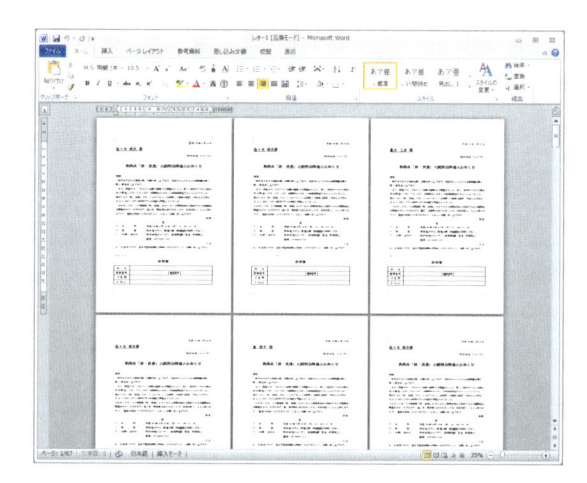

Point 3 差し込み文書でラベル作成

「差し込み文書」を使えば簡単に発送用ラベルを作ることもできます。大量のDMを郵送するときには宛名を自動で印刷できるので便利です。

1

新規文書を開き、[差し込み文書]タブ→[差し込み印刷の開始]グループ→[差し込み印刷の開始]ボタンをクリックし**1**、[ラベル]を選択します**2**。

Word 2003の場合

[ツール]メニュー→[はがきと差し込み印刷]→[差し込み印刷]をクリックします。さらに[差し込み印刷]ダイアログの「ラベル」をチェックし、[次へ:ひな形の選択]をクリックします。

2

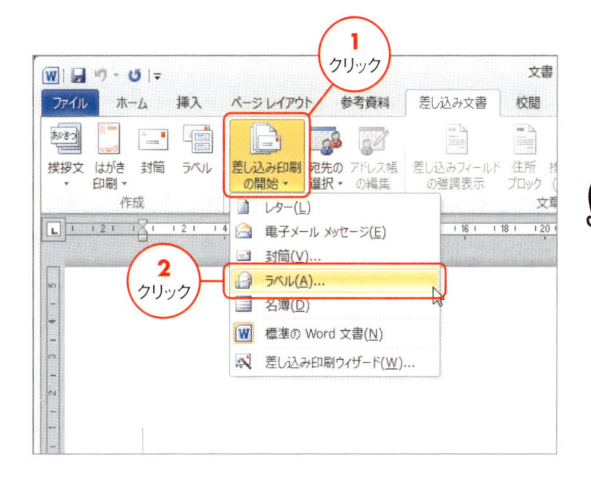

[ラベルオプション]ダイアログが開くので、ラベルの種類を選択します**1**。ここでは、「ラベルの製造元」は「A-ONE」、「製品番号」は「A-ONE 28183」を選択しました。これは、A4に12個のラベルを入れることができるラベルです。[OK]ボタンをクリックすると、文書に設定が反映されます**2**。

Word 2003の場合

[ひな形の選択]から[ラベルオプション]をクリックします。

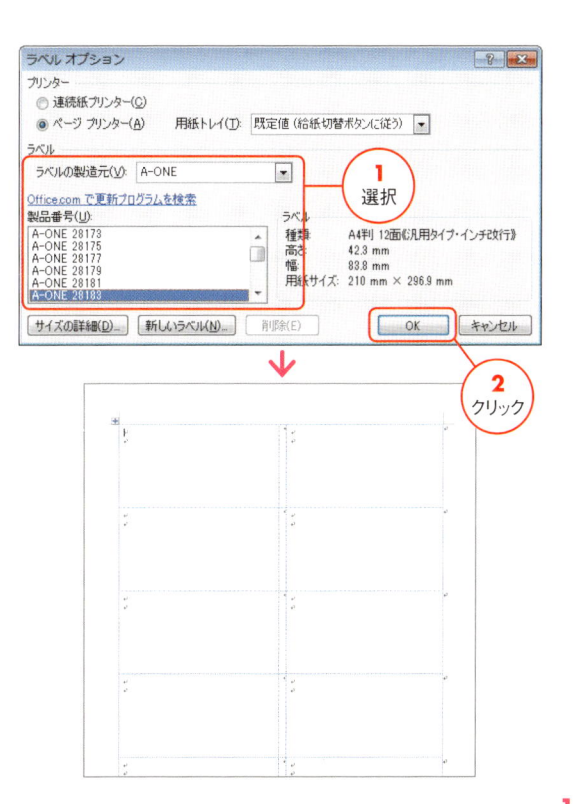

Word | Excel

3

P.138〜139の1〜6と同じ要領で、差し込み文書機能を使いましょう。「顧客名簿」ファイルを開き、使用するワークシート名を指定します。2枚目以降のラベルに「<<Next Record>>」と表示されます。

4

1枚目のラベルの2行目にカーソルを置きます。[差し込み文書]タブ→[文章入力とフィールドの挿入]グループ→[差し込みフィールドの挿入]ボタンをクリックすると❶、フィールド名(項目)が表示されるので、「郵便番号」が入力されているフィールド名を選択しましょう❷。カーソルを置いた場所に郵便番号が差し込まれます。改行して、「住所」「氏名」「会員番号」も差し込んでいきます。

Word 2003の場合

[差し込み印刷]ダイアログで[差し込みフィールドの挿入]をクリックしましょう。[差し込みフィールドの挿入]ダイアログで差し込みたいフィールドをクリックします。

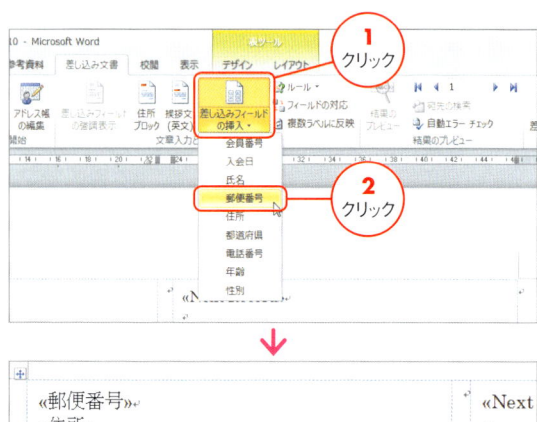

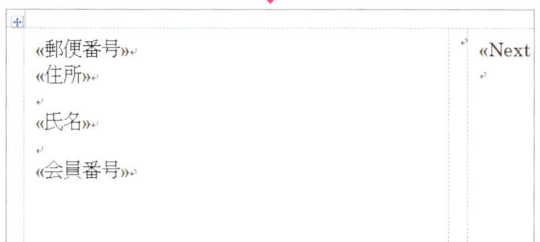

Column

[差し込みフィールドの挿入]ボタンの上部をクリックすると[差し込みフィールドの挿入]ダイアログが表示されます。この画面でも、フィールドを挿入できますが、差し込み途中での改行ができません。4の操作をする際は、ボタン下部をクリックし、リストから1つずつ挿入しましょう。

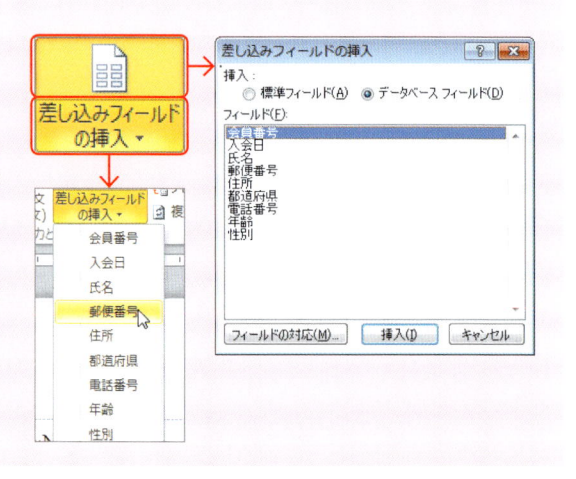

5

差し込みが終わったら書式を整えましょう。「<< 郵便番号 >>」の前に「〒」、「<< 氏名 >>」の後ろにスペースを空けて、「様」と入力します。さらに、「<< 氏名 >> 様」の「フォントサイズ」を「12」で「中央揃え」、「<< 会員番号 >>」を「右揃え」に設定します **1**。

6

[差し込み文書]タブ→[文章入力とフィールドの挿入]グループ→[複数ラベルに反映]ボタンをクリックすると、すべてのラベルにフィールドが差し込まれます **1**。

7

[差し込み文書]タブ→[結果のプレビュー]グループ→[結果のプレビュー]ボタンをクリックすると、顧客名簿のデータが反映されます **1**

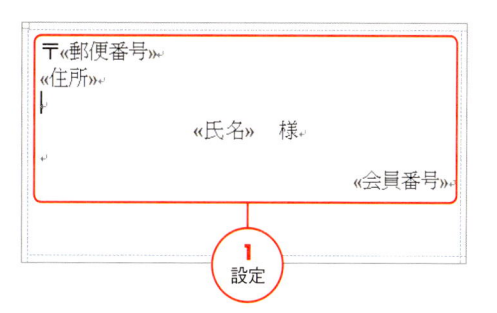

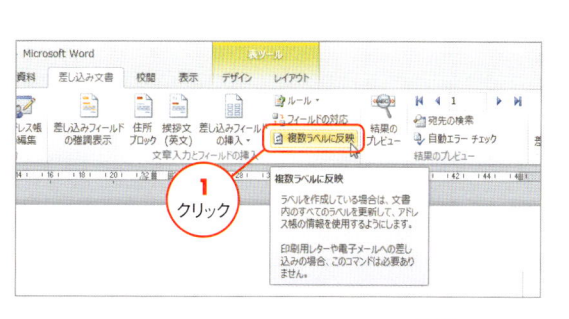

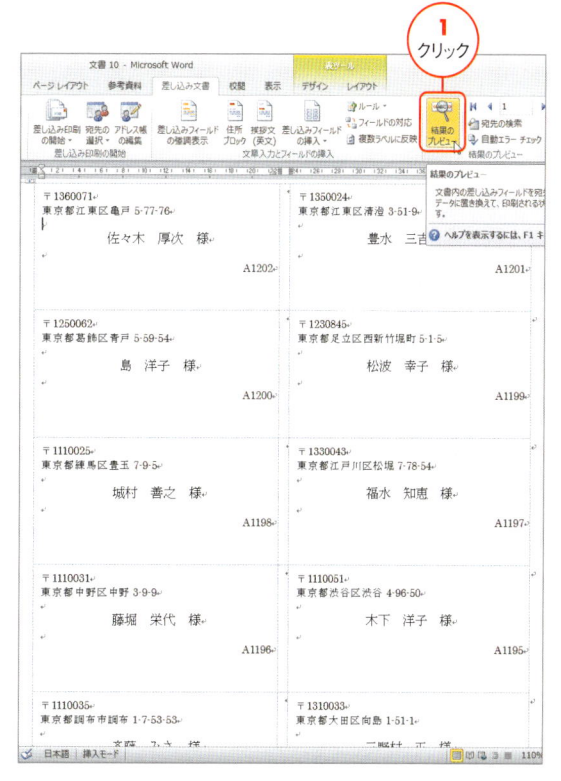

8

［差し込み文書］タブ→［完了］グループ→［完了と差し込み］ボタン→［個々のドキュメントの編集］をクリックすると、［新規文書の差し込み］ダイアログが表示されるので、「すべて」を選択し **1**、［OK］ボタンをクリックします **2**。新しく「ラベル1」というファイルが自動作成されます。

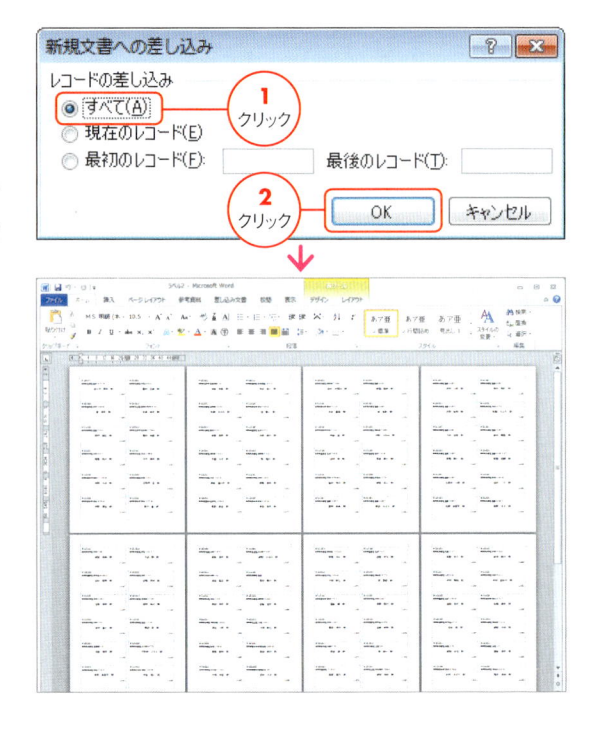

Column

［ラベルオプション］ダイアログに作りたいラベルがない場合は、［新しいラベル］ボタンをクリックして **1**、ラベルのサイズを入力します **2**。

このときに、「ラベル名」に分かりやすい名前を付けておきましょう。次回から、「ラベルの製造元」の「その他／ユーザー設定」を選択するとリストに表示されます **3**。

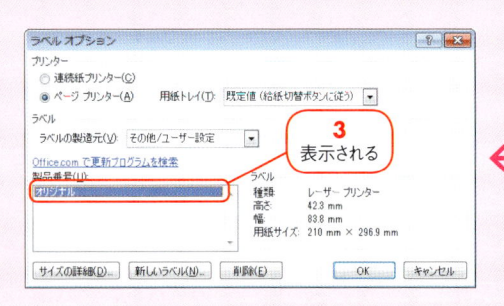

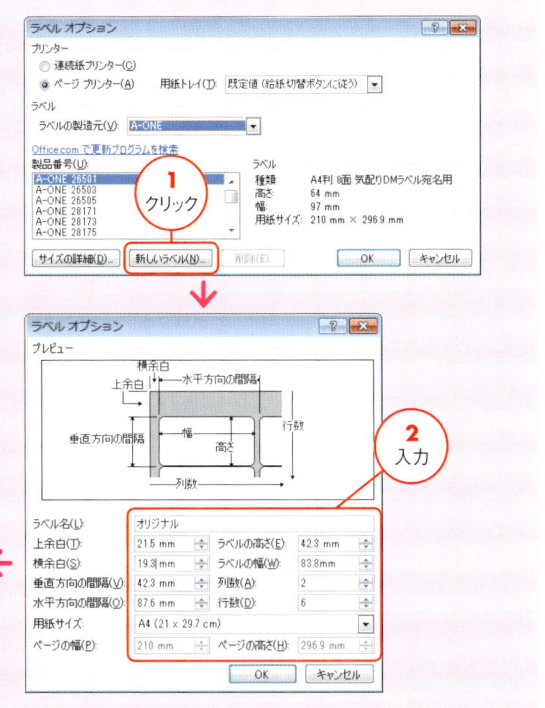

まとめと応用

- タブとリーダーを使えば切り取り線も作成できる
- 招待状や配送用ラベルなどたくさんの氏名や住所を入力する際は差し込み文書を使用しよう
- 差し込み文書を使用する際はあらかじめExcelデータを用意しておく

応用例

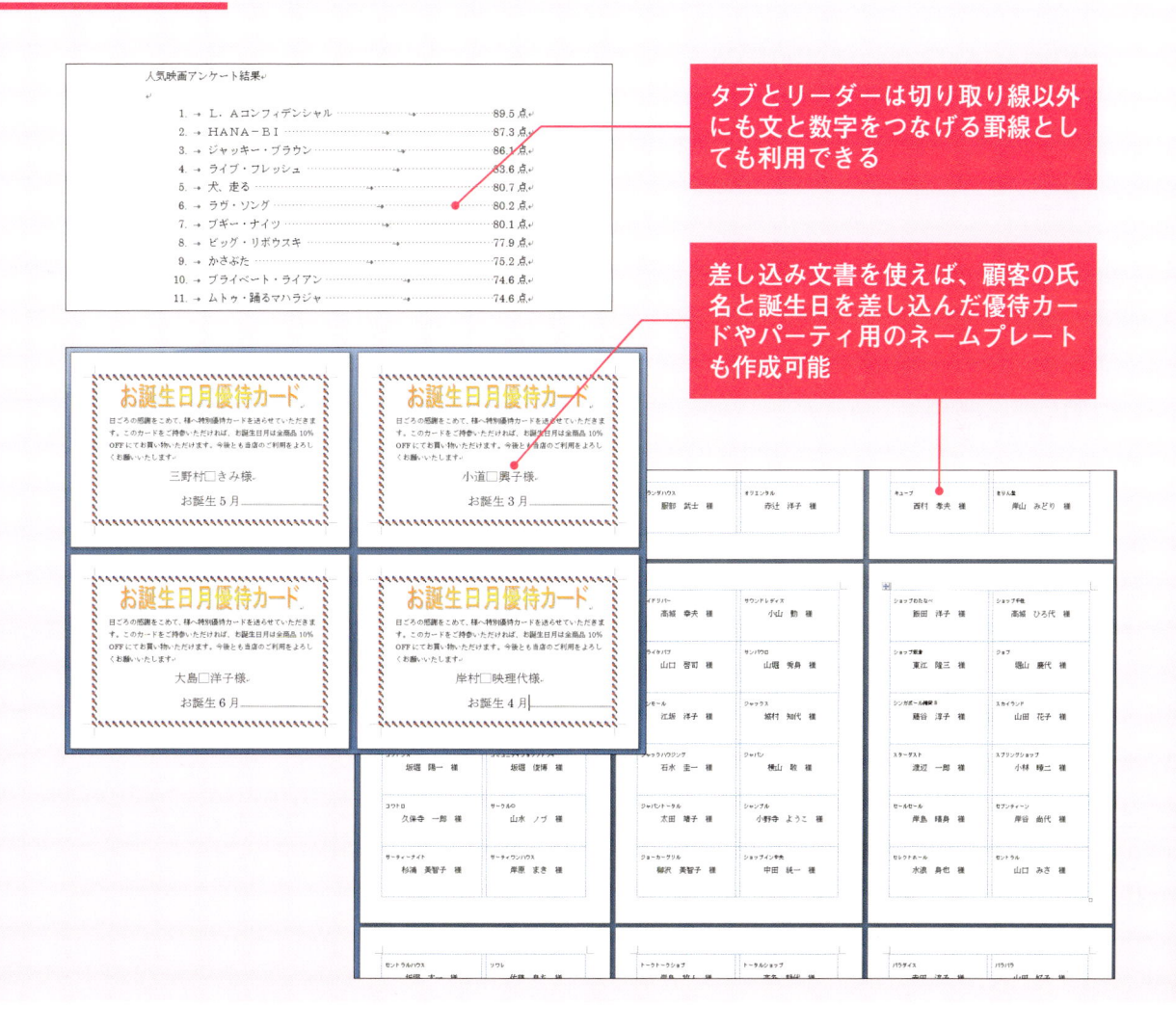

タブとリーダーは切り取り線以外にも文と数字をつなげる罫線としても利用できる

差し込み文書を使えば、顧客の氏名と誕生日を差し込んだ優待カードやパーティ用のネームプレートも作成可能

Word | Excel

プロジェクト編 3日目

契約書作成
～長文作成の秘訣

契約書やマニュアルといった長文には、表示や目次、ページ番号、脚注などを入れることがあります。美しい文書を作るにはP.24～で解説したテクニックを使えばいいのですが、それだけでは対応できないケースもあるわけです。ここでは「アウトライン」「スタイル」「セクション区切り」「目次」「脚注」「表の作成」といった長文作成に必要な機能を解説しましょう。

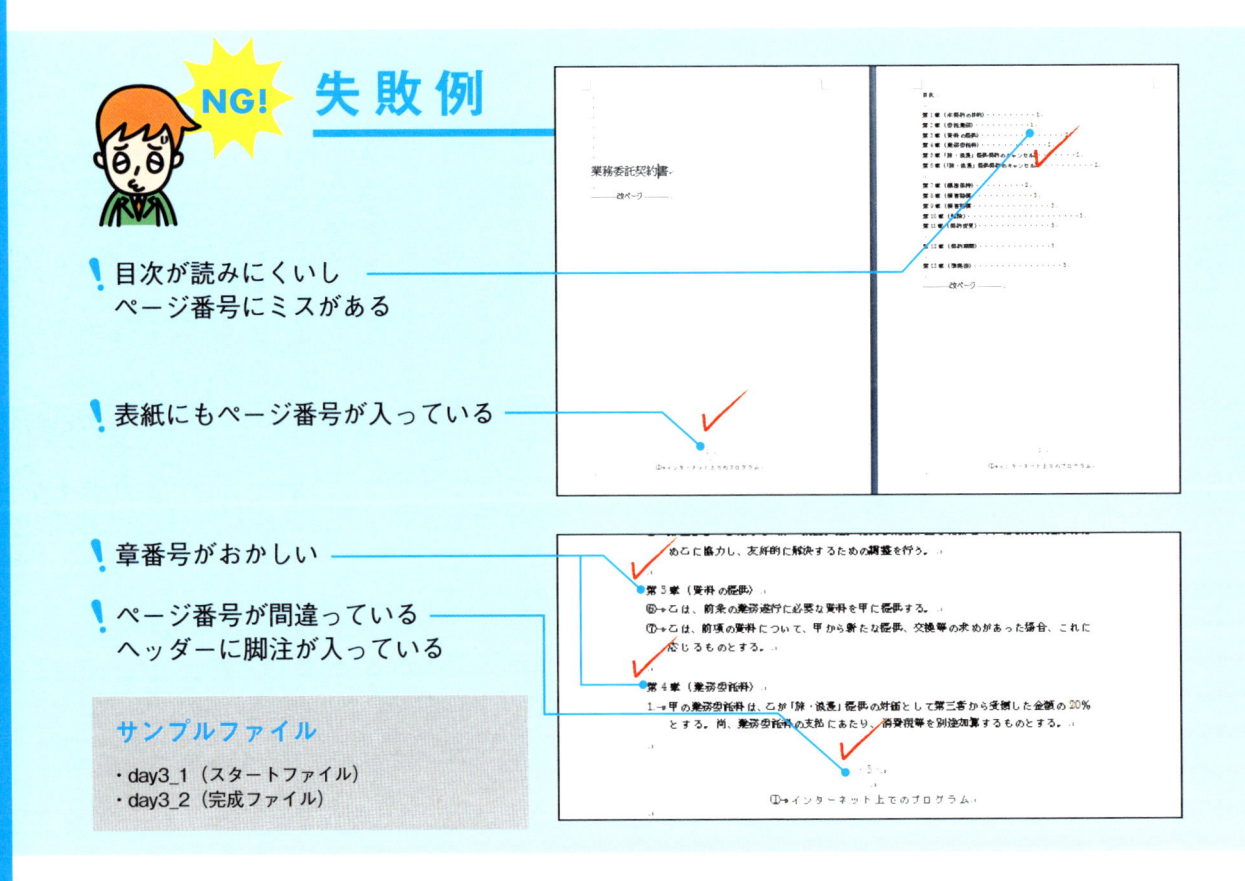

NG! 失敗例

- ！目次が読みにくいし ページ番号にミスがある
- ！表紙にもページ番号が入っている
- ！章番号がおかしい
- ！ページ番号が間違っている ヘッダーに脚注が入っている

サンプルファイル
- day3_1（スタートファイル）
- day3_2（完成ファイル）

ページ番号や段落番号がめちゃくちゃで、脚注がすべてのページに表示されている……。整理しましょう！

MISSION! 3

契約を結ぶ取引先との業務委託契約書を準備する。契約書の内容は決まっているのでキチンと作成しておいてくれ。
・表紙・目次・脚注を入れよう！
・ページ番号を振るように！
・章番号をきちんと入れよう！

成功例 OK!

見出しを設定しておけば
目次も簡単に作成できる
Point 3 目次の自動挿入 →P.159

Word 2010／2007には表紙の
自動作成機能が用意されている
Point 5 表紙の作成 →P.166

アウトライン番号とスタイルで
見出しの書式をそろえる
Point 1 見出しの書式を一発で設定 →P.150

専門用語や補足事項には
脚注を入れると分かりやすくなる
Point 2 脚注の挿入 →P.157

自動的にページ番号を挿入する
Point 4 ページ番号の挿入 →P.163

段落番号は「アウトライン番号」を使用すると統一できるし、書式は「スタイル」を使用することで簡単に設定できます。ページ番号は「セクション区切り」で設定しましょう。

Word | Excel

Point 1 　見出しの書式を一発で設定

長文の文書を作成する際は、章を分けます。章を分けるときに、第1章、第1節などの番号が順番になるように「アウトライン番号」を設定しましょう。また、見出しの書式を統一しておくと、分かりやすくなります。ここでは、入力済みの文書の書式を整えて契約書を作成します。

1

まず、本文部分をすべて選択します。ドラッグして選択してもよいのですが、長文の場合は面倒なので、一気に選択しましょう。本文部分の行頭にカーソルを置き、[Ctrl]＋[Shift]＋[End]キーを押すと、以下の文書をすべて選択できます **1**。

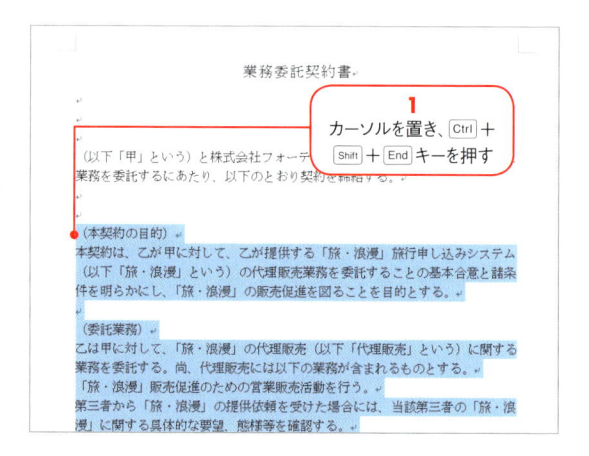

> **1** カーソルを置き、[Ctrl]＋[Shift]＋[End]キーを押す

2

［ホーム］タブ→［段落］グループ→［アウトライン］ボタンをクリックし **1**、［新しいアウトラインの定義］を選択します **2**。

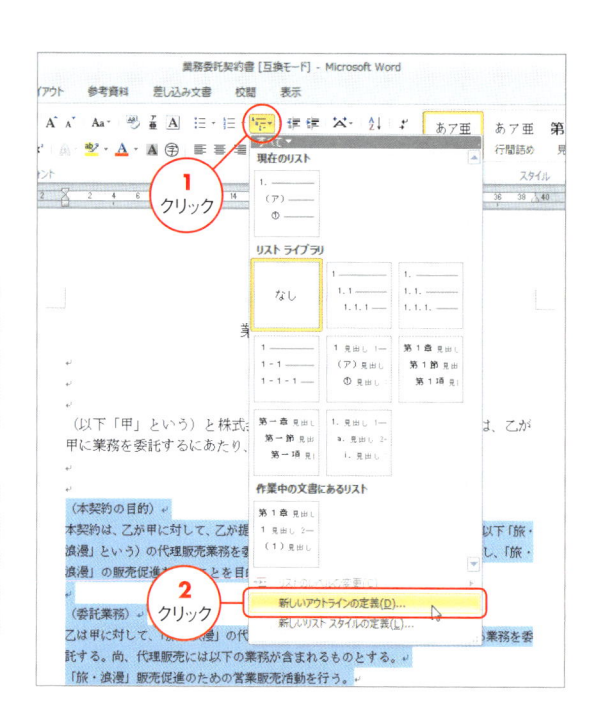

> **1** クリック
> **2** クリック

Word 2003の場合

［書式］メニュー→［箇条書きと段落番号］→［アウトライン］タブをクリックし、［第1章見出し1・・・］を選択して、［変更］ボタンをクリックします。

Tips

アウトライン番号を設定する際は「レベルと対応付ける見出しスタイル」が「見出し1」になっていないと目次を作成できないので注意しましょう。

3

[新しいアウトラインの定義] ダイアログが表示されます。「変更するレベルをクリックしてください」の「1」を選択し **1**、「番号書式」を「第 1 章」、「配置」の「インデント位置」を「22.5mm」に設定します **2**。

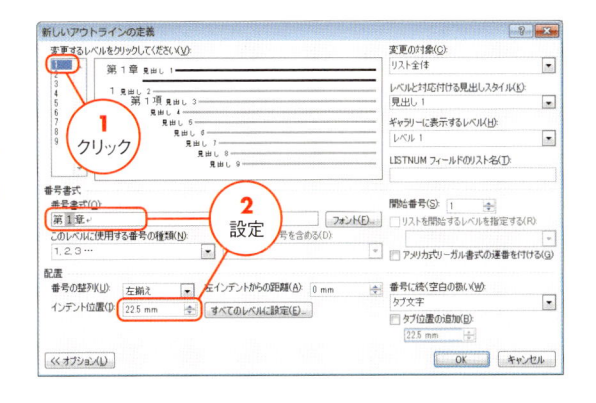

4

次に「変更するレベルをクリックしてください」の「2」を選択し **1**、「番号書式」を「1」、「配置」の「左インデントからの間隔」を「0mm」、「インデント位置」を「7.5mm」に設定します **2**。

> **Tips**
> 「左インデントからの距離」は「番号書式」の番号が配置される位置、「インデント位置」は内容が表示される位置になります。

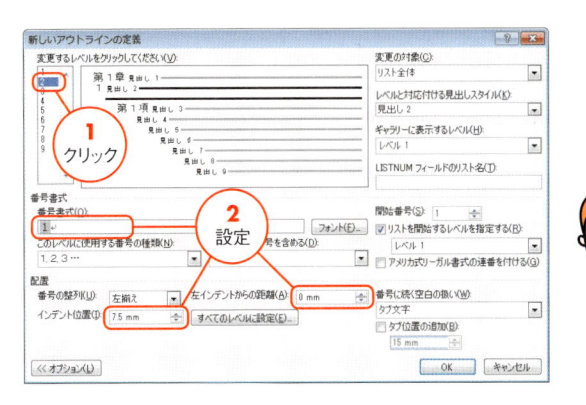

5

「変更するレベルをクリックしてください」の「3」を選択して **1**、「番号書式」を「(1)」、「配置」の「左インデントからの間隔」を「7.5mm」に設定し **2**、[OK] ボタンをクリックします **3**。

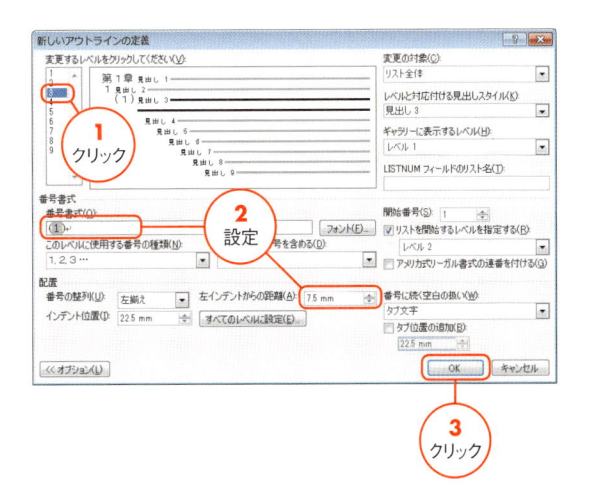

6

選択していた範囲の各段落に「第○章」という項目が連番で設定されます。ただ、この状態では、必要のない個所にも「第○章」という項目が入ってしまっています。そこで、アウトライン番号を解除する段落、レベルを変更する段落を整理していきます。「第1章」の内容部分にカーソルを置き **1**、［ホーム］タブ→［スタイル］グループ→［スタイルの一覧］→「標準」を選択します **2**。これで書式が設定されていない状態に戻ります。

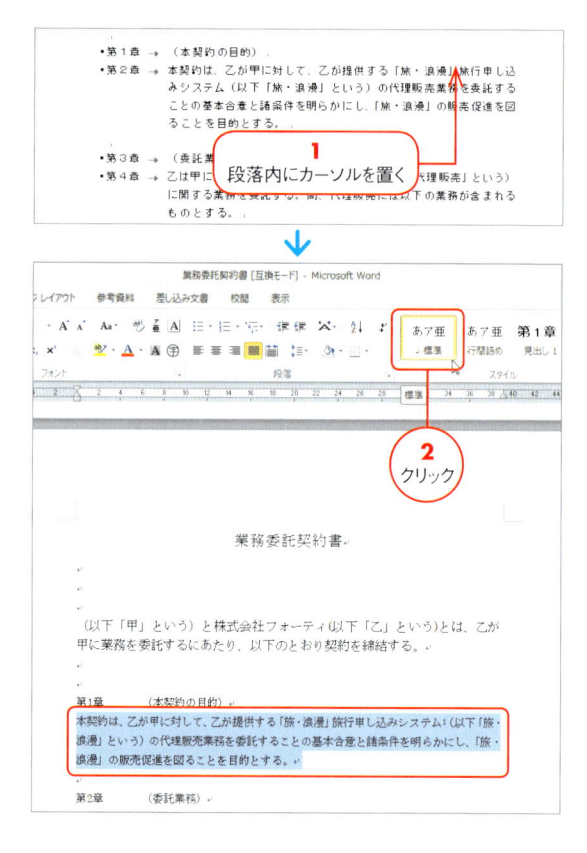

7

「第2章」の内容部分を選択します **1**。ここには［新しいアウトラインの定義］ダイアログの「レベル3」の設定を適用しましょう。Tab キーを押すと、「レベル2」の設定が適用されます **2**。

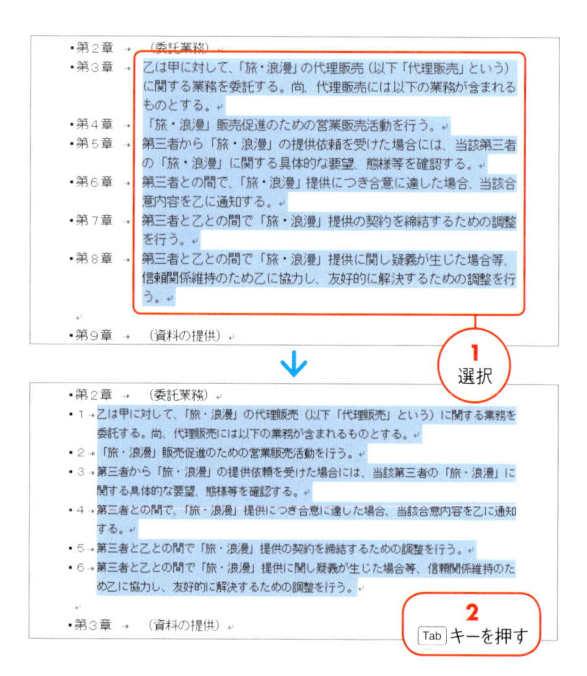

8

もう1度、[Tab]キーを押しましょう **1**。今度は「レベル3」が適用されます。同様に以下のように「アウトライン番号」を設定しましょう。

段落番号を設定しない段落：[ホーム]タブ→[スタイル]グループ→[スタイルの一覧]→「標準」を選択。

アウトライン番号「1,2,3‥」を設定する段落：[Tab]キーを1回押す。

アウトライン番号「(1),(2),(3)‥」を設定する段落：[Tab]キーを2回押す。

> **Tips**
> 複数の段落を同じレベルに設定することもできます。段落が離れている場合は[Ctrl]キーを押しながら、行を選択しましょう。

9

続いてフォントを一括で設定します。「スタイル」を「標準」に設定した段落は10.5ptになっていますが、これを変更しましょう。[ホーム]タブ→[スタイル]グループ→[スタイルの一覧]→「標準」を右クリックして **1**、[変更]を選択します **2**。

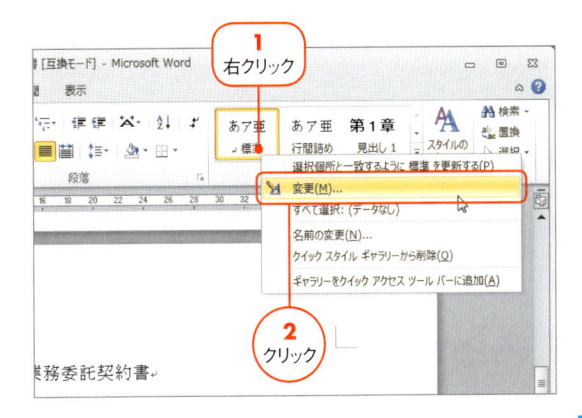

10

［スタイルの変更］ダイアログが開くので、「書式」のフォントサイズを「12」に変更して **1**、［OK］ボタンをクリックします **2**。これで文書内の「アウトライン番号」が設定されていない段落の文字はすべて12ptになります。

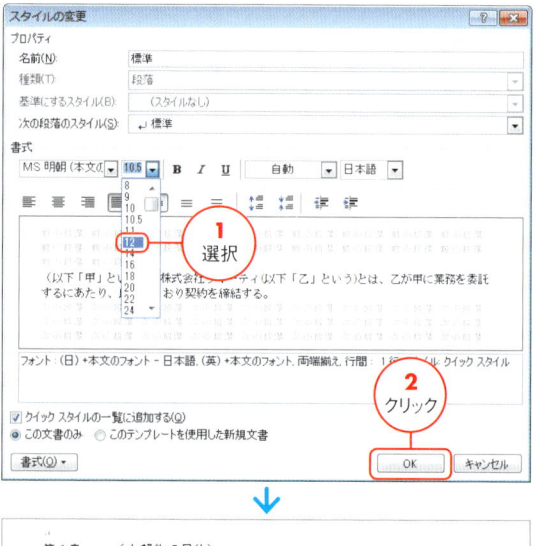

11

「レベル1」の段落を太字に変更しましょう。［ホーム］タブ→［スタイル］グループ→［スタイルの一覧］→「見出し1」を右クリックして **1**、［変更］を選択します **2**。［スタイルの変更］ダイアログが表示されるので、「書式」の「B」をクリックします **3**。下にプレビューが表示されます。太字に変更されていることを確認して、［OK］ボタンをクリックしましょう **4**。

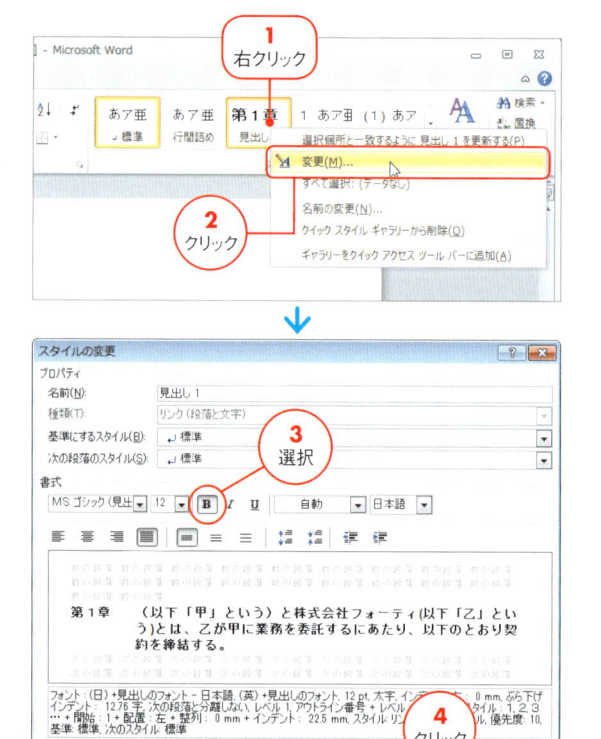

12

「レベル 1」の段落がすべて太字に変更されます。

Tips

スタイルを設定した段落を 1 つ選択して、書式を設定した後に、[ホーム] タブ →[スタイル] グループ →[スタイルの一覧] の設定した書式の「スタイル名」を右クリックし、「選択個所と一致するように○○○を更新する」をクリックしてもスタイルを変更できます。

Column

アウトライン番号を設定する際には、「左インデントからの距離」と「インデントの位置」をしっかり理解しておきましょう。

「左インデントからの距離」は設定する「番号の位置」になります。つまり、「0」に設定すると、字下げは行われません。

「インデントの位置」は文字の位置になります。右の例では「(解除)」の位置です。

右の例では、「インデントの位置」を「7.5mm」に設定しています。7.5mm=2 文字なので、「レベル 1」として設定した「第 9 章」という文字（3 文字）と重なってしまいます。このため、7.5mm のインデントは無効になってしまいます。無効になってしまった場合、4 の倍数に設定されるので、「(解除)」は 4 文字目の位置にあります。

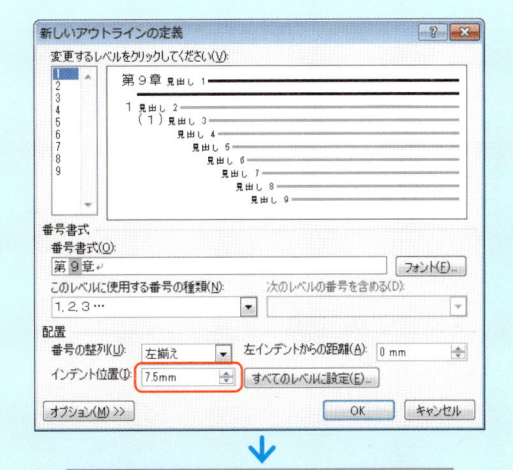

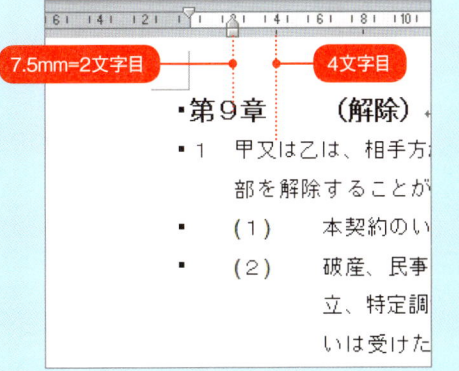

Word | Excel

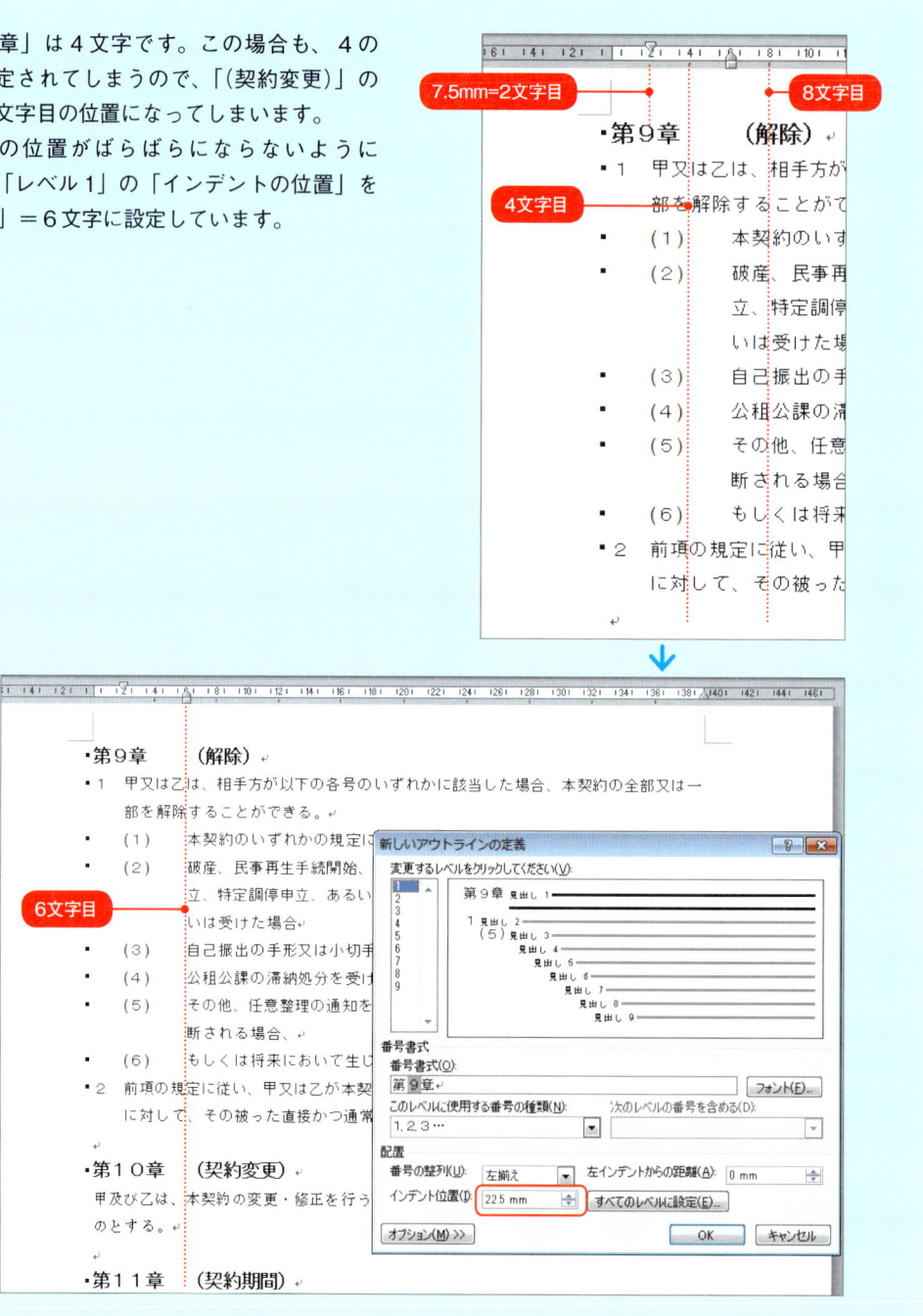

「第10章」は4文字です。この場合も、4の倍数に設定されてしまうので、「(契約変更)」の文字は8文字目の位置になってしまいます。

見出しの位置がばらばらにならないようにP.151で「レベル1」の「インデントの位置」を「22.5mm」＝6文字に設定しています。

7.5mm=2文字目
8文字目
4文字目
6文字目

156　見出しの書式を一発で設定／脚注の挿入

Point 2 脚注の挿入

続いて、脚注を挿入します。脚注は文章の末尾に挿入する場合、ページの最下部に挿入する場合がありますが、ここでは後者の挿入方法を解説しましょう。

1

ここでは、文中の「旅行申し込みシステム」という文字に脚注を付けます。文字を選択し**1**、[参考資料]タブ→[脚注]グループ→[脚注の挿入]ボタンをクリックしましょう**2**。

> **Word 2003の場合**
> [挿入]メニュー→[参照]→[脚注]をクリックします。
> [脚注と文末脚注]ダイアログが表示されるので、[挿入]ボタンをクリックしましょう。

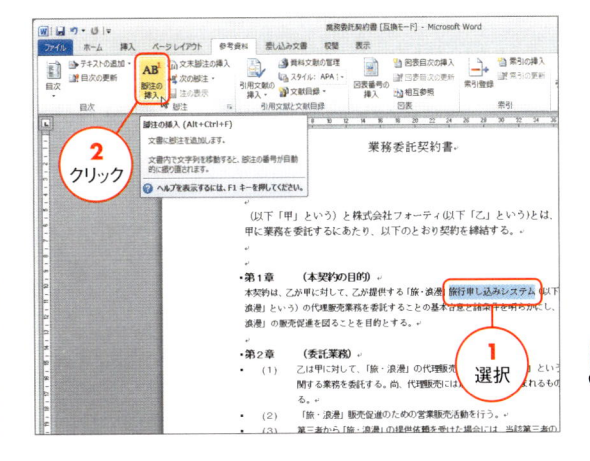

2

ページの最下段に区切り線が挿入され、その下にカーソルが表示されます。区切り線の下が脚注部分になるので、文字を入力しましょう**1**。この際、文中の「旅行申し込みシステム」という文字の横にも脚注番号が表示されます**2**。また、「旅行申し込みシステム」にカーソルを合わせると、脚注の内容が表示されます**3**。

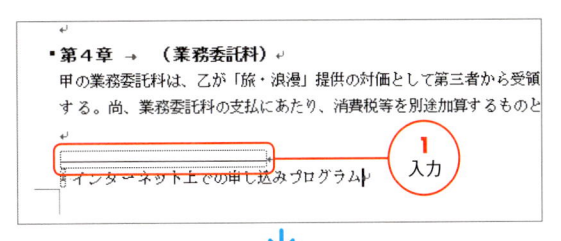

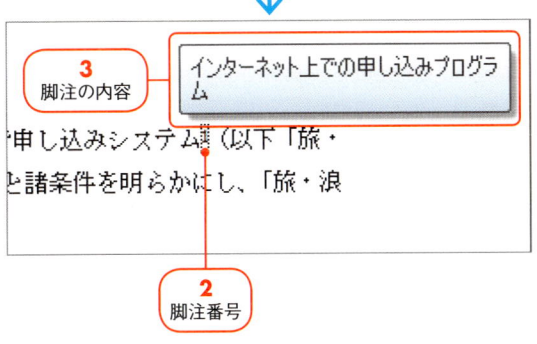

3

脚注の番号をセクションごとに修正する、もしくは番号をマークに変更するなども可能です。脚注内を右クリックし **1**、[脚注と文末脚注のオプション]を選択しましょう **2**。

4

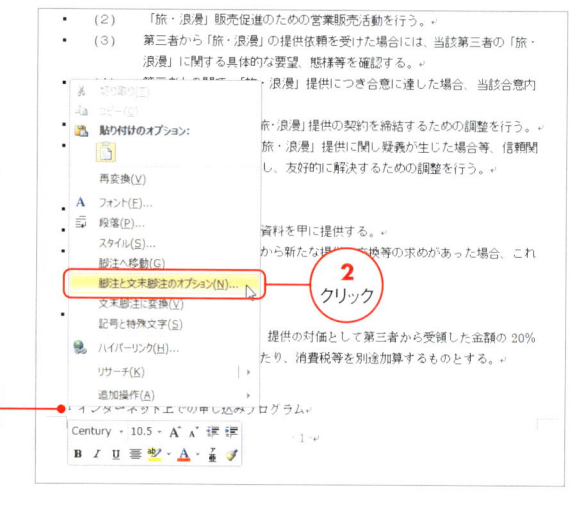

[脚注と文末脚注]ダイアログが開きます。

「脚注」：ページの最後、またはページ内にある最後の文字の直後のどちらに表示するかを設定します。

「番号書式」：「1、2、3、……」「a、b、c、……」などの番号の種類を選択できます。

「任意の脚注記号」：[記号]ボタンをクリックして一覧から記号を選択すると、脚注の脚注番号の前に記号を挿入できます。

「開始番号」：脚注番号の開始番号を変更できます。

「番号の付け方」：文書すべてに連続通し番号を設定する、セクションやページによって番号を変えるといった設定が可能です。

「変更の対象」：現在のセクションのみを変更するのか文書全体を変更するのかを選択します。

Tips
脚注を削除する際は、文書内の脚注番号を削除します。

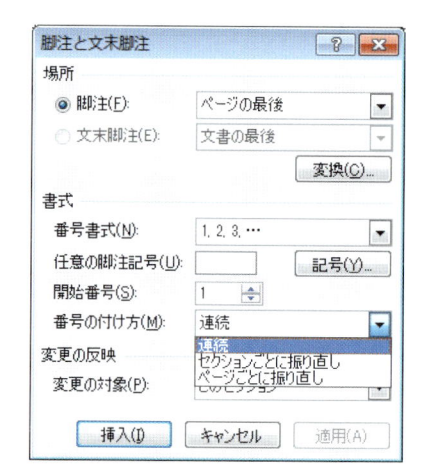

Point 3 目次の自動挿入

文章の内容が整ったところで、目次を作成します。Wordの「目次」機能では、アウトライン番号を設定している個所を目次として挿入することができます。目次にはページ番号を入れたくない場合は、契約書本文と目次のページを分ける必要があります。ここでは、セクション区切りとページ番号の設定を学習します。

1

1ページの1行目の行頭にカーソルを置き、[ページレイアウト]タブ→[ページ設定]グループ→[区切り]ボタンをクリックし**1**、[次のページから開始]を選択します**2**。

Word 2003の場合

[挿入]メニュー→[改ページ]をクリックし、[改ページ]ダイアログの「セクション区切り」→「次のページから開始」を選択します。

2

新しいページが1ページ挿入されます**1**。新しいページの行頭に「目次」と入力し、改行しましょう**2**。

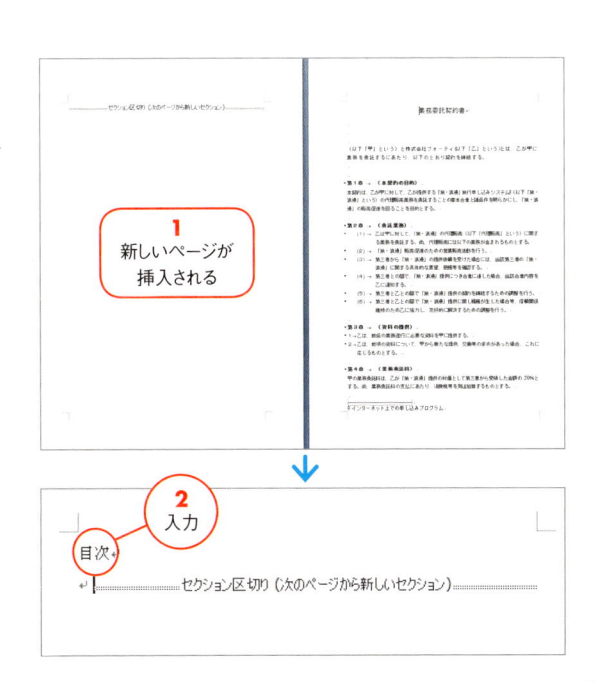

3

［参考資料］タブ→［目次］グループ→［目次］ボタンをクリックし **1**、［目次の挿入］を選択します **2**。

> **Word 2003の場合**
> ［挿入］メニュー→［参照］→［索引と目次］をクリックします。

4

［目次］ダイアログが表示されるので、「アウトラインレベル」を「1」にして **1**、［OK］ボタンをクリックします **2**。カーソルを置いた位置に目次が挿入されます。「10章」以降のタブの位置がそろっていないので修正しましょう。

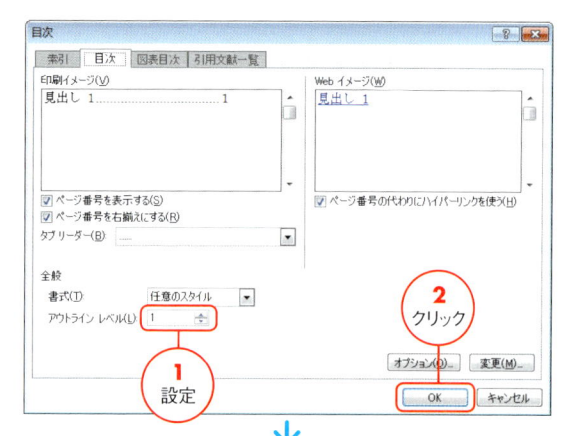

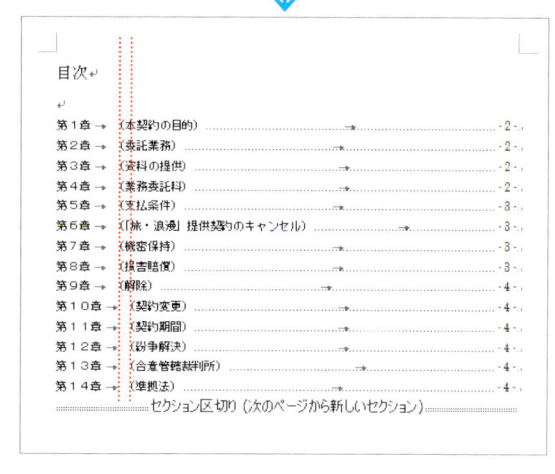

5

「第1章」の段落のタブ位置は5文字、「第10章」の段落は6文字になっています。「第1章」の設定に合わせましょう。「第1章」の段落を選択し **1**、[ホーム] タブ→［クリップボード］グループ→［書式のコピー／貼り付け］ボタンをクリックします **2**。マウスポインタの先に が表示されるので、「第10章」～「第14章」の段落を選択しましょう。

Word 2003の場合

コピー元の「第1章」の段落を選択し、標準ツールバー→［書式のコピー／貼り付け］ボタンをクリックします。

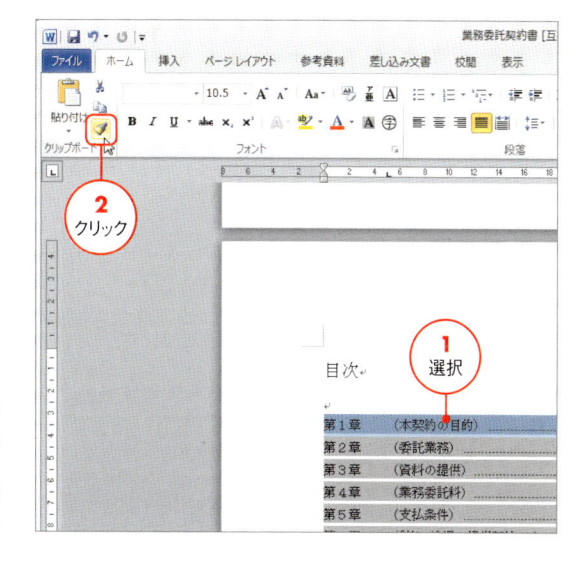

6

タブ位置がそろい、見出しがキレイに並びます。

Tips

通常のコピー＆貼り付けはデータをすべて貼り付けます。一方、書式のコピーは、データは貼り付けず、設定した書式のみを貼り付けることができます。まったく同じ書式に設定したい個所などは、書式を設定し直すよりも簡単なので、活用しましょう。なお、［書式のコピー／貼り付け］ボタンをダブルクリックすると連続貼り付けが行えます。解除する場合は Esc キーを押しましょう。

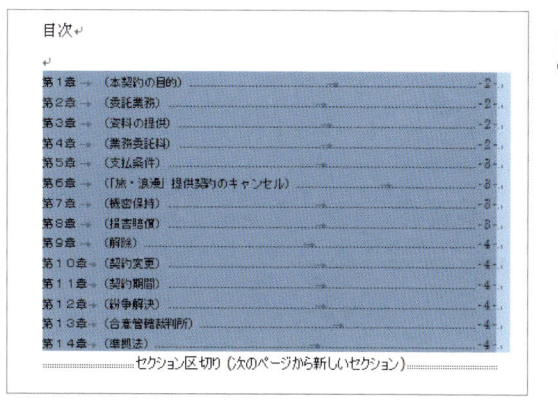

Column

　「段落番号」「ページ番号」「目次」などをクリックすると、文字にグレーの網がかかります。これは、フィールドコードの強調表示です。フィールドコードとは、Wordが自動で更新する番号などを文書中に表示する命令です。フィールドコードの表示、もしくは結果を表示するかは、Alt + F9 キーでを切り替えることができます。右は目次のフィールドコードを表示したものです。アウトラインや段落番号、ページ番号設定時に、フィールドコードを削除してしまうと、番号が自動で設定されなくなるので注意しましょう。

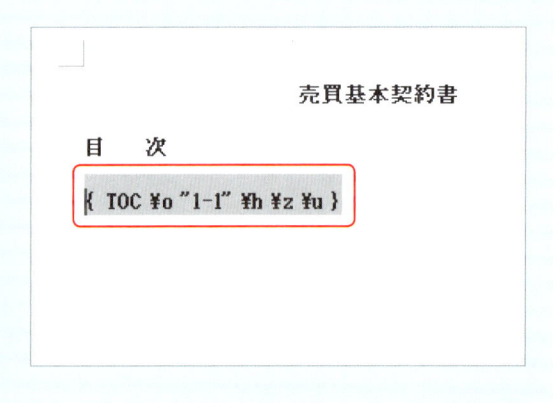

Column

　一度挿入した目次のレイアウトやレベルを変更する場合は、目次内を右クリックして「フィールドの編集」を選択しましょう。[フィールド] ダイアログが表示されます。ここには、Wordに用意されているフィールドの一覧が表示されます。例えば「TOC」を選択し **1**、「フィールドプロパティ」の [目次] ボタンをクリックすると **2**、[目次] ダイアログが表示されます。この画面で修正を行うことができます。

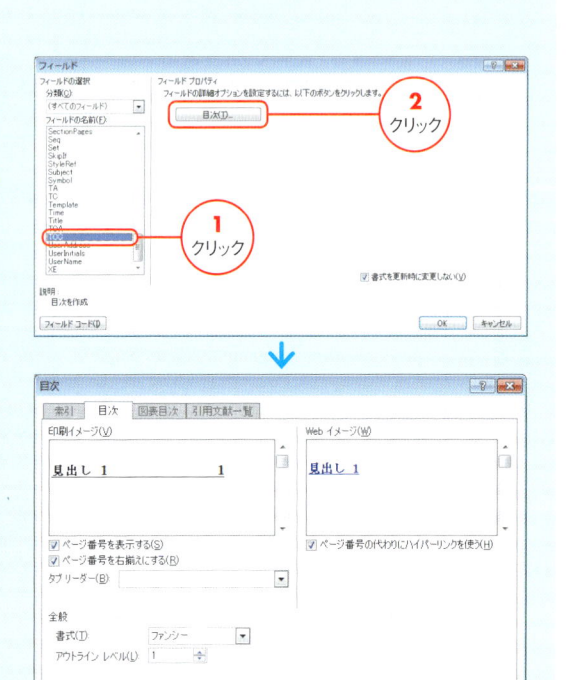

Point 4 ページ番号の挿入

ページ番号も自動挿入ができます。この場合、ページ数は文書の1ページ目からカウントされるので、表紙や目次を入れていると、表紙や目次も1ページとしてカウントされます。ここでは、セクション単位でページ数をカウントするように設定しましょう。

1

本文ページの1ページ目にカーソルを置き、[挿入]タブ→[ヘッダーとフッター]グループ→[ページ番号]ボタンをクリックし**1**、[ページの下部]→「番号のみ2」を選択します**2**。

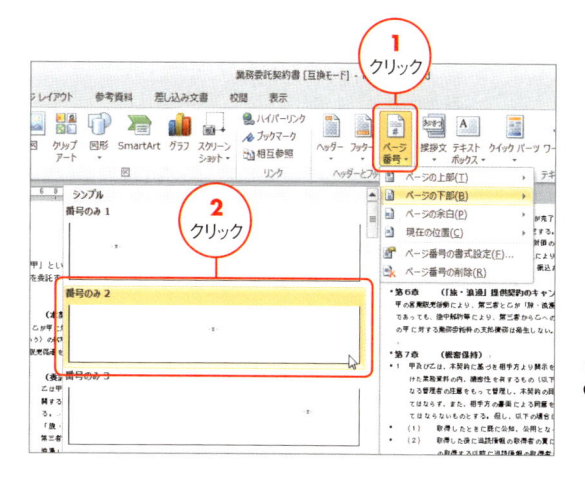

Word 2003の場合

[表示]メニュー→[ヘッダーとフッター]をクリックします。表示された[ヘッダーとフッターツールバー]の[ページ番号の挿入]ボタンをクリックしましょう。

2

フッター部分にページ番号が挿入されます。ただし、目次ページが「1」、本文が「2」になっています。

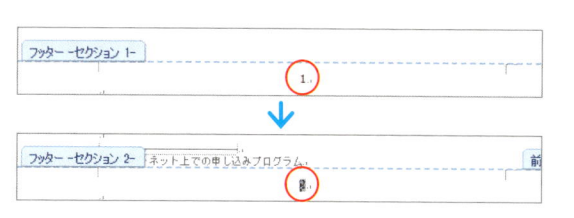

3

ページ番号を挿入すると[ヘッダー／フッターツール]タブが表示されます。[ヘッダー／フッターツール]→[デザイン]タブ→[ヘッダーとフッター]グループ→[ページ番号]ボタンをクリックし**1**、[ページ番号の書式設定]を選択しましょう**2**。

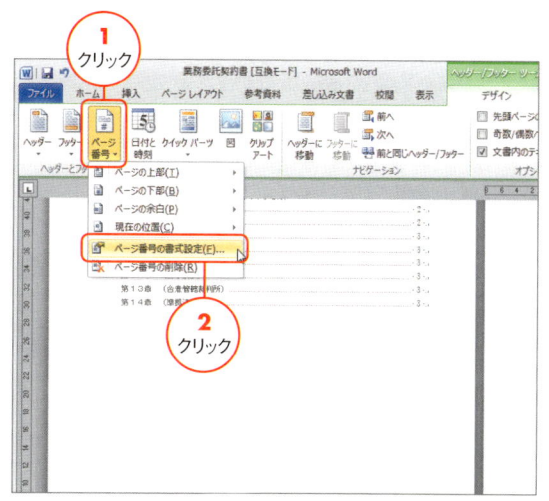

Word 2003の場合

[ヘッダーとフッターツールバー]→[ページ番号の書式設定]ボタンをクリックします。

4

［ページ番号の書式］ダイアログが開きます。「番号書式」は「－1－,－2－,－3－,…」を選択し、「連続番号」の「開始番号」をオンにして「1」を選択して**1**、［OK］ボタンをクリックします**2**。

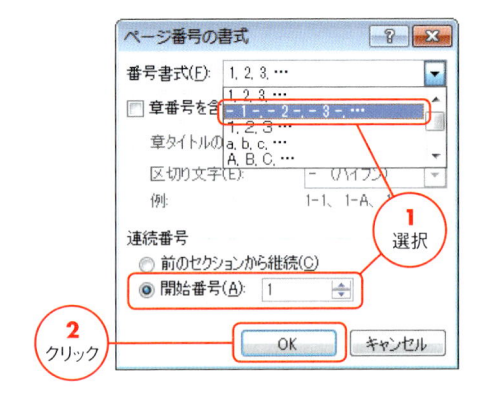

5

本文ページの最初のページ番号が「-1-」に変更されます。

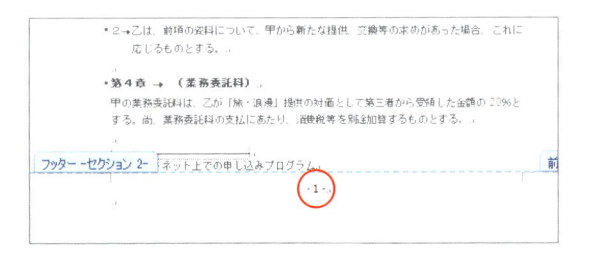

6

次に目次ページのページ番号を非表示にします。本文ページのフッターにカーソルがあることを確認し、［ヘッダー／フッターツール］→［デザイン］タブ→［ナビゲーション］グループ→［前と同じヘッダー／フッター］ボタンをクリックします**1**。クリックすると、［前と同じヘッダー／フッター］ボタンが解除され、「オレンジ色」→「色なし」に変更されます。続いて、目次ページのページ番号を削除しましょう**2**。これで本文ページのみにページ番号が表示されるようになります。

Word 2003の場合

［ヘッダーとフッターツールバー］→［前と同じヘッダー／フッター］ボタンをクリックしてオフにします。

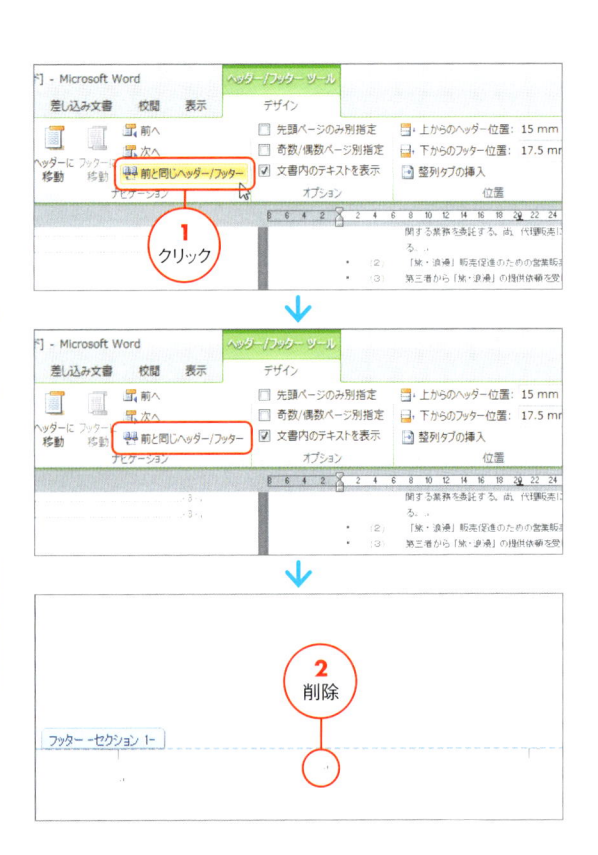

7

ページ番号を修正したことによって、目次ページのページ番号の情報と実際のページ番号が合わなくなってしまいます。そこで、情報を更新しましょう。目次内を右クリックし **1**、[フィールドの更新] をクリックします **2**。

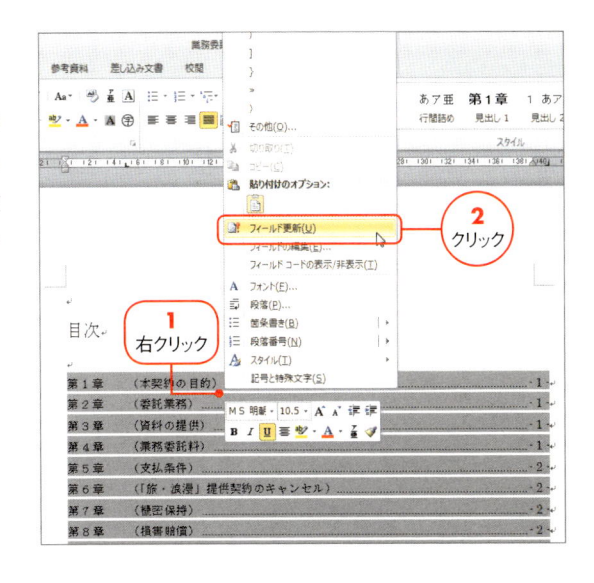

8

[目次の更新] ダイアログが表示されるので、「ページ番号だけを更新する」をオンにし **1**、[OK] ボタンをクリックします **2**。目次ページのページ番号の情報が更新され、1ページからの表示になります **3**。

> **Tips**
> 目次ページの内容は本文ページの見出しと連動しているので、項目を書き換える場合、本文内の内容を修正し、[目次の更新] ダイアログで「目次すべてを更新する」を選択し、更新しましょう。

> **Tips**
> ヘッダー／フッターに表示された内容はすべてのページに反映されます。これは [前と同じヘッダー／フッター] ボタンが常にオンの状態にあるためです。通常はこのまま使用しますが、ページ番号を振り直す、章ごとのタイトルを入れるなど、ヘッダー／フッターの内容を分けたい場合は、[前と同じヘッダー／フッター] を解除します。なお「セクション区切り」を使用していない文書では [前と同じヘッダー／フッター] ボタンは表示されません。

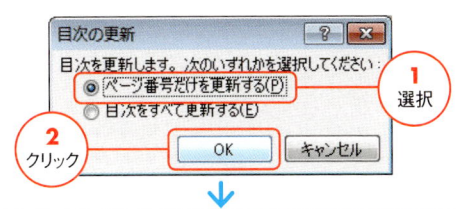

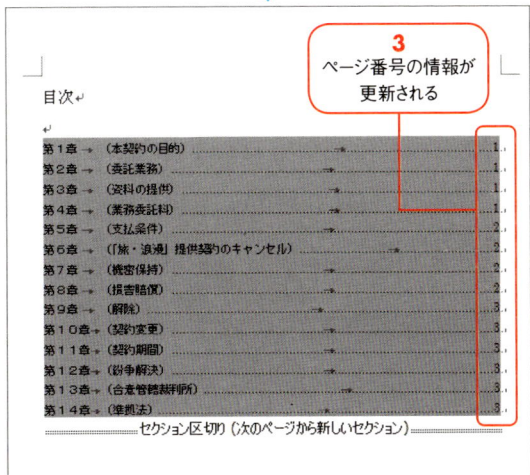

Word | Excel

Point 5 表紙の作成

最後に表紙を作成します。Word 2010／2007には表紙の自動作成機能が用意されています。ここでは、表紙の作成方法と作成した表紙の編集方法について解説しましょう。

1

[挿入]タブ→[ページ]グループ→[表紙]ボタンをクリックし **1**、[標準]を選択します **2**。

> **Word 2003の場合**
> 「目次」の前にカーソルを置き、Ctrl + Enter キーを押して、改ページを行います。目次ページの前に新たなページが挿入されますので、タイトルを入力し、書式を整えましょう。

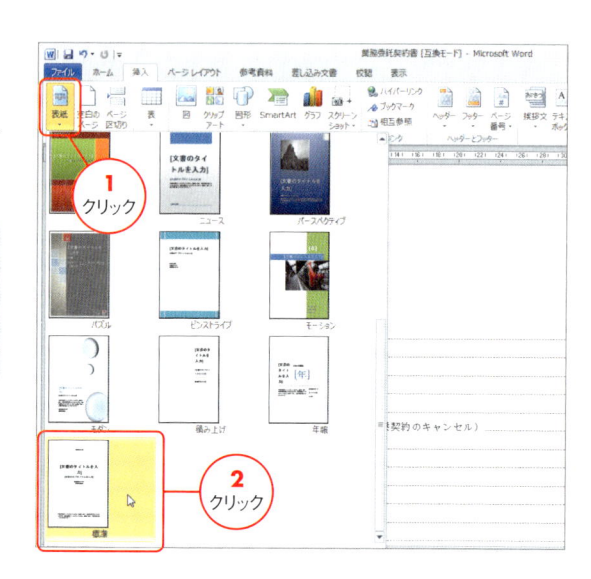

2

目次のページの前に表紙ページが挿入されます。表紙ページには「会社名」「タイトル」「サブタイトル」「作成者」「日付」「概要」の入力位置が指定されています。不必要な項目を削除しましょう。例えば、「会社名を入力してください」の文字をクリックすると、上に「会社名」タブが表示されるので、タブをクリックして領域全体を選択し **1**、Delete キーを押して削除します **2**。同じようにタイトル以外のすべての領域を削除しましょう。

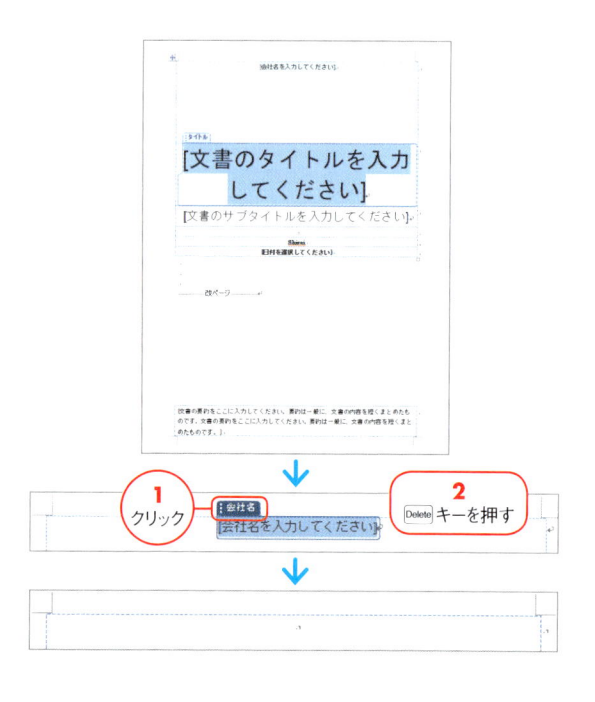

3

「文書のタイトルを入力してください」の文字をクリックし、タイトルを入力します。

> **Tips**
> 挿入した表紙は書式が設定されています。また、文字の入力個所は表を利用しており、文字などがそろうように設定されているので、書式の設定を省くことができます。

Column

「区切り」機能には［ページ区切り］と［セクション区切り］があります。この違いをしっかり理解しましょう。［ページ区切り］の［改ページ］と［セクション区切り］の違いは以下のようになります。

［改ページ］：カーソルがある場所以降を次ページに表示します。文書は分割されないので、ページ設定はそのまま引き継がれます。セクションは分かれません。

［セクション区切り］：カーソルのある場所に新たなセクションを入れる、または次ページから始まるようにセクションを入れる……などができます。セクションが区切られた範囲は、「ページ設定」で設定できること（「用紙のサイズ」「向き」「余白」「段落の文字」「行数」「ページ罫線」「段数」「ヘッダー／フッターの設定」など）を個別に指定できます。

例えば、［セクション区切り］→［次のページから開始のセクション区切り］の場合、「用紙設定」を変更することによって、1ページ目は「A4」の用紙を「縦」、2ページ目は「A4」の用紙を「横」にすることができます。また、［現在の位置から開始］では、1ページの中に横書きの段落と縦書きの段落が混在する書類を作ることができます。

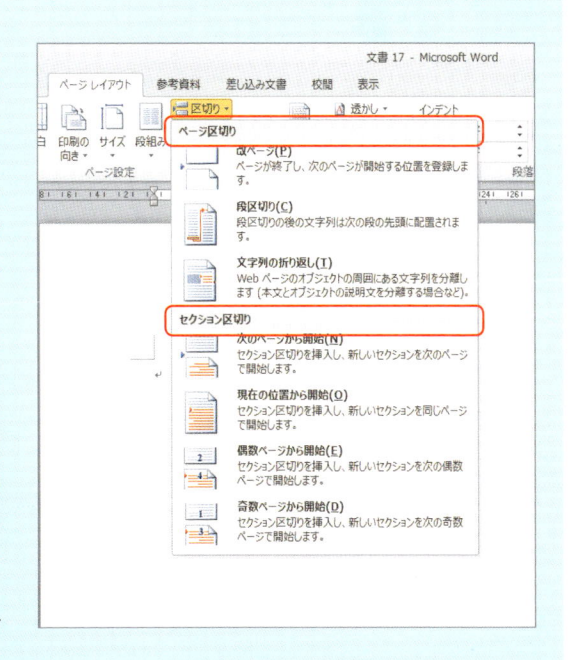

文書のすべてのページに会社のロゴなどを入れたい場合は、［挿入］タブ→［ヘッダーとフッター］→［ヘッダー］ボタン→［ヘッダーの編集］をクリックします。さらに、［ヘッダー／フッターツール］→［デザイン］タブ→［挿入］グループ→［図］ボタンをクリックして、挿入したい図（あらかじめ会社のロゴなどを保存しておきます）を選択し、［挿入］ボタンをクリックします。

また、［ヘッダー／フッターツール］→［デザイン］タブ→［オプション］グループ→［奇数偶数ページ別指定］にチェックを入れ、奇数ページは右寄せ、偶数ページは左寄せに図を配置すると、袋とじをした際にページの外側に図がそろいます。

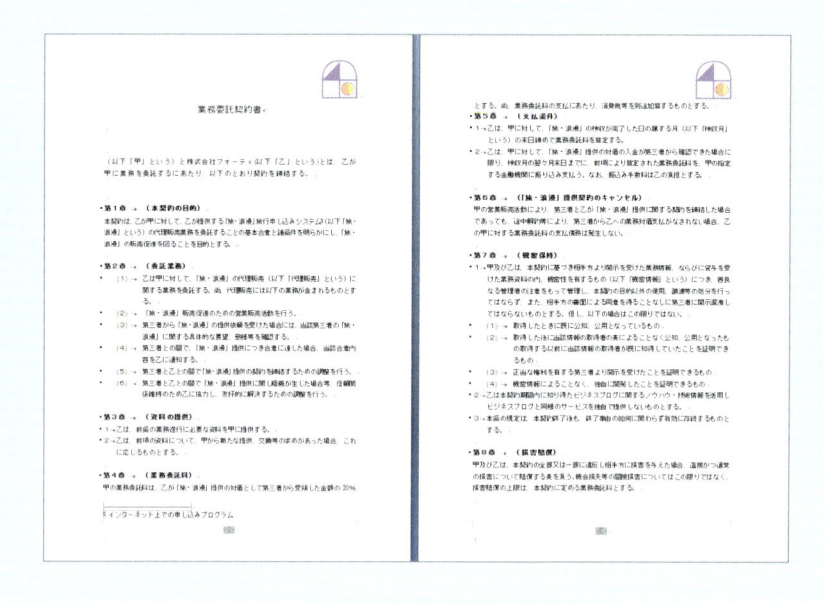

Column

「社外秘」「見本」などの透かしが入った文書を見たことはないでしょうか？ Wordでは文書の背景に透かしの文字を挿入することができます。[ページレイアウト]タブ→[ページの背景]グループ→[透かし]ボタンをクリックすると、「社外秘」「至急」などの透かしの見本の一覧が表示されます。これらを選択すれば、透かしを入れることができます。なお、Word 2003の場合は、[書式]メニュー→[背景]→[透かし]をクリックします。

入れたい透かしが一覧にない場合は[ユーザー設定の透かし]を選択しましょう。[透かし]ダイアログが表示され、透かしの文字やフォントの種類、色、サイズ、配置位置などを設定できるようになります。

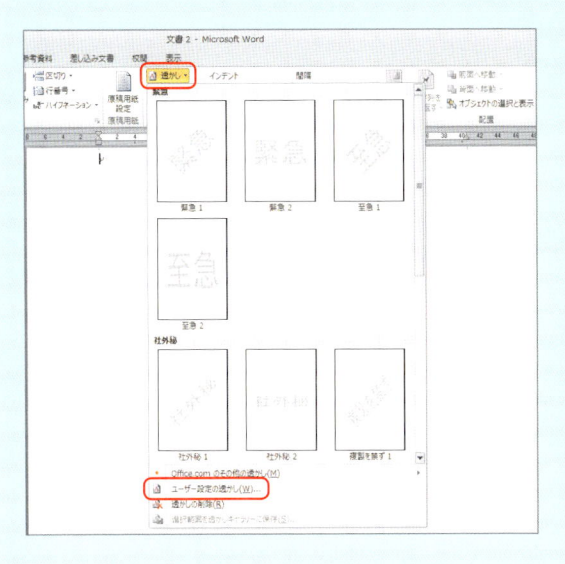

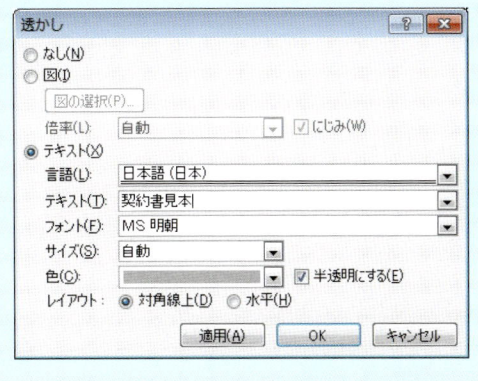

設定した透かしを編集する場合は、［挿入］タブ→［ヘッダーからヘッダー］グループ→［ヘッダー］ボタンをクリックし、［ヘッダーの編集］を選択します。透かしを選択すれば、拡大・縮小や回転ができるようになります。なお、Word 2003 の場合は、［表示］メニュー→［ヘッダーとフッター］をクリックして、編集します。

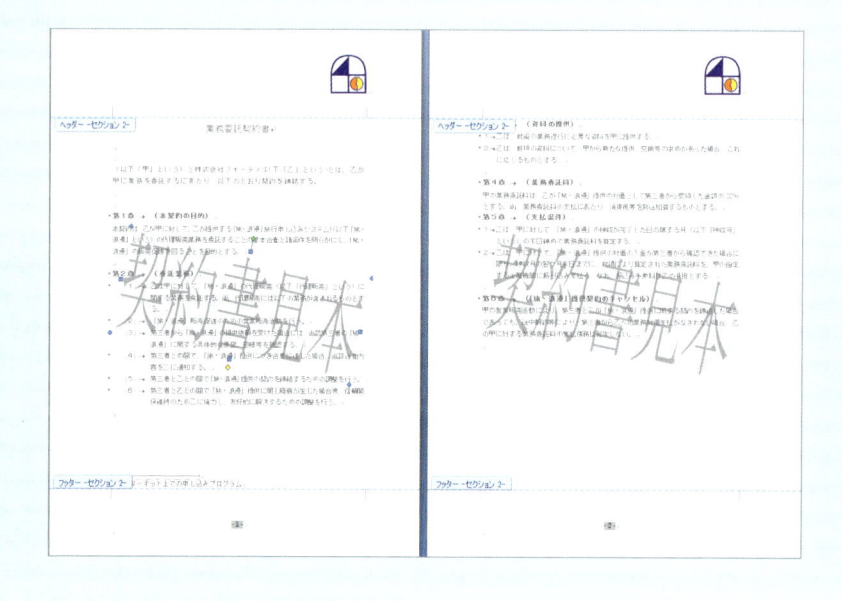

まとめと応用

- アウトライン番号とスタイルを使えば書式設定は簡単！
- 目次、脚注、表紙は自動挿入しよう
- セクション区切りを使えばページ番号の設定は自由自在

応用例

ページ内に3つのセクション区切りを挿入すれば、1段組み、2段組み、3段組みが混在した書類も作ることができる

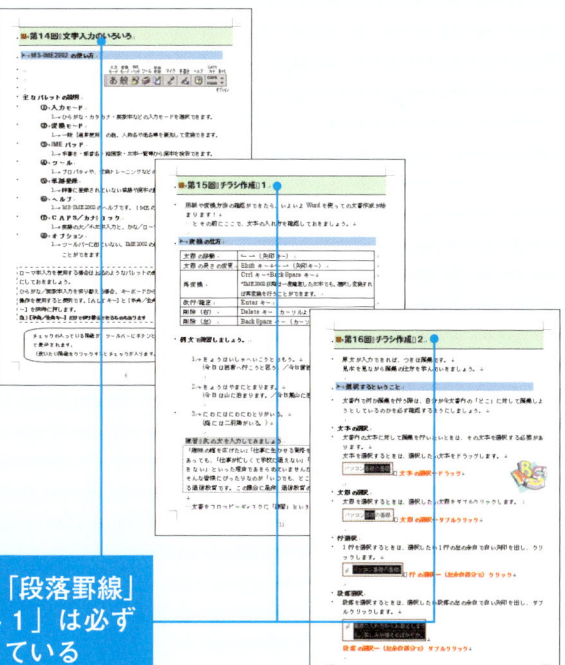

「見出し1」の「スタイル」に「段落の網掛け」「段落罫線」「段落前で改行」を設定することで、「見出し1」は必ず新しいページの1行目に配置されるようにしている

Word | Excel

プロジェクト編 4日目

変更履歴の記録と編集

社内や社外で使用する文書に不備がないかを第三者にチェックしてもらうとき、複数の人が1つの文書を修正すると、誰がどこを変更したのかが分からなくなることがあります。Wordには「変更履歴」を記録したり、編集したりできる機能があります。ここでは変更履歴の記録と承諾、削除、コメントの挿入方法について解説しましょう。

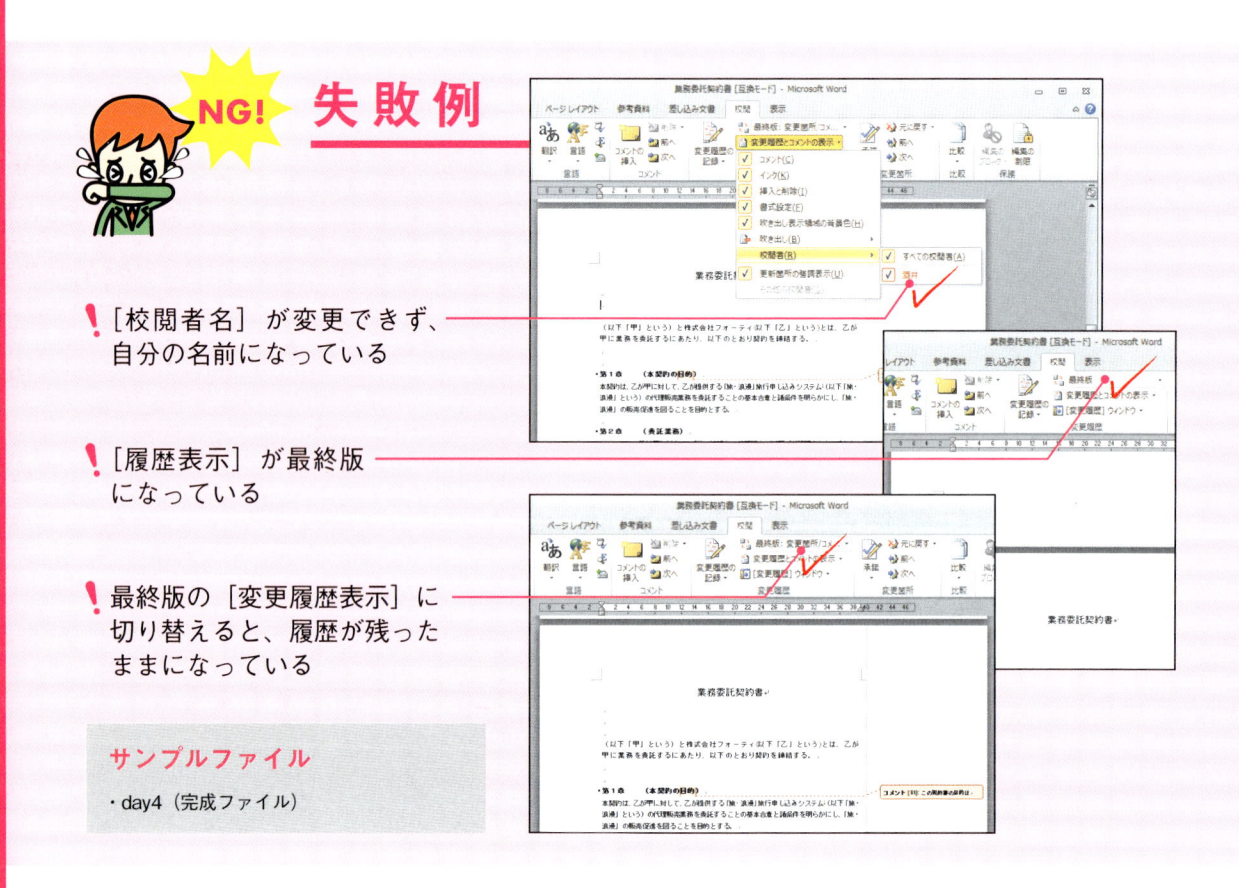

NG! 失敗例

- ❗ [校閲者名]が変更できず、自分の名前になっている
- ❗ [履歴表示]が最終版になっている
- ❗ 最終版の[変更履歴表示]に切り替えると、履歴が残ったままになっている

サンプルファイル
・day4（完成ファイル）

校閲者名が自分の名前になっているし、部長の指示が承諾されていない……。それに変更履歴が残った文書をお客様に提出したら大変です！

MISSION! 4

作成した契約書の内容を部長にチェックしてもらわなければいけない
- 「今回のプロジェクトで使用する契約書」だと分かるコメントを入れること！
- 私が渡したメモを変更履歴として記録しよう！
- 部長が分かりやすいように、記録の履歴を表示したまま提出しよう！
- 部長からの指示に従うこと！

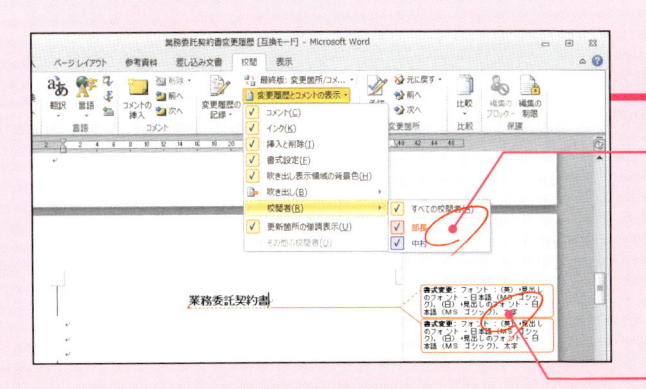

成功例 OK!

複数の校閲者名を表示できるようにする

Point 2 校閲者名の変更と変更履歴の記録 →P.174

コメントを挿入し必要のないコメントは削除する

Point 1 コメントの挿入 →P.176

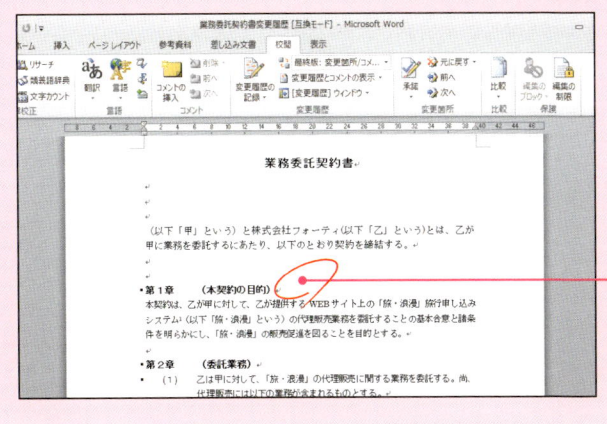

変更履歴は必要なものは承認し不要なものは削除する

Point 3 変更履歴の承諾と削除 →P.178

チームで仕事を進める際は「変更履歴」の「記録」「承諾」をしっかりと使いこなすことが大切です。変更履歴が残った文書を外部に出さないように細心の注意を払いましょう。

Point 1 コメントの挿入

「コメントの挿入」機能を使えば、文書内にコメントを挿入できます。チームで仕事を進め、1つの文書を複数人で編集する際は別途メモを用意したり、文書内に文章を書き込むよりも簡単に作業を進めることができます。また、コメントにはユーザー名（PCの登録名）の頭文字が自動的に表示されるので、誰がコメントを書き込んだかが分かります。

1

コメントを挿入したい個所の後ろにカーソルを置き **1**、［校閲］タブ→［コメント］グループ→［コメントの挿入］ボタンをクリックします **2**。

Word 2003の場合

［挿入］メニュー→［コメント］をクリックします。

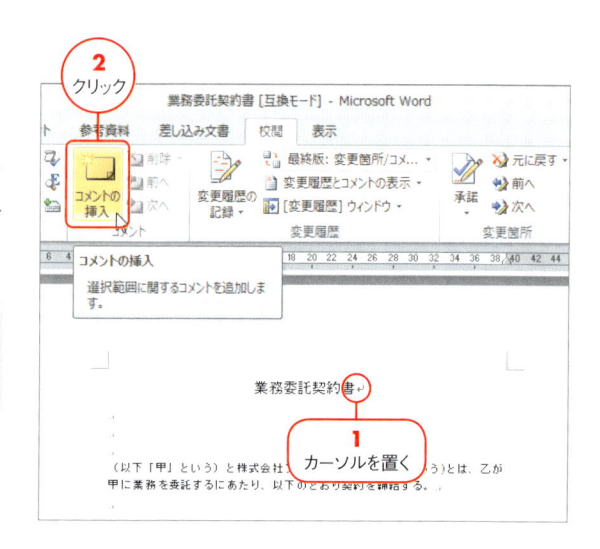

2

「コメント欄」が表示されるので、コメントの内容を入力しましょう **1**。コメントにはPCのユーザー情報に登録している名前の頭文字とコメント数（連続番号）が自動的に表示されます。

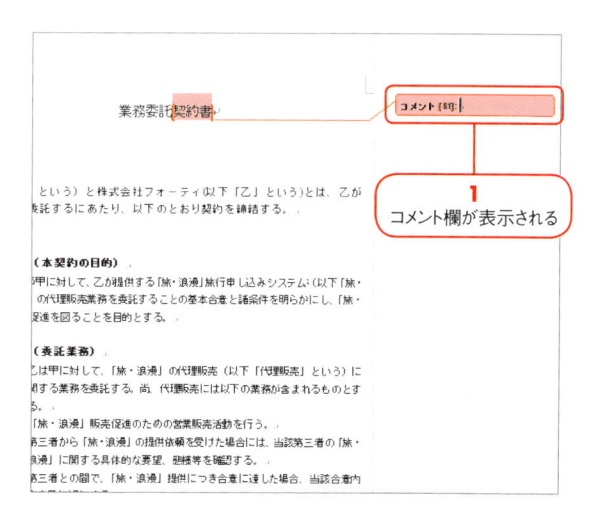

3

挿入したコメントを削除する場合は、コメント内にカーソルを置き、[校閲] タブ→[コメント] グループ→[削除] ボタンをクリックします**1**。

Tips

長文の文書内に複数のコメントが挿入されている場合、目的のコメントを探すのが大変です。[校閲] タブ→[コメント] グループ→[前へ] [次へ] ボタンでコメント間をジャンプして移動させ、目的のコメントを選択しましょう。

Word 2003の場合

[チェック／コメントツールバー] →[変更／削除コメントを元に戻す] ボタンをクリックします。

4

まとめてコメントを削除したい場合は、[削除] ボタンの [▼] ボタンをクリックし**1**、[ドキュメント内のすべてのコメントを削除] を選択します**2**。なお、[表示されているコメントを削除] は、複数の校閲者のコメントが挿入されているときのみ使用します。

Word 2003の場合

[チェック／コメントツールバー] →[変更／削除コメントを元に戻す] ボタン→[ドキュメント内のすべてのコメントを削除] をクリックします。

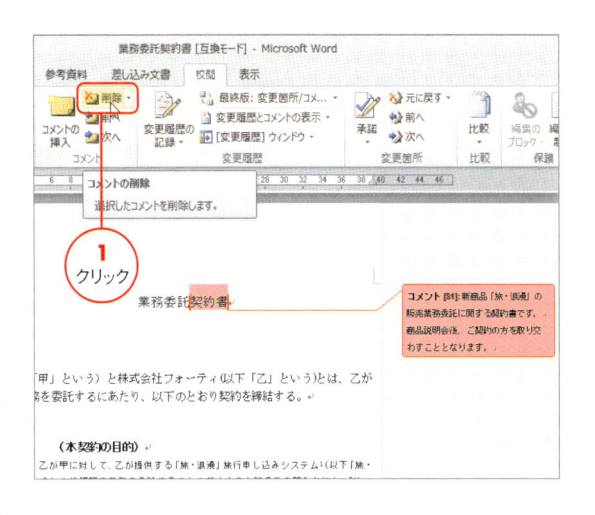

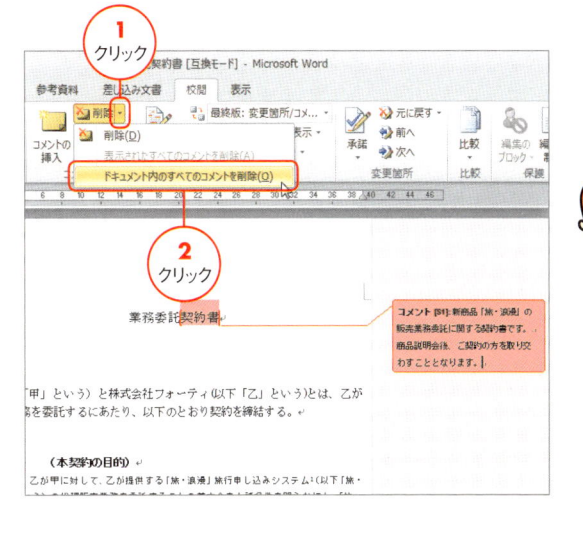

Point 2 校閲者名の変更と変更履歴の記録

続いては、文書内で変更した個所がすぐに分かるようにする方法を解説しましょう。ユーザーの頭文字を設定して変更履歴を記録すると、設定した頭文字が「校閲者名」として表示されます。これで誰が変更をしたかがすぐに分かるようになります。

1

[ファイル] タブ→ [オプション] をクリックすると、[Word のオプション] ダイアログを開きます **1**。「Microsoft Office のユーザー設定」の「ユーザー名」と「頭文字」を設定しましょう **2**。

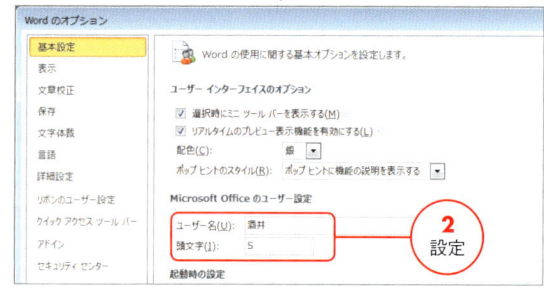

Word 2003の場合

[ツール] メニュー→ [オプション] をクリックします。[Word のオプション] ダイアログの [ユーザー設定] タブ→「ユーザー情報」に情報を入力します。

Word 2007の場合

[Office] ボタン→ [Word のオプション] をクリックします。

2

[校閲] タブ→ [変更履歴] グループ→ [変更履歴の記録] ボタンをクリックします **1**。ボタンがオレンジ色になり変更履歴の記録が開始されます **2**。

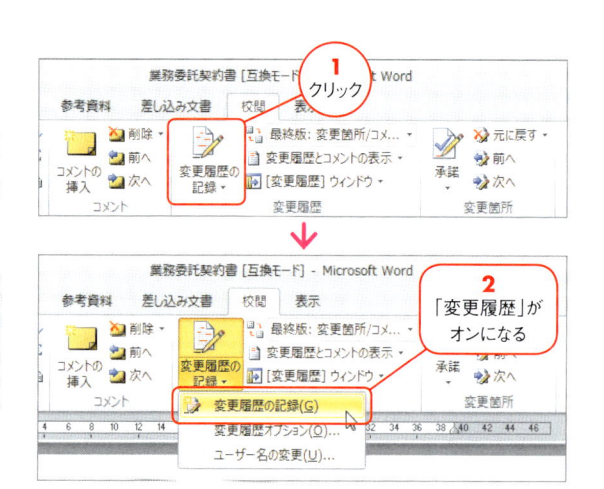

Word 2003の場合

[チェック／コメントツールバー] → [変更の履歴] ボタンをクリックします。

3

文章を追加すると、追加した文章に色が付き **1**、段落の左側に棒線が表示され、変更したことが分かるようになります **2**。これが「変更履歴」です。なお、記録が終わったら、必ず[変更履歴の記録]ボタンをクリックして、記録を終了してください。記録を終了しないまま文書を保存すると、次に文章を開いたときに記録がオンの状態のまま開きます。知らずに作業すると、すべての作業が記録されてしまうので、注意しましょう。

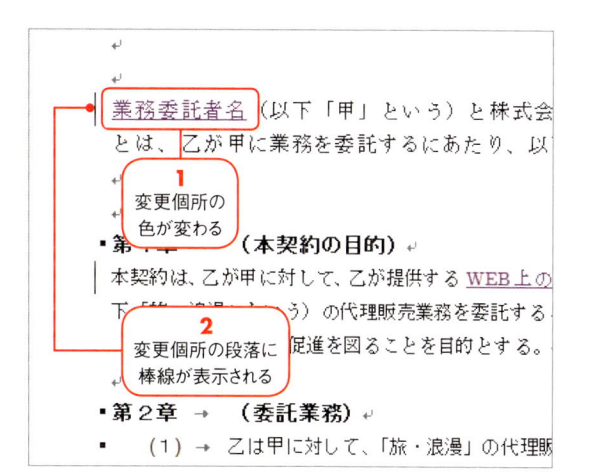

1 変更個所の色が変わる
2 変更個所の段落に棒線が表示される

Column

[校閲]タブ→[変更履歴]グループ→[変更履歴ウィンドウ]ボタンをクリックし **1**、[縦長（横長）の[変更履歴]ウィンドウを表示]を選択することで **2**、画面上に履歴の詳細を表示することができます **3**。なお、Word 2003の場合は[チェック／コメントツールバー]→[変更履歴ウィンドウ]ボタンをクリックします（横長表示のみ対応）。

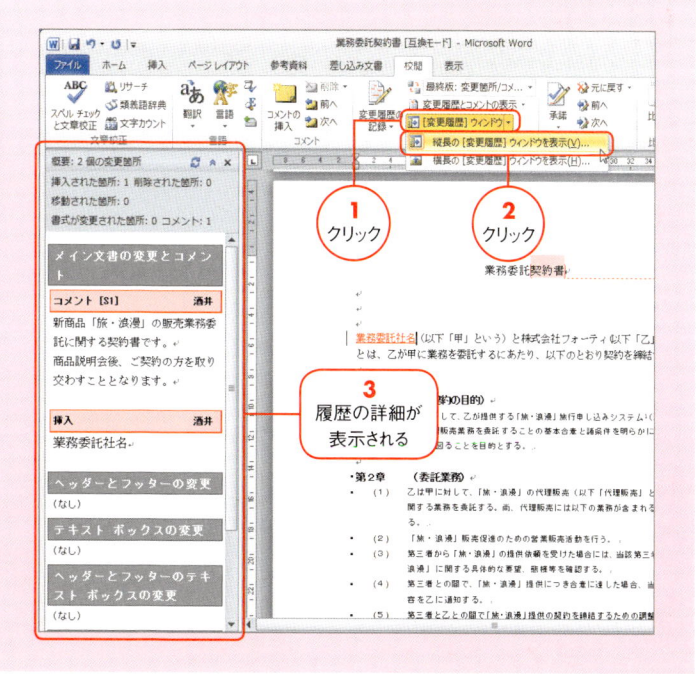

1 クリック
2 クリック
3 履歴の詳細が表示される

Word | Excel

Point 3 変更履歴の承諾と削除

変更履歴を記録した文書を、他の人がさらに記録し、その指示通りに変更する……ということもあるでしょう。例えば、上司に書類を提出して、変更履歴の記録によって修正を指示された場合などがあります。ここでは、履歴の承諾・削除の方法を解説します。

1

1つの文書に対して複数の校閲者が変更履歴を記録した場合、校閲者ごとに変更個所の色が変わり、見やすくなります。変更履歴の削除は表示されている校閲者ごとにまとめて行えます。例えば、この場合は部長の変更履歴はすべて承諾してみましょう。まず、部長の変更履歴のみを表示します。[校閲]タブ→[変更履歴]グループ→[変更履歴とコメントの表示]ボタンをクリックし **1**、[校閲者名]の変更履歴を表示したくない校閲者の名前のチェックを外します(この場合は[部長]を残すので、[中村]のチェックを外します) **2**。

Word 2003の場合

[チェック/コメントツールバー]→[表示]→[校閲者名]のチェックを外します。

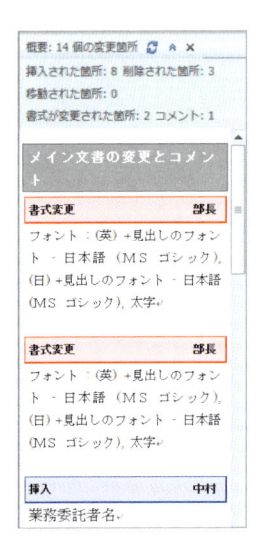

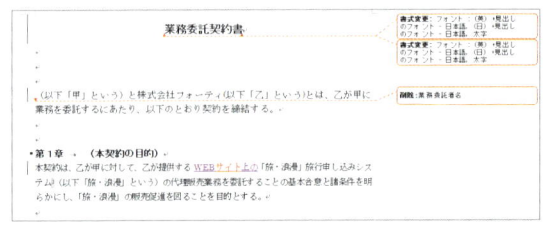

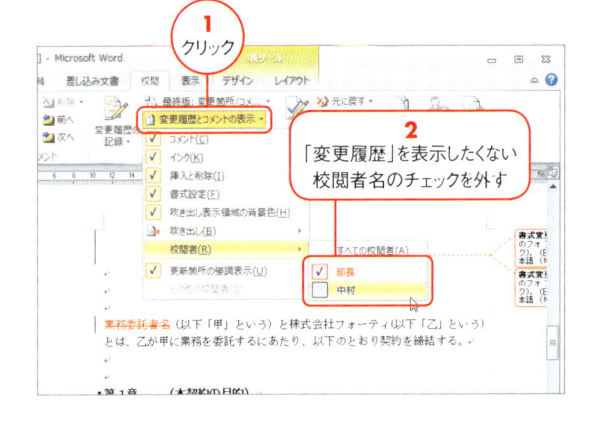

178 変更履歴の承諾と削除

2

画面上には部長の変更履歴のみが表示されます。

3

部長の変更履歴を承諾しましょう。[校閲] タブ→[変更箇所] グループ [承諾] ボタンをクリックし**1**、[表示されたすべての変更を反映] を選択します**2**。部長の変更履歴が反映され、変更履歴は消えます（コメントは残ります）。

Word 2003の場合

[チェック／コメントツールバー] → [変更の承認] ボタンをクリックします。

4

部長以外の変更履歴の中に変更を反映したい個所がある場合の変更方法について解説しましょう。もう1人の校閲者である「中村」の変更履歴を表示します。[校閲] タブ→[変更履歴] グループ→[変更履歴とコメントの表示] ボタンをクリックし**1**、[校閲者名] の [中村] にチェックを入れます**2**。

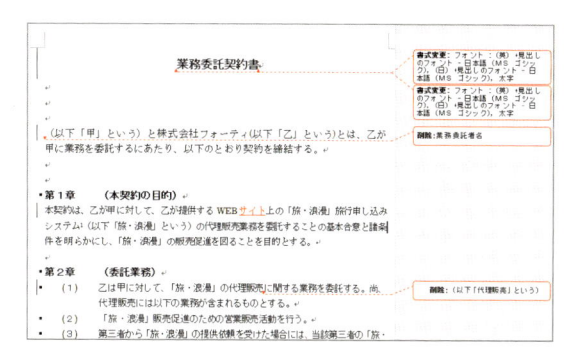

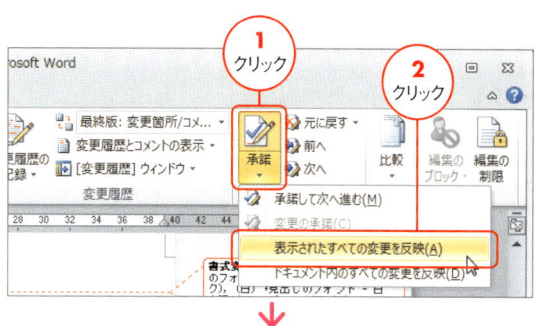

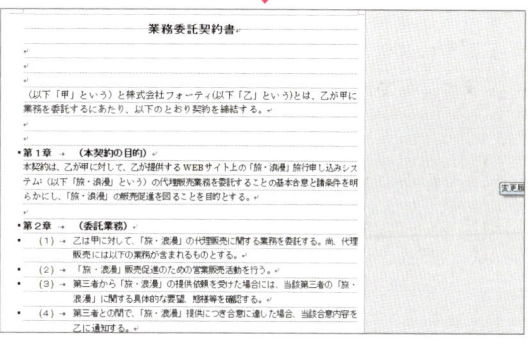

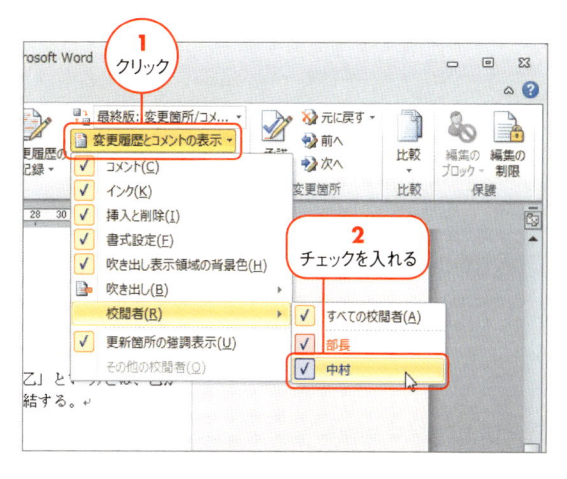

Word | Excel

5

変更履歴を承認したい個所の吹き出しを右クリックし**1**、[削除を反映]を選択します**2**。このように「変更履歴」を1つずつ承認・削除したい場合は吹き出しを右クリックして、調整しましょう。

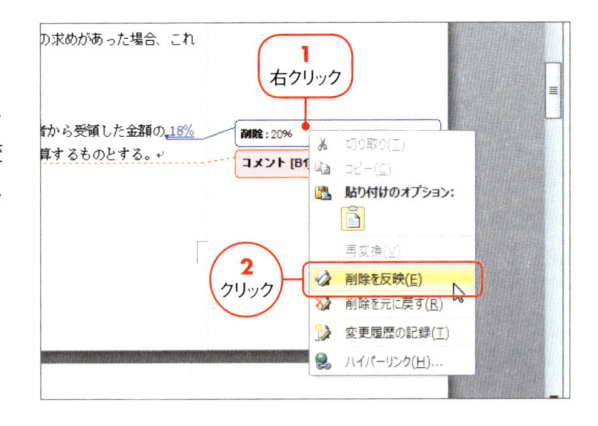

6

文書内のすべての変更履歴を承認したい場合は、[校閲]タブ→[変更箇所]グループ[承認]ボタンをクリックし**1**、[ドキュメント内のすべての変更を反映]を選択します**2**。これで、文書からすべての変更履歴がなくなります。

> **Word 2003の場合**
> [チェック／コメントツールバー]→[変更の承認]ボタン→[ドキュメント内のすべての変更を反映]をクリックします。

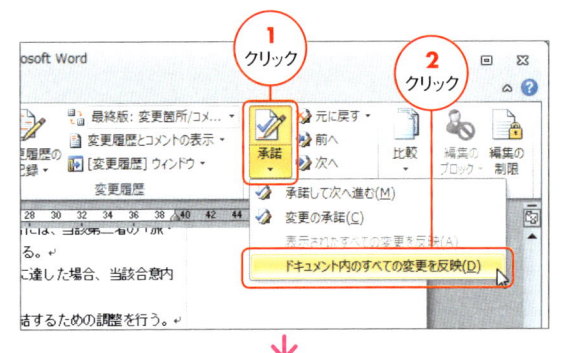

Column

変更履歴が記録されている文書の表示方法は4つあります。表示方法は［校閲］タブ→［変更履歴］グループ→［変更内容の表示］で変更できます。なお、Word 2003の場合は［チェック／コメントツールバー］で変更可能です。表示方法はそれぞれ以下のようになります。

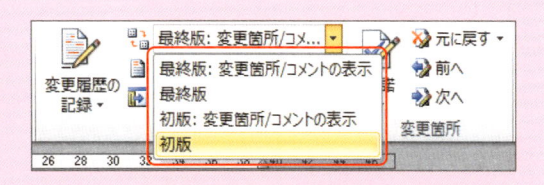

［初版］
原本の状態が表示されます。

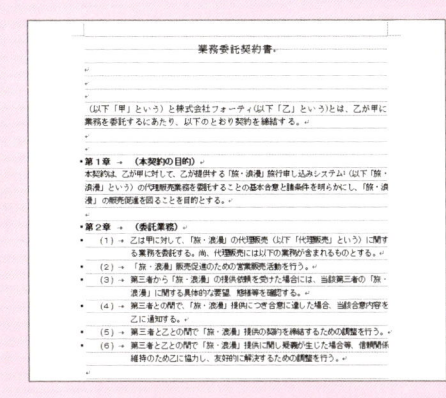

［初版（変更箇所／コメント表示）］
削除した文字は取り消し線付きで文書内に表示され、挿入した文字・書式が吹き出しに表示されます。

［最終版（変更箇所とコメントの表示）］
挿入した文字は文書内に色付きで表示され、削除した文字・書式は吹き出しに表示されます。

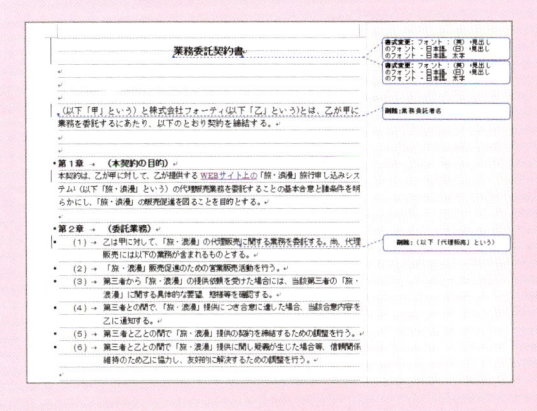

［最終版］
すべての変更履歴を承諾した状態です。

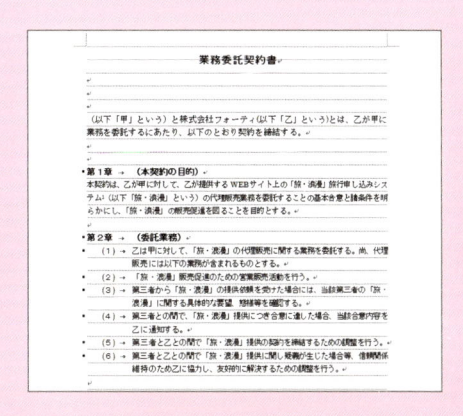

Column

　変更履歴の吹き出しの表示は［校閲］タブ→［変更履歴］グループ→［変更履歴とコメントの表示］ボタン→［吹き出し］から種類が選べます。なお、Word 2003 の場合は［チェック／コメントツールバー］→［表示］→［吹き出し］で変更できます。吹き出しの種類は以下のようになります。

- ［変更履歴を吹き出しに表示］：履歴が吹き出しに表示されます。
- ［すべての変更履歴を本文中に表示］：吹き出しは表示されません。
- ［コメント／書式のみ吹き出しに表示］：挿入・削除した履歴は吹き出しに表示されません。

　また、［変更履歴の記録］ボタンの下部をクリックして［変更履歴オプション］を選択すると、［変更履歴オプション］ダイアログが表示され、変更履歴の表示方法を変更できます。［変更履歴オプション］ダイアログの「吹き出し」→「印刷および Web レイアウト表示での吹き出しの使用」の「常に使用する」を選択しておくと、変更履歴が記録された文書を開いた際に吹き出しが表示されます。「使用しない」を選択すると、変更履歴が記録された文書を開くと吹き出しが非表示の状態になります。Word 2003 の場合は［チェック／コメントツールバー］→［表示］→［オプション］をクリックします。

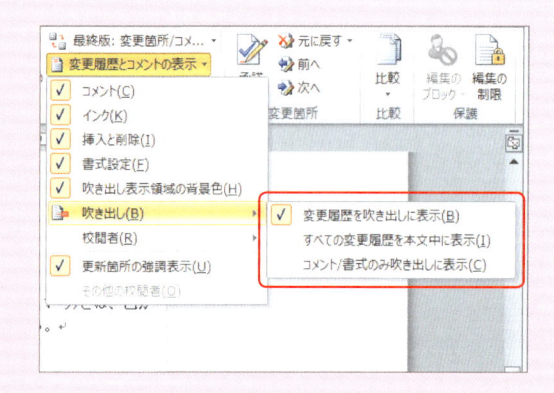

まとめと応用

- 誰が変更履歴を残したかが分かるようにしよう！
- 変更履歴の承諾・削除は表示で一発で処理できる
- 変更履歴表示の最終版を確認しよう

応用例

変更された箇所の表示を目立つように「右罫線・赤」に設定できる（[変更履歴オプション]ダイアログで設定可能）

[変更履歴とコメントの表示]で吹き出しの背景色を付けた場合と付けない場合。使いやすいレイアウトを選ぼう

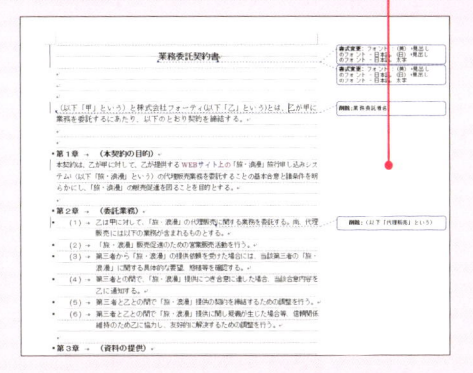

[変更履歴オプション]ダイアログでは、コメントの背景色を統一し、校閲者全員を同じ色にすることもできる

Word | Excel

プロジェクト編

5日目 配布資料の印刷

取引先などにファイルを送る際に注意しなければいけないのは文面以外の情報です。文書の作成者や管理者の名前をきちんと入力しておくようにしましょう。さらに、印刷の方法についても解説します。長文印刷時に印刷を失敗して紙を無駄にしてしまった……という経験は誰にでもあるはずですが、ビジネスマンとして恥ずかしいことです。しっかりマスターしましょう。

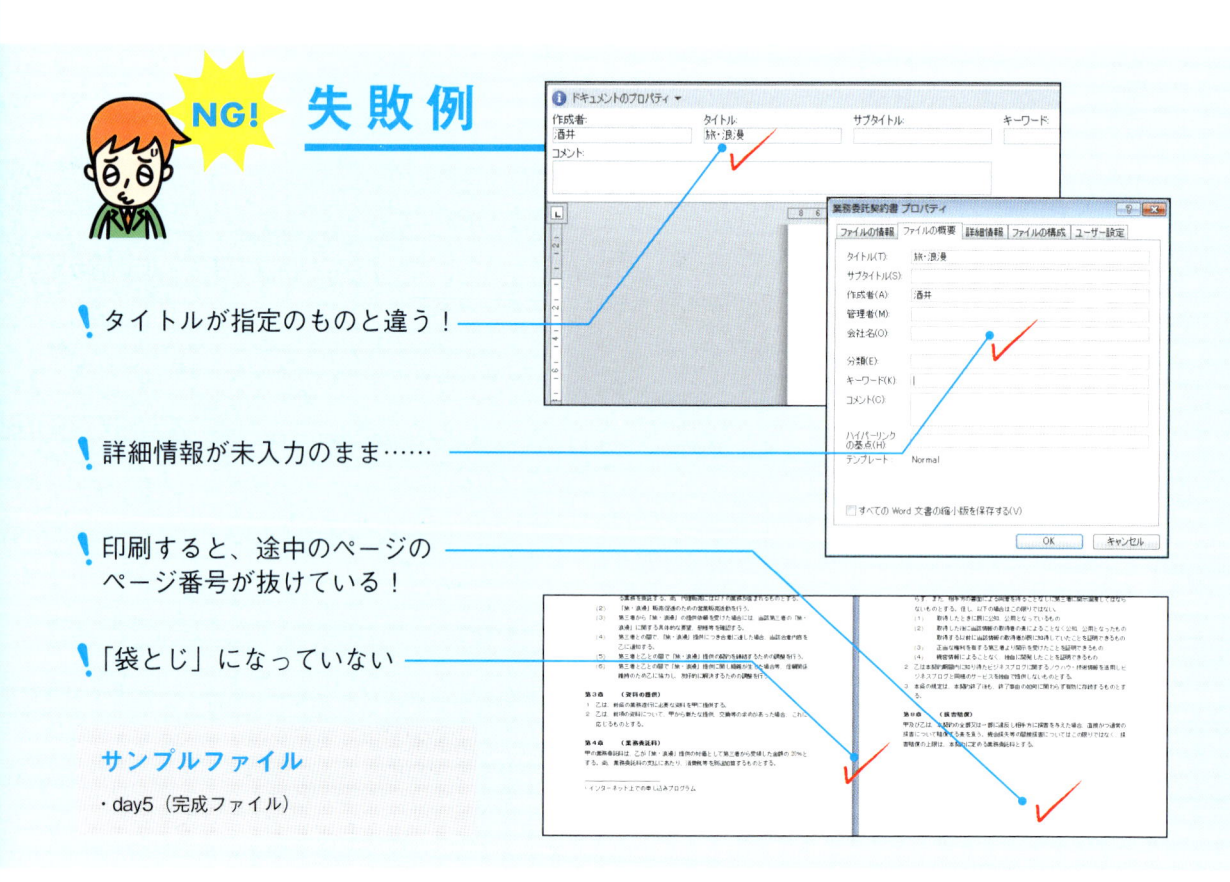

NG！ 失敗例

- ！ タイトルが指定のものと違う！
- ！ 詳細情報が未入力のまま……
- ！ 印刷すると、途中のページのページ番号が抜けている！
- ！ 「袋とじ」になっていない

サンプルファイル
・day5（完成ファイル）

文書のタイトルが指定のものとは違いますし、必要な情報が入っていません。ページ番号が抜けている、印刷の際に袋とじになっていないのも問題アリ！

MISSION! 5

契約書のWordファイルと印刷を用意してほしい
・「管理者」「作成者」は「伊藤部長」、タイトルは「業務委託契約書」、サブタイトルは「旅・浪漫」……のように文書を設定しておくこと！
・本のような形にして30部印刷してほしい。紙を無駄しないこと！

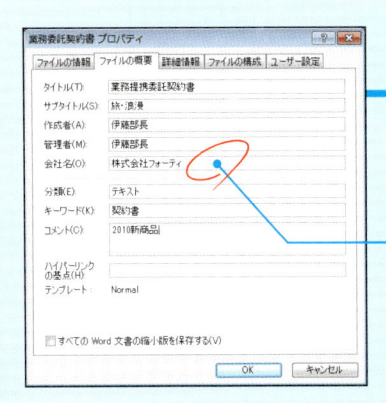

成功例 OK!

文書の詳細情報を設定する
Point 1 文書のプロパティの管理 →P.186

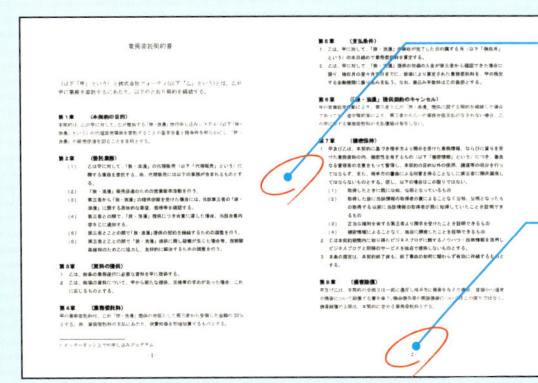

契約書などは1枚の文書に2P分のページを印刷し袋とじにする
Point 2 袋とじ印刷の設定 →P.189

印刷ミスをなくすテクニックを伝授！
Point 3 セクションとページを指定して印刷する →P.191

Office文書を第三者に送る場合はファイルをきちんと管理しなければいけません。また、長文の文書を印刷する際は、セクションを指定して必要なページだけ印刷するようにすれば無駄がなくなります。

プロジェクト編
1日目
2日目
3日目
4日目
5日目

185

Word | Excel

Point 1 文書のプロパティの管理

Wordでは文書に埋め込まれた情報を自動で文書内に挿入する機能があります（「クイックパーツの挿入」）。ファイルでのデータのやり取りが多いビジネスシーンでは文書に埋め込まれる情報を「プロパティ」できちんと管理しておく必要があります。また、長文の文書を印刷した場合、ページの設定がうまくいかないことがあります。ページ番号がおかしくなってしまうなどの不具合が生じないように、うまく印刷できるコツも解説しましょう。

1

まず、文書のプロパティを管理します。［ファイル］タブ→［情報］をクリックし**1**、［プロパティ］→［ドキュメントパネルを表示］を選択します**2**。

Word 2003の場合
［ファイル］メニュー→［プロパティ］をクリックします。

Word 2007の場合
［Office］ボタン→［配布準備］→［プロパティ］をクリックします。

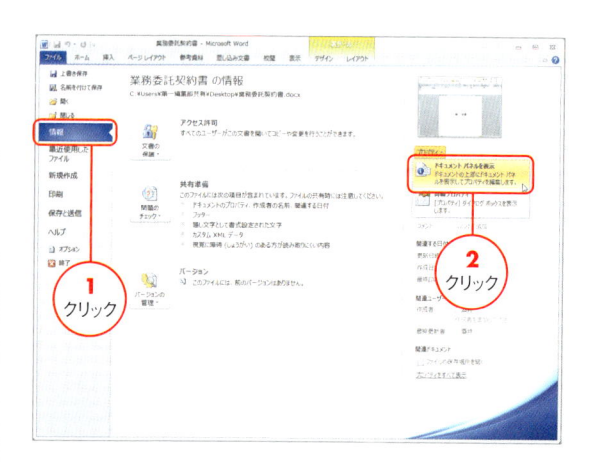

2

リボンの下部に［ドキュメントのプロパティ］が表示されるので**1**、［▼］ボタンをクリックし**2**、［詳細プロパティ］を選択します**3**。

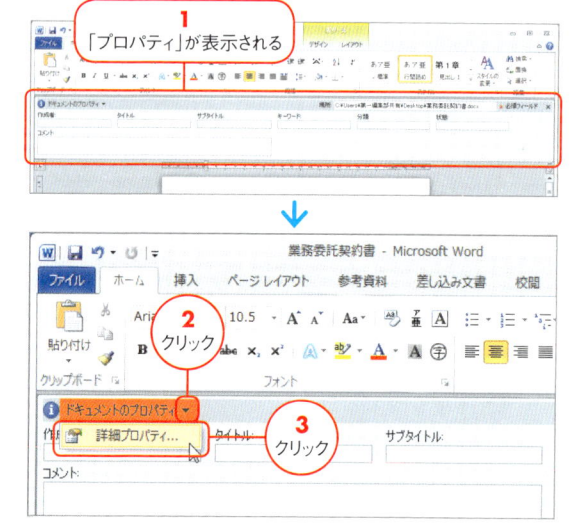

186　文書のプロパティの管理

3

文書の［プロパティ］ダイアログが表示されます。ここに必要な情報を入力しましょう。

Tips

「プロパティ」でファイル名と異なる「タイトル」を入力すると、文書の表紙の「タイトル」が変更されます。表紙の自動挿入で作成した「タイトル」と「プロパティ」の「タイトル」は連動しているので注意しましょう。

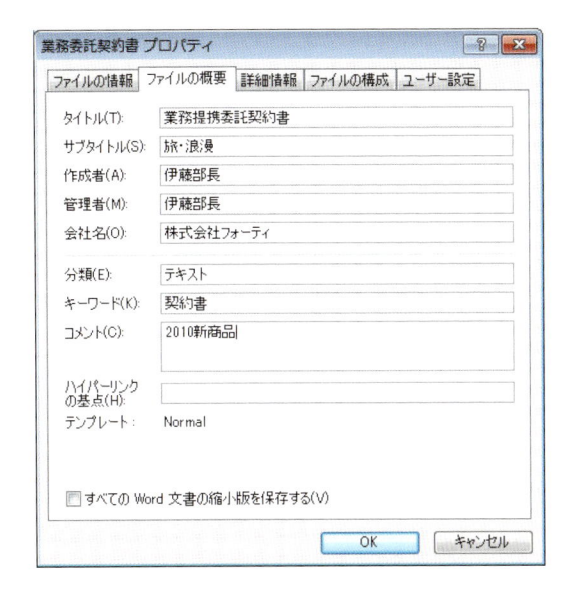

4

［プロパティ］ダイアログで入力した内容は文書の上部に表示される［ドキュメントのプロパティ］に反映されます。文書作成時に非表示にする場合は、右側の［×］ボタンをクリックして **1**、［ドキュメントのプロパティ］を終了しておきましょう。

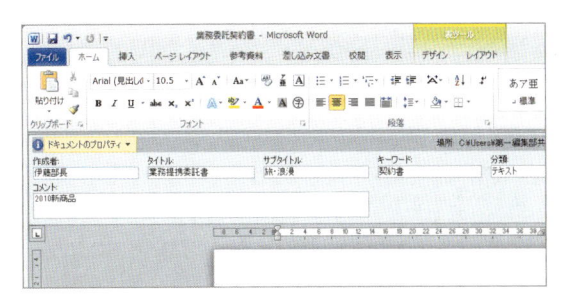

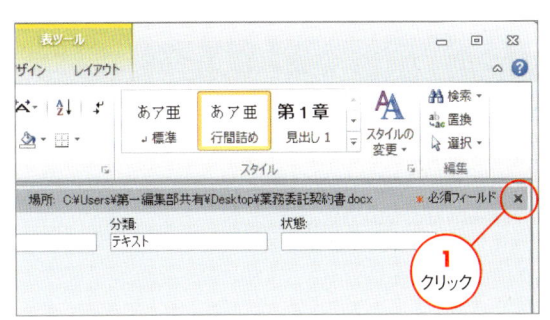

Column

　［挿入］タブ→［テキスト］グループ→［クイックパーツ］ボタンをクリックし **1**、［文書のプロパティ］を選択すると **2**、文書に埋め込まれた情報を挿入することができます。例えば、プロパティに入力した会社名を文書内で使用するときに［会社］を選択すると自動挿入されます。また、文書のプロパティを書き換えると［クイックパーツ］ボタンで挿入されたすべての会社名が変更されます。同じように［クイックパーツ］ボタンで挿入した文書内の会社名を書き換えるとすべての会社名が更新されます。1つの文書内で会社名などを繰り返し使用する場合は便利です。

　なお、自動挿入機能で入力したタイトルはプロパティに関連付けられているので、［文書のプロパティ］ダイアログを開くと、タイトルが表示されます。［文書のプロパティ］ダイアログで「タイトル」を変更すると、文書内のタイトルも変更されるわけです。

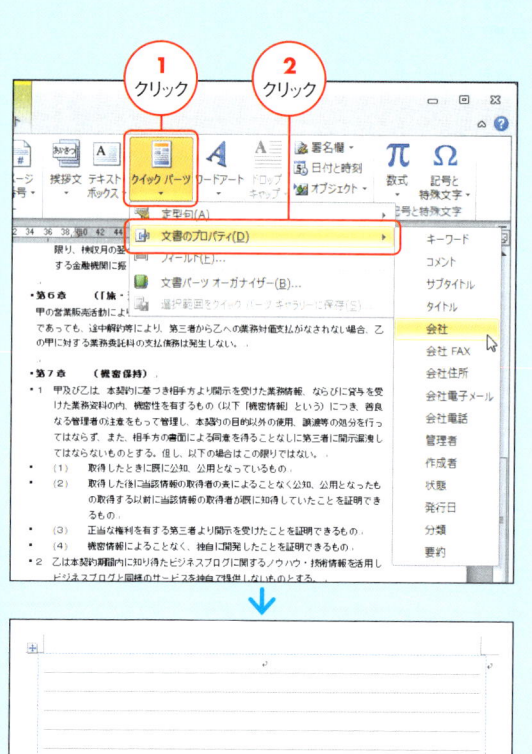

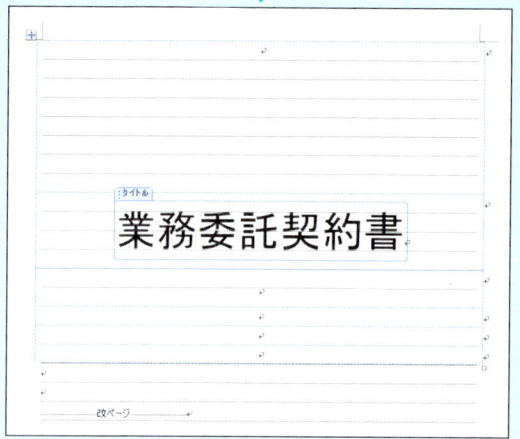

Point 2 袋とじ印刷

契約書のような書類の場合「袋とじ印刷」を行います。1枚の用紙に2P分の文書を印刷し、山折りにしてとじましょう。

1

[ページレイアウト]タブ→[ページ設定]グループ→[オプション]ボタンをクリックすると**1**、[ページ設定]ダイアログが表示されます。

> **Word 2003の場合**
> [ファイル]メニュー→[ページ設定]をクリックします。

2

[ページ設定]ダイアログの[余白]タブをクリックし**1**、以下のように設定しましょう**2**。
「印刷の向き」:「横」
「複数ページの印刷設定」:「袋とじ」
「設定対象」:「文書全体」

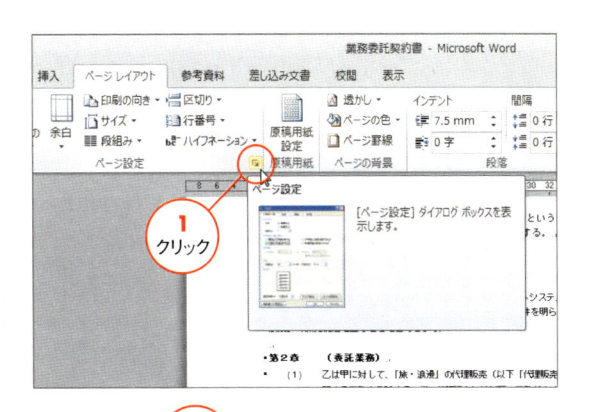

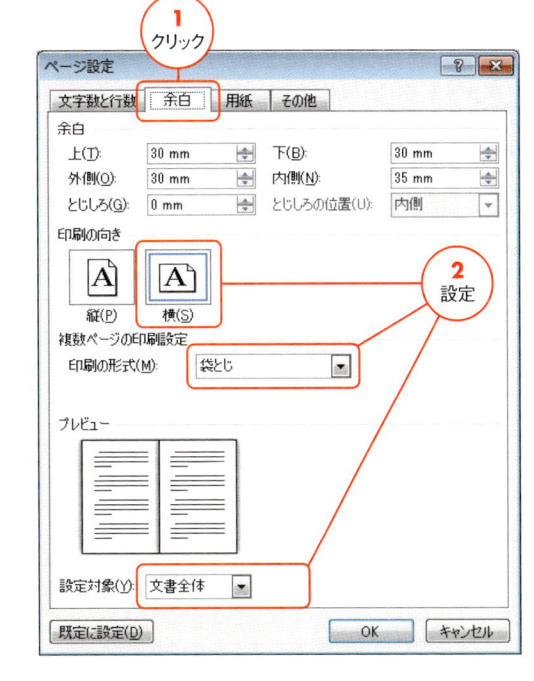

3

続いて、[用紙] タブをクリックし **1**、「用紙サイズ」を「A3」に設定します **2**。「プレビュー」を見ると、1 枚の用紙に対して 2P 分の文書が設定していることが分かります **3**。最後に [OK] ボタンをクリックしましょう **4**。

Tips

[印刷プレビュー] ダイアログでは A4 のプレビュー画面が表示されます。つまり、1 枚の用紙に対して 2P 分の文書が設定されていることを確認できません。なお、袋とじ印刷を解除する場合は、[ページ設定] ダイアログの [余白] タブ→「印刷の向き」を「縦」、「複数ページの印刷設定」を「標準」、「用紙サイズ」を「A4」に変更します。

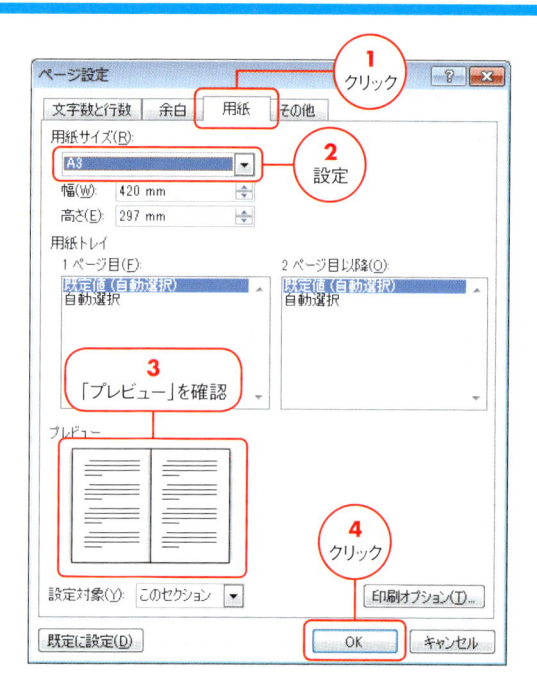

4

1 枚の用紙に対して 2P 分の文書を印刷できるようになりました。

Point 3 セクションとページを指定して印刷する

印刷中にプリンターの調子が悪くなった、印刷中に誤って印刷を中止してしまった、印刷した後に変更したい個所を見付けてしまった……。そんなときは必要なページのみを印刷します。セクション区切り（P.159参照）を挿入した長文の場合、印刷したいページが何セクションなのか分かりづらいケースがあるので特に注意が必要です。

1

文書の「ページ番号」が「1」のページ内にカーソルを置くと、ステータスバーに「セクション2」と「ページ3/6」のように情報が表示されます。「ページ番号」は「1」でも6ページの文書の3ページ目（1ページ目は表紙、2ページ目は目次）であるという意味になります。この場合、次のページは「セクション2」と「ページ4/6」のように表示されます。

Tips
［ステータスバー］にセクションナンバーが表示されない場合は、［ステータスバー］を右クリックして［セクション］をチェックします。

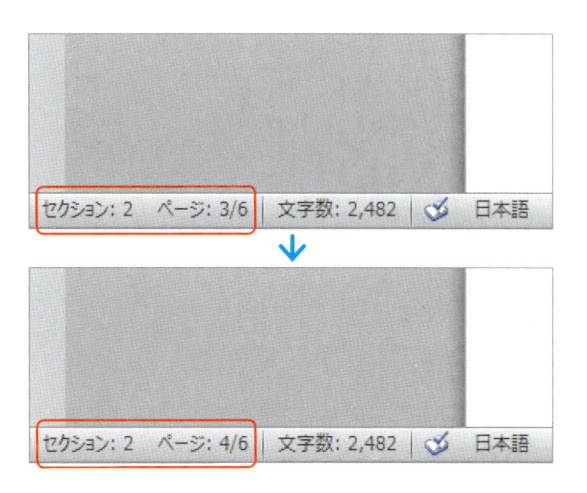

2

[ファイル] タブ→ [印刷] をクリックします **1**。[ユーザー指定の範囲を印刷] を選択し、「p1s2-p2s2」と入力します **2**。[印刷] ボタンをクリックすれば、「ページ番号」が「1～2」のみのページを印刷できます **3**。「p1」は「ページ番号」が「1」、「s2」は「セクション番号」が「2」という意味になります。1～2ページ目に表紙と目次を設定している場合、「ページ指定」を「1-2」にすると、表紙と目次が印刷されてしまうので注意しましょう。

Word 2003の場合

[ファイル] メニュー→ [印刷] をクリックして、[印刷] ダイアログを表示します。[印刷]ダイアログの「印刷範囲」→「ページ指定」を選択し、「p1s2-p2s2」のように入力します。

Word 2007の場合

[Office] ボタン→ [印刷] をクリックして [印刷] ダイアログを表示します。以降の操作は Word 2003 と同じです。

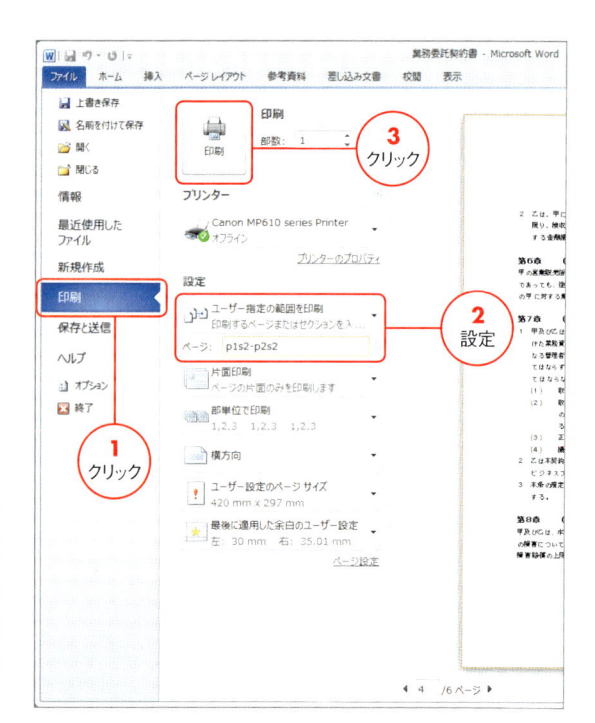

Column

　P.189のTipsで解説したようにステータスバーを右クリックするとステータスバーに表示する項目を切り替えることができます。通常は［変更履歴］にチェックが入っていないので、チェックを入れておきましょう。

　チェックを入れておけば、「変更履歴」の記録中は、ステータスバーに「変更履歴の記録：オン」と表示されます。

　記録を終了する際は、ステータスバーの「オン」の部分をクリックすると、終了することができます。記録が終了するとステータスバーの表示が「変更履歴の記録：オフ」に変わります。

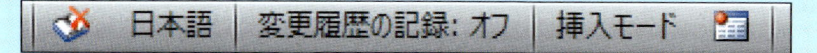

まとめと応用

- 文書のプロパティの設定を忘れずに！
- 契約書印刷などの書類は袋とじ印刷にする
- 印刷ミスはしない！

応用例

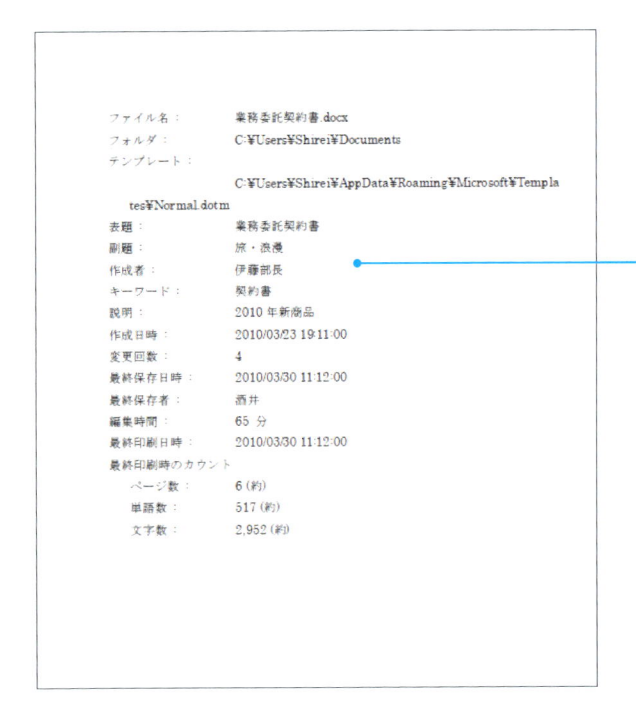

文書のプロパティのみを印刷することもできる。［ファイル］タブ→［印刷］→［設定］→［ドキュメントのプロパティ］で設定しよう

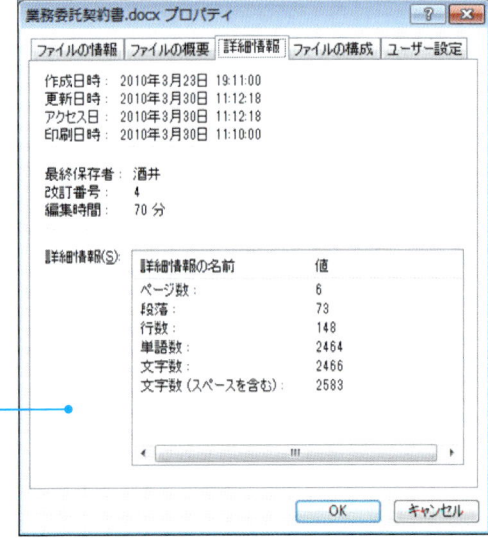

［プロパティ］ダイアログの［詳細情報］タブでは文書の作成日、印刷日、文字数などを確認できる

Index

キー

Ctrl + - キー	74
Ctrl + 1 キー	56, 94, 96
Ctrl + C キー	72, 85
Ctrl + Enter キー	166
Ctrl + Shift + + キー	58, 70
Ctrl + Shift + → キー	125
Ctrl + Shift + ↓ キー	64, 72, 125, 126
Ctrl + Shift + End キー	150
Ctrl + Tab キー	41
Delete キー	166
F3 キー	58, 62
F4 キー	54, 97, 125, 126
F9 キー	45, 47
Shift + Enter キー	26, 32
space キー	24, 30, 34
Tab キー	31, 137, 152

数字／記号

1行目のインデント	30
5W1H	16
［％］ボタン	107

アルファベット

Access	70
COUNTA関数	52, 101
COUNTIF関数	101
CSVデータ	70
DATEVALUE関数	70
DAY関数	97
IF関数	52, 61, 97, 116, 124, 129
INDEX関数	125
INDIRECT関数	59
LEFT関数	116
MATCH関数	126
MID関数	116
OFFSET関数	104
SUM関数	105
VLOOKUP関数	61
WEEKDAY関数	99
Wordテンプレート	47

あ

アウトライン番号	150
［アウトライン］ボタン	150
値フィルター	86
［宛先の選択］ボタン	139
印刷範囲	110
印刷プレビュー	89, 111, 190
インデント	30, 41, 151
［インデント解除］ボタン	30
［インデントを増やす］ボタン	30
上書き保存	107
オートナンバー	52
折れ線グラフ	84

か

| ［改ページプレビュー］ボタン | 110 |

箇条書き 26, 150
頭文字 176
課別の売上 76
カレンダー 96
[関数の挿入] ボタン 52, 53, 63, 70, 97,
104, 116, 129
[完了と差し込み] ボタン 141, 146
企画書 24
基幹システム 70
議事録 22
脚注 157
[脚注の挿入] ボタン 157
行間 28, 29
行頭記号 26
切り取り線 136
近似値 62, 126
均等割り付け 34, 137
[クイックアクセスツールバー] 107
[クイックパーツ] ボタン 188
[区切り] ボタン 159
グリッド線 67
グループ化 76
敬称 21
罫線 42, 64, 102, 194
契約書 150, 173, 185, 189
[結果のプレビュー] ボタン 141, 145
校閲者名 177
口語 21
顧客検索システム 124
[コメントの挿入] ボタン 174
コメント欄 174

さ

[差し込み印刷の開始] ボタン 138, 143
差し込み文書 138
[差し込みフィールドの挿入] ボタン 140, 144
[削除] ボタン 175
シート見出し 57
[条件付き書式] ボタン 64, 99, 102
招待状 134
[承諾] ボタン 179
[書式のコピー／貼り付け] ボタン 160
シリアル値 70, 97, 128
[図] ボタン 168
[透かし] ボタン 169
[ステータスバー] 191, 193
セクション 158, 163, 167, 168, 191
絶対参照 54, 57, 97, 105, 124, 126, 129, 130
[セルの結合] ボタン 38
セルの書式設定 56, 64, 94, 96, 100,
103, 128, 131
選択 26
相対参照 54, 57

た

ダイアログランチャー 136
[高さを揃える] ボタン 39
タブ 12
タブとリーダー 31, 136
段落番号 26, 150, 153, 162
[中央揃え] ボタン 41
月別 76

ツールバー 12
［デザインツール］................................... 109
［データの入力規則］ボタン 58
テンプレート 46
ドリルスルー 80, 123, 138

な

名前の定義 57, 61
［名前ボックス］............. 53, 57, 61, 97, 117, 125
名前を付けて保存.............................. 47, 142
並び替え... 120
日計.. 75
入力規則.. 57
［塗りつぶし］ボタン 44

は

［貼り付け］ボタン 73
左インデント 30, 151, 155
左揃えタブ 31, 41
日付データ 70
ピボットグラフ 84
ピボットテーブル 75, 84, 123, 132, 138, 160
ピボットテーブルシート 75, 79
ピボットテーブルのフィールドリスト .. 75, 86, 123
［ピボットテーブル］ボタン 75, 123
表紙.. 166
［表紙］ボタン 166
［表ツール］... 40
表の作成（Word）................................... 38

［表の選択］ボタン 43
［表］ボタン 38
フィールドコードの強調表示 162
フィールドの更新.............................. 45, 165
フィルター 68, 78, 86, 114, 121
フィルハンドル 55, 71, 119, 122
［吹き出し］... 182
袋とじ印刷... 189
［ぶら下げインデント］ボタン 32
プロパティ 186
文語.. 21
文書テンプレート..................................... 46
［ページ番号］ボタン 163
［ヘッダー／フッターツール］ 162, 168
［ヘッダー］ボタン 168
［変更内容の表示］................................. 181
変更履歴... 176
［変更履歴とコメントの表示］ボタン ... 178
［変更履歴の記録］ボタン 176
［編集記号の表示］ボタン 25
［ペンのスタイル］................................... 42
棒グラフ.. 108
報告書... 24, 36, 46
ホウレンソウ 22

ま

マイテンプレート..................................... 46
［前と同じヘッダー／フッター］ボタン ... 164
見出し.. 150
メニューバー 12

著者略歴

田中 裕明（ビジネス IT アカデミー）

ビジネス IT ラーニングに関する教育や研修、セミナーの講演の企画および運営を行う。従来の Office の操作教育とは一線を画す、実務を改善するための企業研修を提供。企業研修で培ったノウハウをカリキュラムにした個人向けのセミナーも開催している。著書に「パパッと作る A4 一枚 企画書・報告書 テンプレート 1600」（翔泳社／共著）がある。

四禮 静子（フォーティ）

日本大学芸術学部卒業。CATV の制作ディレクターを経て、浅草に完全マンツーマンのフォーティネットパソコンスクールを開校。講座企画やテキスト作成、スクール運営を行う。初心者からビジネスマン・自営業の方までさまざまな受講者に合わせたカリキュラムを作成しているのが特徴。さらに、企業向けのオリジナル研修や新入社員研修なども実施している。
http://www.forty40.com

装丁	渡邊民人（TYPEFACE）
本文デザイン	二ノ宮匡（TYPEFACE）
DTP	横山慎昌・伊勢歩（BUCH⁺）

ビジネス力がみにつく Excel & Word 講座

2010 年 7 月 5 日　初版第 1 刷発行
2011 年 12 月 5 日　初版第 3 刷発行

著　者	田中 裕明（ビジネス IT アカデミー） 四禮 静子（フォーティ）
発行人	佐々木 幹夫
発行所	株式会社 翔泳社　(http://www.shoeisha.co.jp)
印刷・製本	大日本印刷株式会社

©2010 Hiroaki Tanaka , Shizuko Shirei

＊本書は著作権法上の保護を受けています。本書の一部または全部について（ソフトウェアおよびプログラムを含む）、株式会社 翔泳社から文書による許諾を得ずに、いかなる方法においても無断で複写、複製することは禁じられています。

＊本書へのお問い合わせについては、2 ページに記載の内容をお読みください。

＊落丁・乱丁はお取り替えいたします。03-5362-3705 までご連絡ください。

ISBN978-4-7981-2167-3　　　　Printed in Japan

目次 159
［目次］ボタン 160
文字区切り 26
文字幅 34
文字列 70, 102

や

［ユーザー設定リストの編集］ 120
ユーザー名 176

ら

ラベル 143
リスト入力 57
リボン 12
ルーラー 31, 40, 137
レポートフィルター 78

わ

枠線 194